U0496275

新时代大学体育教程

主　编　雷　波　刘喜山
编　委　（排名不分先后）
李爱菊　孔　冲　王　满　周丛改
吴　迪　邓忠伟　李新锋　张育枫
耿晓伟　段立军　段宗宾　李王杰
何　静　袁晓璐　杨　辉　徐鸿鹏
范紫豪　高　岭　李大鹏　符林园
陈　帅　孟　军　刘彦岐　刘伟腾

北京理工大学出版社
BEIJING INSTITUTE OF TECHNOLOGY PRESS

内 容 简 介

本教材根据中共中央、国务院《关于全面加强和改进新时代学校体育工作的意见》，结合教育部《高等学校课程思政建设指导纲要》要求，以及新时期大学体育教育教学工作的新要求和新特征，将许多常见的体育项目以一种亲切、熟悉的方式展现出来，旨在引导当代大学生在体育学习、锻炼和竞赛中自然而然地实现身心健康发展的目标。

全书语言通俗易懂，内容丰富翔实，图文影音并茂，聚焦体育对当代大学生身心与行为健康的积极影响，集思想性、时代性、科学性、校本性、文化性、自学性等特色于一体，且配套资源丰富，便于大学体育教学工作的开展。本教材可作为各类高校的大学体育课程教材，也可作为广大体育爱好者的参考读物。

图书在版编目（CIP）数据

新时代大学体育教程/雷波，刘喜山主编. --北京：北京理工大学出版社，2024. 6.

ISBN 978-7-5763-3346-6

Ⅰ. G807. 4

中国国家版本馆 CIP 数据核字第 2024CY4477 号

责任编辑：李　薇　　**文案编辑**：李　硕

责任校对：刘亚男　　**责任印制**：李志强

出版发行 / 北京理工大学出版社有限责任公司

社　　址 / 北京市丰台区四合庄路 6 号

邮　　编 / 100070

电　　话 / （010）68914026（教材售后服务热线）

（010）68944437（课件资源服务热线）

网　　址 / http://www.bitpress.com.cn

版 印 次 / 2024 年 6 月第 1 版第 1 次印刷

印　　刷 / 北京广达印刷有限公司

开　　本 / 787 mm×1092 mm　1/16

印　　张 / 19

字　　数 / 440 千字

定　　价 / 95.00 元

2020 年 9 月 22 日，在教育文化卫生体育领域专家代表座谈会上，习近平总书记指出，要坚持社会主义办学方向，把立德树人作为教育的根本任务，要加强和改进学校体育教学工作，促进学生德智体美劳全面发展。2024 年 5 月 11 日，习近平总书记在新时代学校思政课建设推进会中指出，要构建以新时代中国特色社会主义思想为核心内容的课程教材体系，深入推进大中小学思想政治教育一体化建设，同时强调，各级党委（党组）要把思政课建设摆上重要议程，各级各类学校要自觉担起主体责任，不断开创新时代思政教育新局面。教材是思政课建设和开展思政教育的重要依托，随着时代发展和教育教学改革的深入推进，高等教育教材的编写工作凸显出一个共同的特征：课程思政需要依托教材，教材编写需要体现课程思政。

中共中央办公厅、国务院办公厅印发的《关于全面加强和改进新时代学校体育工作的意见》明确指出了学校教育中体育的重要地位。体育是学校实现立德树人根本任务、提升学生综合素质的基础工作，是加快推进教育现代化、建设教育强国和体育强国的重要工作。体育对于弘扬社会主义核心价值观，培养学生爱国主义、集体主义、社会主义精神和奋发向上、顽强拼搏的意志品质，实现以体育智、以体育心，具有重要作用。新时代开启新征程，新使命呼唤新作为。在“教育强国、体育强国、健康中国”战略背景下，南阳师范学院体育学院组织开展《新时代大学体育教程》校本特色教材的建设工作，充分发挥教材建设对优化教学教法的重要作用，促进教学质量不断提升。以教材建设引领大学体育教学改革，以实际行动迎接教育教学评估，并主动对接国家战略与社会需求，为培养德智体美劳全面发展的社会主义建设者和接班人服务。

《新时代大学体育教程》具有以下特色。

第一，积极响应国家政策。

本教材除了直接服务“健康中国”“体育强国”“全民健身”等国家战略，还注重发挥体育“以体育智、以体育心”的独特功能。同时，结合区域实际和地方特色，不断从南水北调精神所涵养的“人民至上、统筹共享、开拓创新、团结协作、顾全大局、奉献担当”核心理念中汲取奋进的力量，间接服务“南水北调”“中部崛起”“黄河流域高质量发展”等国家战略需求。此外，本教材还是 2024 年河南省高等教育教学改革与实践重大项目——“以水为魂：面向国家战略的地方高校应用型人才培养探索和实践”的阶段性成果体现。

第二，有机融入课程思政。

依据《高等学校课程思政建设指导纲要》的具体要求，率先在大学体育教材中有机融入课程思政元素，充分展现了地方高校大学体育课程建设与教学改革的亮点。

第三，全面展现校本风采。

选取南阳师范学院体育学院自己开设的教学项目、自己的教学内容、自己的任课教师、身边的体育故事，通过图片与视频方式，全方位、系统性、互动式地将大学体育应知应会的内容展示给学生，体现了南阳师范学院在培养德智体美劳全面发展的社会主义建设者和接班人方面的潜心实践。

第四，注重应用现代科技。

除了思想性，《新时代大学体育教程》还科技感十足，具有时尚性。在教材中以二维码形式展示体育微课视频，对技术动作和项目内容进行直观化教学指导。“扫一扫，轻松易学”，帮助学生课前预习、课中学习、课后复习，助力形成“课内外”一体化的创新教学模式，真正实现“教会、勤练、常赛”。

总之，《新时代大学体育教程》是一本充分体现了思想性、时代性、科学性、校本性、文化性、可自学性和数字化的全新教材。

本教材由雷波、刘喜山担任主编。其具体分工如下：

雷波参与了所有章节的内容设计、校对、审核和统稿工作；刘喜山负责部分章节的统稿工作，编写第一章大学体育概述的第一至第三节、第二十一章拓展运动；李爱菊编写第二十三章定向运动；孔冲编写第一章大学体育概述的第四节和第十章乒乓球运动；王满编写第二章大学体育锻炼；周丛改、杨辉编写第十四章瑜伽运动；吴迪编写第六章足球运动；邓忠伟编写第五章篮球运动；李新锋、刘伟腾共同编写第八章网球运动；张育枫编写第九章羽毛球运动；耿晓伟编写第十一章手球运动；段立军编写第二十章蹴球运动；段宗宾编写第四章田径运动；李王杰编写第七章排球运动；何静编写第十七章排舞运动；袁晓璐编写第十五章健美操运动和第十六章体育舞蹈运动；徐鸿鹏编写第三章国家学生体质健康测试、第十八章高脚竞速运动和第十九章板鞋竞速运动；范紫豪编写第十三章体操运动；高岭编写第十二章武术运动；李大鹏编写第二十二章飞盘运动；符林园、陈帅、孟军、刘彦岐、刘伟腾对部分章节的编写提供了资料支持，并负责相关项目的视图拍摄工作。

本教材在编写过程中参考和借鉴了同行的研究成果，并对这些成果做了引用标注，如有遗漏，敬请明示。在此对同行的指导与帮助表示诚挚的敬意和衷心的感谢，对编写组的辛勤劳动表达由衷的谢意。因水平有限，书中难免有所不足，敬请同行指正。

编　者

2024 年 5 月

上篇 基础理论篇

中篇 常规运动篇

下篇　特色运动篇

上　篇

基础理论篇

第一章　大学体育概述

第一节　体育的发生发展与功能

一、体育的起源

体育的起源是一个涉及多个因素和历史背景的复杂问题，它并非单一事件或瞬间发生的，而是经过长时间的发展和演变逐渐形成的。

体育的最初形式可以追溯到人类的原始时期。在该时期，人们为了生存和繁衍后代，需要进行狩猎、采集、战斗等活动，而这些活动要求人们具备基本的身体素质和技能。这些活动不仅锻炼了人们的身体，还培养了他们的团队合作精神，为后来的体育活动奠定了基础。随着人类社会的发展和文明的进步，体育逐渐从日常生活和生产活动中分离出来，成为一种独立的文化现象。此外，体育的发展还受到不同地域、民族和文化的影响。在不同的历史时期和文化背景下，体育的形式和内容都有所不同。例如，一些地区的体育活动注重力量和技巧的展示，而另一些地区则更注重速度和耐力的比拼，这些差异使得体育具有多样性和丰富性。

在现代社会中，体育已经成为一种全球性的文化现象。奥运会、世界杯等大型体育赛事的举办，使得体育的影响力和关注度不断提高。同时，随着科技的发展，体育训练和比赛的方式也在不断创新和改进，使得体育水平不断提高。

二、体育的发展

（一）世界体育发展简史

世界体育的发展历史是悠久且复杂的，涵盖了多个文明、时期和地域的演变。体育发展经历了一些主要的阶段。

1. 起源阶段

体育的起源可以追溯到古代文明，如古埃及、古罗马、古代中国等。在这些地方，人们通过各种形式的身体锻炼来强化身体素质，培养道德品质，甚至将其作为国家政治斗争的工具。例如，古埃及有球戏活动，为后来的台球、网球、曲棍球等奠定了基础。古希腊的奥林匹克运动会（以下简称“奥运会”）是体育发展的重要里程碑，它标志着体育竞赛的初步形成和规范化。

2. 中世纪至文艺复兴

在中世纪，欧洲的体育活动以骑士训练、战争技能和民间游戏为主。文艺复兴时期，随着人们对人体和运动的重新认识，体育活动开始更加注重科学性和人文性。

3. 近代体育的形成

19 世纪末，英国的公立学校将体育纳入教育体系，这标志着体育从简单的身体活动向规范化、系统化发展。英国人参考了古代希腊和罗马的体育运动，重启了奥运会，并创办了现代足球、板球、橄榄球等传统体育项目。美国则创办了美式足球、篮球、棒球等新兴体育项目，为体育运动的全球化作出了贡献。国际体操联合会在 1881 年成立，成为体育发展史上第一个国际性的体育组织。

4. 现代体育的繁荣

1896 年，第一届现代奥林匹克运动会在希腊雅典举行，标志着奥林匹克运动会的重启和全球化发展。20 世纪以来，体育运动在全球范围内迅速发展，各类国际体育联合会相继成立，规范了体育项目的竞赛规则和参赛资格，加强了各国体育交流与合作。体育活动不仅在学校、军队中普及，还渗透到社区，成为全民参与的文化活动。

5. 当代体育的多元化

随着科技的发展和全球化的推进，现代体育越来越注重竞技水平，也吸引了越来越多的人参与进来。各类新型的体育项目，如登山、滑雪、冰球、自行车赛等也逐渐受到人们的喜爱。

（二）中国体育发展简史

中国体育的发展历史是一个丰富多彩且充满变革的历程，大致可以划分为以下几个阶段。

1. 古代体育的萌芽

中国古代体育的发展源远流长，早在原始社会时期，人们为了生存和繁衍后代，进行了一些简单的身体锻炼活动，如舞蹈、摔跤等。随着社会的发展，古代体育逐渐融入军事、宗教、娱乐等多个领域，形成了独具特色的体育文化和传统。

2. 近代体育的传入与起步

近代以来，随着西方文化的传入，中国体育开始接触并吸收西方的体育思想和运动方式。

清朝末年，一些新式学堂开始开设体育课程，标志着中国体育教育的起步。同时，一些西方体育运动，如足球、篮球、田径等也逐渐在中国得到推广和发展。

3. 现代体育的快速发展

中华人民共和国成立后，体育事业得到了党和国家的高度重视和大力支持，中国体育进入了快速发展的新时期。在这个阶段，中国体育不仅注重提高竞技水平，还积极推动群众体育和全民健身活动的发展。通过举办各种体育赛事和活动，如全国运动会、亚洲运动会等，中国体育的国际影响力逐渐提升。

4. 改革开放后的体育繁荣

改革开放以后，中国体育事业迎来了前所未有的发展机遇。体育产业逐渐兴起，体育市场化、产业化进程加速推进，体育消费成为新的经济增长点。同时，中国体育健儿在国际舞台上的表现也越来越出色，他们多次在奥运会、亚运会等国际大赛中取得优异成绩。

5. 当代体育的多元化与国际化

进入 21 世纪，中国体育呈现出更加多元化和国际化的特点。随着科技的进步和全球化的推进，中国体育不断吸收和借鉴国际先进的体育理念和技术，推动自身的发展和创新。同时，中国体育也积极参与国际体育交流与合作，为提升国际地位和影响力作出了积极贡献。

中华人民共和国体育加速度

中华人民共和国成立以来，在党中央、国务院的坚强领导下，在全国各族人民的大力支持下，我国体育事业从小到大，从弱到强，取得了举世瞩目的成就，走出了一条中国特色社会主义体育发展道路。

群众体育，蓬勃发展。人民群众健康水平持续提高，全民健身意识极大增强。据新华社报道，截至 2023 年年底，全国体育场地共有 422.68 万个，体育场地面积 37.02 亿平方米，经常参加体育锻炼的人数超过 5 亿，城乡居民达到《国民体质测定标准》合格以上的人数比例在 90%以上。健身设施遍布城乡，公共体育设施开放服务水平明显提升。全民健身组织广泛建立，全国共有体育社会组织 4.73 万个，城市社区全民健身站点平均已达每万人 3 个。全民健身指导人员队伍日益壮大，据国务院披露，截至 2023 年年底，全国累计培养公益类社会体育指导员 320 万人，每千人拥有社会体育指导员 2.28 名。

竞技体育，成绩辉煌。中华人民共和国成立后，我国形成了适合国情发展的运动训练和体育竞赛体系，主要包括由三级训练网构成的人才培养模式、优秀运动队的管理模式、“三从一大”为核心的训练模式、“国内练兵、一致对外”的竞赛模式和“缩短战线、确保重点”的发展模式。据国家体育总局竞技体育司数据显示：2023 年，我国竞技体育成绩优异，共在 32 个项目上获得世界冠军 165 个，创 20 项世界纪录。至此，我国竞技体育运动员自 1949 年以来，共获得世界冠军 3 913 个，创世界纪录 1 397 次。举世瞩目的北京冬奥会、残奥会圆满成功，实现了中华民族的百年期盼，成为奥运史上无与伦比的精彩盛会，极大地激发了中华儿女的爱国热情和民族自豪感。由此可见，中国已经成为国际体育舞台上的一支具有强大竞争力的重要力量。

青少年体育，生机勃勃。青少年体育健身场地设施不断完善，青少年体育赛事体系不断健全，青少年体育活动蓬勃发展，青少年体育组织规模持续扩大。目前，体育传统项目学校有8 567所，青少年体育俱乐部有3 809个，各级各类业余体育运动学校有2 037所，在训青少年运动员有 46 万余人。全国已有校园足球特色学校20 218所，校园足球试点县（区）102 个，青少年足球训练中心 43 个，青训队伍 200 余支，开展青少年足球项目的国家高水平体育后备人才基地 103 所。

体育产业，快速发展。体育产业总规模和增加值多年来持续上涨，成为国民经济的新亮点，是经济转型升级的重要力量。体育产业体系不断健全，基本形成了以竞赛表演、健身休闲为引领，体育场馆服务、体育培训、体育传媒、体育用品制造和贸易等共同发展的产业体系。

体育领域各项事业全面推进。体育文化不断繁荣，中华体育精神、奥林匹克精神等深入人心，体育文化对民族、国家、社会、个人的重要作用得到越来越广泛的认同。体育外交日趋活跃，对外工作不断深化，向世界展现出中国的开放自信、友善包容，用体育谱写中国与世界文明交流互鉴的新篇章。体育人才不断涌现，运动员、教练员、裁判员等竞技体育人才数量持续增长，质量显著提升。体育科技持续发展，科技助力体育发展成效明显，体育科技解决竞技备战关键问题的能力逐步提升，在群众体育发展中的先导和支撑作用日益凸显。

体育法治日益完善，以1995年《中华人民共和国体育法》颁布实施为标志，随着《奥林匹克标志保护条例》《公共文化体育设施条例》《反兴奋剂条例》《全民健身条例》以及一批部门规章和规范性文件的先后出台，我国体育发展步入法治化轨道，体育领域规范化制度化水平不断提升，我国体育事业进入了依法治体的新阶段。

三、体育的功能

体育的功能是多方面的，它不仅对个体有深远的影响，而且在社会层面上也发挥着重要的作用。

（一）个体层面

（1）强身健体功能。体育运动通过促进人体各大系统，如运动系统、神经系统、循环系统、呼吸系统、消化系统、内分泌系统、免疫系统，以及泌尿系统的健康发展，来增强个体的体质。它可以促进骨骼和肌肉的生长，提高血液循环和心脏功能，改善呼吸，有效提升个体的身体健康水平。

（2）健康心理功能。体育锻炼可以发展人的认知能力，提升记忆力，使右脑的相关部位得到直接刺激并产生兴奋感。此外，体育运动还可以提升人的气质，帮助个体在面对挑战和困难时保持坚韧不拔的精神，增强意志品质。

（3）人际交往功能。体育活动，特别是集体性的体育活动，为人们提供了与他人交流的平台。通过参与这些活动，人们可以打破自我封闭，增进彼此之间的了解和信任，从而改变对生活的看法以及自身的行为方式。体育活动有助于培养团队合作精神、竞争意识，促进人们建立健康的人际关系。

（4）休闲娱乐功能。体育运动是一种有效的休闲娱乐方式。人们可以在运动场上挥洒汗水，释放压力，享受运动带来的乐趣。体育运动对于提高生活质量、缓解工作压力、保持身心健康都具有积极的作用。

（二）社会层面

（1）教育功能。体育是学校教育的重要组成部分，它不仅可以传授体育知识和技能，还可以通过体育活动培养学生的品格、道德和价值观。

（2）政治功能。体育在国际交流中发挥着重要的桥梁作用，有助于促进不同国家和民族之间的合作。在一些重大国际赛事中，体育还可以展示国家的综合实力和民族精神。

（3）经济功能。体育产业已经成为现代经济的重要组成部分，体育赛事门票、体育用品销售、体育赞助等，都为经济发展提供了动力。

（4）文化功能。体育是文化的重要载体，通过体育比赛，可以展示优秀的中华民族传统文化，使得积极向上的社会价值观得以传播。例如，一些具有民族特色的体育项目和运动形式，已经成为文化交流和传承的重要内容。

南阳师范学院“以体育人”

在“教育强国、体育强国、健康中国”战略背景下，南阳师范学院体育学院发挥大学体育“以体育人”的独特价值，持续贯彻立德树人根本任务，积极探索出思想育人、以史育人、服务育人、竞赛育人、课程育人、环境育人的“六个育人”模式，为培养德智体美劳全面发展的社会主义建设者和接班人服务。

此外，为了学习和贯彻中国共产党的体育事迹和体育精神，南阳师范学院体育学院专门打造了一个红色体育展厅，以便于学院师生认真体悟中国体育文化。

第二节　大学体育的目标与任务

大学体育是小学体育、中学体育的延续，是高等教育的有机组成部分。

一、大学体育的目标

大学体育要以习近平新时代中国特色社会主义思想为指导，全面贯彻党的教育方针，紧紧围绕立德树人根本任务，发挥社会主义核心价值观引领作用，坚持“健康第一”的教育理念和“健康校园、体育先行”的发展理念，促进学生在体育锻炼中享受乐趣、增强体质、健全人格、锤炼意志，最终将学生培养成“德才兼备、体魄健全”的社会主义建设者和接班人。

大学体育要依据中共中央办公厅、国务院办公厅印发的《关于全面加强和改进新时代学校体育工作的意见》要求，通过合理的体育教育和科学系统的体育锻炼，增强学生的体能、耐力、协调性和灵活性，为其未来的学习、工作和生活奠定坚实的健康基础；通过多样化的体育课程和活动，激发学生的体育兴趣，帮助他们找到适合的运动方式，形成终身参与体育锻炼的习惯；同时注重培养学生的团队合作精神、竞争意识、抗挫折能力等，助力学生塑造健全的人格品质。

二、大学体育的任务

1. 增强学生体质，增进学生健康

增强学生体质，增进学生健康，是大学体育教育的首要任务。大学生正处在青年期，机体的同化作用和异化作用基本平衡，生长发育日趋完善和稳定，生理机能和适应能力均

发展到较高水平。青年期是生命活动最旺盛的时期，也是身心发展的关键时期。在这个时期，体育教育可以促进大学生的身体形态结构、生理机能和心理的正常发育和完善，全面提高他们的身体素质和人体的基本能力，提高他们对环境的适应能力和对疾病的抵抗力，使其以强健的体魄和充沛的精力完成当前的学业，迎接未来的工作。

2. 提高学生体育素养，培养学生的终身体育意识

要想达到使大学生增强体质、增进健康的实效，就必须提高他们的体育素养，使其建立正确的体育意识，学习、掌握体育的基本知识、技术和技能，掌握科学锻炼身体的方法，养成自觉经常地锻炼身体的良好习惯，持之以恒，终身受益。

3. 帮助学生缓解压力，提升自信心，培养其团队合作精神

通过大学体育学习，学生可以缓解压力与调节情绪。大学是充满挑战和竞争的，学生常常面临着学业、社交、未来规划等多方面的压力。参与体育活动能够让学生暂时远离这些压力源，将注意力集中在运动上，有助于释放累积的负面情绪。

通过大学体育学习，学生可以增强自信心和自尊心。通过参与体育活动，学生可以在运动场上展现自己的能力和才华，获得成就感和自信。这种自信可以帮助学生更好地应对学习和生活中的挑战，提升他们的自我价值和自尊心。

通过大学体育学习，学生可以培养团队合作精神和竞争意识。体育活动往往需要多人协作完成，这有助于培养学生的团队合作精神和协作能力。在团队中，学生需要学会相互信任、相互支持，共同面对挑战和困难。

第三节　新时期大学体育的育人价值

大学体育课程是高等教育体系中的重要组成部分，旨在通过体育教学和锻炼，全面提高学生的身体素质、运动技能、健康意识和心理健康水平。大学体育课程不仅关注学生的运动表现，更注重培养学生的运动习惯、健康生活方式和终身体育意识。大学体育课程的内容通常包括基础体能训练、专项技能学习、健康知识教育以及竞赛实践等多个方面。学生可以根据自己的兴趣和特长选择相应的课程，如篮球、足球、排球、乒乓球、羽毛球、网球、田径、游泳、瑜伽、健美操等。同时，大学体育课程还注重理论与实践的结合，通过课堂教学、实践锻炼和考核评价等多种方式，全面提升学生的体育素养。

随着社会的发展，大学体育课程进入新时期，它在思想政治教育方面的价值逐渐凸显。第一，大学体育通过身体活动和实践锻炼，能够直接作用于学生的思想和情感，培养他们的爱国主义情感和集体主义精神。在体育运动中，学生可以体验到团队合作的重要性，学会遵守规则、尊重他人，进而培养良好的社会公德和公民意识。第二，大学体育可以帮助学生树立正确的世界观、人生观和价值观。在体育活动中，学生需要面对各种挑战和困难。通过努力克服这些困难，他们可以培养坚韧不拔的意志和积极向上的精神风貌。同时，体育比赛中的公平竞争原则也有助于培养学生的公正意识和诚信品质。第三，大学体育还能够培养学生的社会责任感和使命感。通过参与社会公益活动或志愿服务等形式的体育活动，学生可以更加深入地了解社会、关心社会，进而产生为社会发展贡献力量的责任感和使命感。第四，大学体育在促进学生身心健康发展的同时，也能够为思想政治教育

提供有力支撑。一个身心健康的学生更有可能具备积极向上的精神风貌和正确的价值观念，从而更好地理解和接受思想政治教育。

第四节 大学体育与南水北调精神

一、南水北调精神融入高校大学体育课程建设的内涵阐释

（一）南水北调精神的内涵

南水北调精神是南水北调工程各方参与者所展现的有益于南水北调工程实践的世界观、人生观、价值观以及意志品德等诸多因素的总和，是一种精神力量，其实质是一种“中国精神”。南阳市作为南水北调的“水源地”，将南水北调精神概括为“服从大局、舍家为国、勇挑重担、拼搏奉献、与时俱进、敢为人先、万众一心、众志成城”。

（二）大学体育育人的时代意蕴

大学体育课程除了体育技能传授和训练，还强调通过体育活动与学习运动知识，培养学生的爱国主义精神、团队协作精神等积极的价值观，实现显性课程和隐性课程的结合，培育全面发展的新时代青年。在体育课程中融入思政元素，可以引导学生形成正确的价值观，通过团队体育运动来激发学生的责任心，培养他们形成正确的行为准则，使他们成为更加有社会责任感的青年。

（三）南水北调精神与高校以体育人的结合点

1. 二者在精神品质上存在共通性

大学体育和南水北调精神都强调团结协作、勇于创新、艰苦奋斗等优秀品质。这些品质在大学生参与体育活动和工程建设者进行南水北调工程建设过程中都得到了充分体现。因此，二者在精神品质上具有共通性。

2. 二者在教育目标上存在相似性

大学体育的目标是促进学生的身心健康和全面发展，而南水北调精神也体现了以人为本、全面发展的理念。二者在教育目标上具有相似性，都旨在培养具有全面素质的人才。

3. 二者在社会价值上存在共同性

大学体育和南水北调精神都具有重要的社会价值。大学体育通过体育活动促进学生的全面发展，为社会培养具有健康体魄和良好品质的人才；而南水北调精神则体现了国家对于水资源调配的重视和对于人民生活的关心，二者都具有重要的社会意义。

二、南水北调精神融入大学体育课程的实践路径

（一）完善大学体育课程评价体系

大学体育课程正在改变传统教学方法，构建新型教学模式。将南水北调精神作为大学体育课程的重要需求，根据新时代对学生的要求，将南水北调精神融入教学内容、大纲、

设计、评价等方面，是高校大学体育课程在理论上不断创新、实践上不断探索的具体表现。

结合大学体育课程建设目标，通过学校大屏幕播放、课中讲解南水北调精神中的经典故事、体育人物等，将系统梳理、凝练后的精神谱系融入大学体育课程内容中，引领学生全面发展，不断完善其中的评价体系，促进评价组织、标准、方法的科学化、有效性。

（二）丰富大学体育课程内容

在理论教学时，引入南水北调精神的经典故事，让学生在学习过程中更好地理解和领会南水北调精神的内涵和要求；在技能学习上，给学生穿插讲解南水北调过程中的典型体育人物故事，让学生在体育锻炼的同时，深刻体会南水北调精神。

扎根南水北调水源地，弘扬南水北调精神

2014 年 12 月 12 日 14 时 32 分，河南南阳陶岔渠首大闸缓缓开启，蓄势已久的丹江水奔涌而出，出陶岔、过垭口、飞渡槽、钻暗涵，一路跋涉千余公里注入北京颐和园团城湖，中线一期工程顺利通水，实现了“一泓清水润京津”的伟大梦想。

南阳师范学院作为扎根于水源地的河南省省属本科高校，历届党委高度重视服务南水北调工程，原党委书记黄荣杰是“南水北调中线水源区生态环保志愿服务”项目的负责人，原校长王利亚创建了南水北调中线水源区水安全协同创新中心、南水北调中线水源区生态安全重点实验室，原校长卢志文是“生态安全与水资源保护”特色骨干学科群学科带头人，现任党委书记张宝锋承担了河南省南水北调中线干线工程建设管理局重大委托项目“南水北调工程对河南受水区高质量发展驱动机制研究”和 2024 年河南省高等教育教学改革研究与实践重大项目“以水为魂：面向国家战略的地方高校应用型人才培养探索和实践”的研究工作。南阳师范学院体育学院积极响应学校服务南水北调国家重大战略的决策，不断挖掘南水北调国家重大战略的丰富内涵，持续围绕南水北调精神和社会主义核心价值观打造特色育人文化，扎实开展体院学子的价值引领和能力培养工作。在价值引领方面，认真组织师生学习南水北调精神。一是结合习近平总书记视察南阳重要指示精神制作主题展板；二是组织周日班会的专题学习，大家畅谈体会，交流心得；三是与积极学习党的二十大精神，保持学习常态；四是注重学习实践，积极开展相关团学工作，例如，在淅川县马蹬镇中心小学开展“送教助学、以体育人”的主题社会实践活动；在淅川县毛堂乡老沟小学开展“薪火相传，体育助学”主题社会实践活动等。在能力培养方面，把南水北调工程中的“开拓创新”精神融入人才培养全过程，加强实践教学，鼓励和支持学生参与科学研究和专业实践等活动，培养学生的创新精神和专业实践能力。

第二章　大学体育锻炼

第一节　大学体育锻炼的生理基础

一、人体的运动系统

人体的运动系统是体育锻炼得以进行的基础。人体的运动系统主要由骨骼、关节和肌肉组成。骨骼起到支持负重和运动杠杆的作用，关节则是骨骼与骨骼之间的连接点，而肌肉则通过收缩和伸展产生力量，使骨骼能够绕着关节运动。

二、体育锻炼中的生理反应

在体育锻炼过程中，人体会出现一系列的生理反应。例如，随着运动强度的增加，心率和呼吸频率会上升，以满足肌肉对氧气和能量的需求。同时，血液循环也会加速，以便将更多的氧气和营养物质输送到肌肉，同时将代谢废物带走。

三、体育锻炼对身体的影响

（一）积极影响

1. 增强心血管功能

体育锻炼可以增强心肺功能，提高心脏和肺部的耐力，使心血管系统更健康。有规律的锻炼，可以减慢静息时和锻炼时的心率，减少心脏的工作时间，增强心脏的功能。

2. 增强肌肉力量和耐力

力量训练可以提高肌肉力量和强度，增强身体的稳定性和爆发力。这不仅可以改善身体的外观，还可以增强身体的运动能力。

3. 改善骨骼健康

体育锻炼对于骨骼健康至关重要。有氧运动和负荷训练可以促进骨密度的增加，改善骨小梁排列方式，从而预防骨质疏松症的发生。青少年早期进行身体活动，还有助于增加骨峰值，为未来的骨骼健康打下良好的基础。

4. 控制体重

体育锻炼是控制体重的有效手段。通过运动消耗热量，有助于减脂和维持健康的体重。定期进行体育锻炼，可以加速机体新陈代谢，增加能量消耗。

5. 改善免疫系统功能

适度运动可以提高免疫细胞的活跃度，促进血液循环，增加抗体和免疫球蛋白，提高身体的抵抗力，这有助于预防各种疾病的发生。

（二）消极影响

体育锻炼也可能导致一些生理反应，如肌肉酸痛、肌肉痉挛、运动中腹痛和低血糖症等。长时间在炎热或潮湿环境中锻炼，可能会导致体温过高、电解质失衡和脱水；极端耐力训练时，也有可能导致女性排卵异常或闭经。这些反应通常是运动强度和持续时间超过身体适应能力时发生的，因此，在制订体育锻炼计划时，应依次逐渐增加运动强度和持续时间，以避免过度运动导致的伤害。

第二节　大学体育锻炼的心理基础

体育锻炼的心理基础主要涉及个人参与体育活动时的心理状态和心理需求，包括以下几个重要方面。

一、动机与兴趣

动机是推动人们参与并坚持体育锻炼的内部力量，它可能源于对健康的追求、对更健康的体型和外观的追求、对运动成绩的渴望，或是对社交和娱乐的需求。兴趣则是个体对某种体育活动的喜好和热爱，它使体育锻炼变得有趣和吸引人。

二、自信与自尊

自信与自尊是体育锻炼中重要的心理支撑。通过参与体育活动并取得成功，个体可以增强自己的自信与自尊感，这种心理感受会进一步激发他们参与体育锻炼的积极性和热情。

三、情绪调节

体育锻炼对情绪具有积极的调节作用。通过参与体育锻炼，个体可以释放压力、缓解焦虑和抑郁等负面情绪，获得愉悦和满足等正面情绪。

四、社交需求

社交需求是人们参与体育锻炼的重要心理动机之一。通过参与体育活动，个体可以与他人建立联系、增进友谊、分享经验和快乐，满足自己的社交需求。

五、认知发展

体育锻炼对认知发展也有积极的促进作用。通过参与体育活动，个体可以提高自己的注意力、记忆力、思维能力和创造力等认知功能。此外，体育锻炼还可以促进大脑神经系统的发育和完善，提高神经系统的调节能力和反应速度。

第三节　体育锻炼的评价

一、体育锻炼标准发展历程

《国家体育锻炼标准》是经国务院 1975 年批准颁布并推行的一项重要体育制度，目的在于鼓励广大儿童和青少年自觉地锻炼身体，为实现社会主义现代化、培养德智体美劳全面发展的建设人才服务。2013 年 12 月，国家体育总局、教育部、全国总工会印发的《国家体育锻炼标准施行办法》，标志着我国群众体育进入了新的标准航道。

从 2002 年到 2014 年，教育部、体育总局对《国家学生体质健康标准》进行了三次修订，旨在建立完整的学生体质评价体系，通过评价学生的体质来促进学生的身体发展。从 2007 年 5 月、2016 年 4 月，国务院先后出台了《关于加强青少年体育增强青少年体质的意见》与《关于强化学校体育促进学生身心健康全面发展的意见》，体现了国家对青少年体育工作的高度重视。2016 年 10 月，中共中央、国务院印发了《“健康中国 2030”规划纲要》，提出了把健康教育作为所有教育阶段素质教育的重要组成部分，并纳入国民教育体系当中。2020 年 10 月 15 日，中共中央办公厅、国务院发布了《关于全面加强和改进新时代学校体育工作的意见》，提出“强化体育评价建立日常参与、体质监测和专项运动技能测试相结合的考查机制”，这更加肯定了学生体育健康工作的重要性。

锻炼控制身体，锻炼找回自己

2024 年春节档热度最高的影片是贾玲执导并主演的《热辣滚烫》，从“贾玲减了 100 斤”开始，影片一直话题满满，热搜不断，成为春节档票房冠军。导演兼演员贾玲一再强调的是“这不是减肥电影，甚至跟拳击无关”减肥只是她锻炼身体、练习拳击带来的附属结果。当观众将目光集中在影片本身，会发现减肥确实不是故事的重心。影片主要讲述的是一个“宅家啃老”十年的女性乐莹通过参加拳击比赛而成长的励志故事。

与一般体育励志片多以主人公战胜对手获得比赛胜利为人物成长逆袭的标志不同，《热辣滚烫》的女主人公乐莹从一开始就没有能够战胜对手的想法，但她又一再强调自己“想赢一次”，最后她在输给对手的情况下仍然说自己赢了。看似矛盾，实际此赢非彼赢，乐莹所说的赢不是比赛的输赢，而是对自我的发现与追求，影片表现的正是她对人生从迷茫无助到发现自我、找回人生价值的过程。诚如海报上的配文所说的：“没有为什么，只是想成为更好的自己”。

从健身科学角度而言，有两个指标可以简单看出体重是否超标。一是看体重指数（BMI），即体重（公斤①）÷［身高（米）的平方］，BMI 值为 24~27.9 便是超重，BMI

① 1 公斤 = 1 千克。

值≥28便是肥胖；二看腰围，测量方法是自然站立，双脚与肩平齐，用软尺以肚脐为中心绕腹部一圈，成人正常值为男性≤85厘米、女性≤80厘米。因此，所谓的减肥，其核心目的是减去体内多余脂肪，而不是单纯看体重秤上的数字，这告诉我们不要单纯依靠控制饮食来调整体重，也要靠日常锻炼来健身塑形，简单来说就是六个字——“管住嘴，迈开腿”。

二、当前体育锻炼标准的特征

（一）时代性

《国家体育锻炼标准》从出台目的、测试内容、对象到实施过程都体现了特定的历史印迹。测试内容具有鲜明的时代特征，反映了不同社会背景下人民对体质健康水平的要求。

（二）健身性

《国家体育锻炼标准》是推动群众性体育锻炼的一种制度，以增进广大人民群众（尤其是青少年学生）的健康、增强其体质为主要目标。实施体育锻炼标准，旨在提高国民的整体健康水平。

（三）激励性

《国家体育锻炼标准》实行分组评分评级办法，能调动、激发人们参与体育锻炼的积极性。体育锻炼标准通过设立不同的达标等级（及格、良好、优秀），鼓励人们根据自身情况设定目标，积极参与体育锻炼。

（四）灵活性

在施行《国家体育锻炼标准》的过程中，对于患病、残疾、特殊体型的学生，标准有“可以免予执行或适当放宽标准”的优待办法。这种灵活性体现了对不同个体差异的尊重，使得标准更具包容性和可操作性。

（五）可操作性

每个标准公布后都会出台具体的施行办法，详细规定组织单位、测试时间、方式、标准、等级以及奖惩制度。这使标准有了具体的操作细则，便于各级组织和学校实施。

（六）覆盖面广

《国家体育锻炼标准》适用于6~69周岁的健康人群，按年龄分为儿童、少年、青年、壮年和老年五个组别，实现了从儿童到老年全年龄段的覆盖，旨在满足不同年龄段人群对体育锻炼的需求。

（七）评分法取代达标法（1982年后）

评分法将不同计量单位测试项目的成绩转化成分数，使不同个体、群体之间可以进行比较。这种评价方法更加科学合理，有利于学生体质的个体差异性比较。

（八）地位提升

将体育锻炼标准的地位从部门规章上升到国家战略高度，由多部门联合研制、出台实施办法并定期监督检查，体现了国家对全民体育锻炼工作的重视和支持。

第四节　常见运动损伤及其预防

一、常见的运动损伤及简要处理方法

常见的运动损伤有多种类型，这些损伤可以根据损伤的组织结构、轻重程度、性质和病程进行分类。

（一）擦伤

擦伤是皮肤表层的损伤，一般较浅。处理时，如果伤口较浅，可以用生理盐水清创后涂红药水或碘伏。如果伤口较深并有渗血，应先用生理盐水清创，再涂上红药水或碘伏。如果伤口不干净，首先用清水冲洗干净。对于干净的伤口，可以涂上红药水、紫药水或贴上创可贴，等待其自愈。较严重的擦伤可能需要止血，酌情采取冷敷法、抬高肢体法、绷带加压包扎法、手指直接点压止血法等方法进行处理，必要时到医院进行伤口清洗、缝合、上药、包扎等处理，以防感染或流血过多。

（二）肌肉拉伤

肌肉拉伤是由于肌纤维撕裂导致的损伤，常见于运动过度或热身不足的情况。在出现肌肉拉伤后，应立即停止运动，在痛处冰敷持续 30 分钟，以收缩血管，减轻局部疼痛、充血和水肿等症状。切忌对受伤部位进行搓揉及热敷。严重时，可根据医生指示，可能需要吃止痛药或消炎药来减轻疼痛和炎症，或物理治疗，如超声波、电疗等，减轻疼痛和炎症。

（三）挫伤

挫伤通常是在运动过程中受到打击而产生的组织损伤。在受伤后的 48 小时内，应进行冷敷治疗，以减轻疼痛和肿胀。48 小时后，可以进行热敷治疗，以促进血液循环和伤口恢复。此外，还可根据挫伤的部位，采取相应的拉伸和放松措施，如手指、手掌、手臂、小腿或脚趾的抽筋，都有不同的拉伸和放松方法。

（四）扭伤

扭伤是关节外面的韧带及肌腱出现扭转的情况。处理时，建议前往医院使用支具固定，以帮助恢复和防止进一步损伤。扭伤后，应先采取止血、止痛措施。受伤后 24 小时内，使用冰袋敷于患处，每隔 2~3 小时冰敷 20~30 分钟，以减轻肿胀和疼痛。抬高受伤部位，以减少流向损伤部位的血液，促进静脉回流，减轻内出血。用绷带加压包扎，减轻出血和淤血现象。受伤 48~72 小时后，根据受伤情况采用外敷、按摩、热敷的方法，并及早进行扭伤关节功能的恢复性锻炼。

（五）脱臼

脱臼主要是由于运动过程中外力造成的关节脱位。处理时，应尽快前往医院进行复位治疗。韧带损伤可能需要采用支具外固定、弹力绷带加压包扎等方式治疗。软骨损伤可能需要采用关节镜手术、关节融合术等方式治疗。

（六）骨折

骨折是骨头的连续性和完整性中断，包括开放性骨折、闭合性骨折和复杂性骨折（即骨折的断端刺伤重要的内脏）。发生骨折时，应立即停止运动，避免移动受伤部位，并尽快就医。医生会根据骨折的类型和程度，采取石膏固定、手术复位等方式进行治疗。

此外，还有其他一些常见的运动损伤，如关节损伤、滑囊损伤、软骨损伤、肌腱韧带损伤、骨质损伤、神经损伤、血管损伤和内脏损伤等，这些都是比较严重的伤情，应及时就医。

二、常见运动损伤的预防

（一）了解运动知识

了解不同运动项目的特点和要求，选择适合自己的运动项目，避免参与不适合自己或超出自己能力范围的运动项目。

（二）增强安全意识

在参与运动时，要时刻保持安全意识，注意运动环境的安全性，避免在危险的地方或不安全的条件下进行运动。

（三）做好热身和整理活动

在运动前，要进行充分的热身活动，如慢跑、拉伸等，以提高身体的柔韧性和灵活性，降低运动损伤的风险。运动后，也要进行适当的整理活动，帮助身体逐渐恢复到平静状态。

（四）掌握正确的运动姿势

正确的运动姿势对于预防运动损伤至关重要。在运动过程中，要遵循正确的动作要领和姿势，避免因为错误的姿势而导致损伤。

（五）佩戴适当的运动护具

根据运动项目和个人需要，佩戴适当的运动护具，如头盔、护膝、护腕等，可以有效地保护身体，免受损伤。

（六）控制运动强度

在运动过程中，要根据自己的身体状况和运动能力，合理安排运动强度和时间，避免因为过度运动而导致损伤。

（七）注意运动环境

在运动过程中，要注意运动环境的安全性，如地面是否平整、器材是否完好等。避免在不平坦或有障碍物的地面上进行运动，以免发生摔倒或碰撞等意外。

（八）加强身体锻炼

通过加强身体锻炼，提高身体的柔韧性、力量和耐力，可以有效地降低运动损伤的风险。

（九）遵循运动规则

在参与有规则的运动项目时，要遵循运动规则，避免因为违反规则而导致损伤。

（十）保持健康的生活方式

保持充足的睡眠、合理的饮食和适当的休息等健康的生活方式，可以提高身体的免疫力和抵抗力，降低运动损伤的风险。

第三章　国家学生体质健康测试

第一节　体质健康评价制度演变

中华人民共和国成立以来，准备劳动与卫国体育制度（简称“劳卫制”）、《国家体育锻炼标准》、《学生体质健康标准（试行方案）》的制定、颁布和实施，促进了学生体质健康测量与评价制度的发展和完善，为新的标准的制定积累了丰富的经验。

一、劳卫制

1950 年 8 月，中国体育访问团赴苏联，全面考察和学习了苏联体育（包括学校体育）的经验，引进了劳卫制，从 1951 年开始在部分地区试行。1954 年，在借鉴苏联经验的基础上，根据在部分地区试行的情况，政务院批准并发布了《准备劳动与卫国体育制度暂行条例》，经过试行和反复修改，于 1958 年由国务院正式公布实施《劳动卫国体育制度条例》及相关项目标准和测验规则。

劳卫制由预备级（少年级）、第一级和第二级共三个级别组成，在第一级和第二级中，还按照性别差异根据某一年龄段中体能的发展设置了男、女若干个年龄组。在项目上，除了设置提高身体素质和机能的锻炼项目，还设置了诸如射击、手榴弹掷远、行军、国防知识等内容。

当时，学生的体质健康状况受国家经济比较落后、学校卫生条件比较差以及营养不足等因素的影响，亟待提高。因此，为改善学生的体质健康状况，在锻炼身体、建设和保卫祖国的热潮推动下，我国的劳卫制产生和发展起来了，并对学校体育教学工作产生了深刻的影响，促进了包括学生在内的群众体育运动的开展，对广大学生和成年人的体质健康起到了积极的作用。此后，在 1964 年，《准备劳动与卫国体育制度条例》改名为《青少年体育锻炼标准》。

二、《国家体育锻炼标准》

1975 年 5 月，经国务院批准公布的《国家体育锻炼标准》，在学校广泛实施。此后，在 1982 年、1990 年又进行了两次修改，一直沿用至今。1995 年开始施行的《中华人民共和国体育法》规定，学校必须实施《国家体育锻炼标准》，对学生在校期间每天用于体育活动的时间给予了保证。从 1985 年到 2005 年进行了五次修改，以全面了解我国学生的体质与健康状况及其变化趋势。

实施《国家体育锻炼标准》的目的：鼓励和推动人民群众，特别是青少年、儿童积极参加体育锻炼，以增强体质、提高运动技术水平，培养其共产主义道德品质，以更好地为社会主义现代化建设和保卫祖国服务。

三、《学生体质健康标准（试行方案）》

现代文明在带给人们充分的物质享受的同时，也给人类的健康带来了新的威胁。2002 年 7 月，教育部、国家体育总局联合下发了《学生体质健康标准（试行方案）》，将其作为《国家体育锻炼标准》在学校的具体实施，并在第一条指出了它的目的和意义：贯彻《中共中央国务院关于深化教育改革全面推进素质教育的决定》中提出的“学校教育要树立健康第一的指导思想，切实加强体育工作”的精神，促进学生积极参加体育锻炼，养成经常锻炼身体的习惯，提高自我保健能力和体质健康水平。

《学生体质健康标准（试行方案）》对于引导学生正确认识和了解自己的健康状况，有针对性地进行身体锻炼起到了非常积极的作用。但是随着时代的发展，人们对自身健康的要求越来越高，标准也需要不断发展完善。2005 年，全国学生体质健康与健康调研结果表明：学生形态发育继续提高，营养状况继续改善，低血红蛋白等常见病检出率继续下降，握力水平有所提高；但同时也存在一些不可忽视的问题，包括肺活量水平继续呈下降趋势，速度、爆发力、力量耐力素质水平进一步下降，肥胖检出率继续上升，视力不良检出率居高不下。为扭转这种不利局面，切实加强学校体育工作，改善学生体质健康水平，教育部和国家体育总局组织专家在广泛深入调查研究的基础上，对《学生体质健康标准（试行方案）》进行了完善和修改，目前执行的是 2014 年的最新标准。

体质健康测试的教育价值

体质健康测试的思政教育，是在进行体质健康测试的各个环节中，帮助学生增强体质、提高运动技能，同时培养学生的团队协作精神、公平竞争意识以及良好的道德品质，从而促进学生全面发展。

（1）强化体育锻炼的意识：通过体质健康测试，让学生认识到体育锻炼的重要性，增强学生自觉参与体育锻炼的意识，培养学生良好的锻炼习惯。

（2）培养团队精神：在体质健康测试中，鼓励学生相互帮助、共同进步，培养学生的团队精神和集体荣誉感。

（3）增强自信心：通过体质健康测试，让学生了解自己的身体状况，明确自己的优点和不足，从而增强自信心，为今后的学习和生活打下基础。

（4）培养竞争意识：体质健康测试可以激发学生的竞争意识，促使他们努力提高自己的身体素质，为今后的学习和工作积累实力。

（5）塑造健康的人生观：通过体质健康测试，引导学生树立正确的健康观，认识到身体健康是人生成功的基石，从而形成积极向上的人生态度。

(6) 培养爱国主义情怀：在体质健康测试中，可以结合体育党史和国家体育事业的发展，让学生了解国家体育事业的成就，激发学生的爱国主义情怀。

(7) 提高思想道德素质：通过体质健康测试，强调测试规则的公平性和公正性，引导学生尊重裁判、尊重对手，树立正确的竞争观念；教育学生遵守纪律、尊重规则，培养良好的道德品质。

第二节 体质健康测试达标技巧

大学生体质健康测试主要包括身体形态、身体机能和身体素质三个方面。

一、身体形态测试（BMI）：身高、体重

身高、体重测试时的达标技巧如下。

（一）确保准确测量

测量身高时，脱鞋，确保脊柱中正直立，使头顶最高点到脚底的距离准确；测量体重时，建议空腹进行，并穿尽量少的衣服，以确保测得的体重更为准确。

（二）注意站立姿势

测试时，应赤足站在身高体重测试平台上，保持立正姿势。上肢自然下垂，足跟并拢，足尖分开约成60°角站稳，颅骨正中对准测试端口，躯干自然垂直，头部正直，耳屏上缘与眼眶下缘成水平。

（三）保持稳定

在测试过程中，保持身体平稳，以避免影响测量结果。

（四）避免外部干扰

在测试前，取下身上的饰物，尤其是头部装饰物，以避免其影响测量准确性。在未听到测试结束音之前，不要离开测试台，以确保整个测试过程的完整性和准确性。

（五）调整饮食和运动习惯

熟悉测试方法和测试标准，以便更好地理解自己的测试结果。根据测试结果，合理调整饮食和运动习惯，以达到理想的身高体重比例。

二、身体机能测试：肺活量

肺活量测试的达标技巧如下。

（一）吹气前的深呼吸

在开始测试之前，做一到两次深呼吸，这有助于为肺部注入更多的空气，从而增加肺内的气量。这种深呼吸的做法能确保在测试开始时，肺部就已经充满新鲜的空气，为后续

的吹气过程提供充足的储备。

（二）确保嘴巴与吹嘴紧密贴合

在测试过程中，要确保嘴巴与吹嘴紧密贴合，防止气体泄漏，确保测试结果的准确性。

（三）保持心态稳定

保持心态稳定也是肺活量测试中不可忽视的一环。在测试前应避免过度紧张，保持心态平和。紧张情绪可能会导致呼吸急促或不规则，从而影响测试结果。

（四）掌握正确的呼吸方式

掌握正确的呼吸方式也是提高肺活量的有效方法，采用腹式呼吸方式可以锻炼呼吸肌肉，提高呼吸效率，有助于充分利用肺部容量，达到最佳的呼吸效果，从而增加肺活量。

（五）定期锻炼

除注意测试技巧外，提高肺活量还需要关注平时的生活习惯和锻炼方式。长期的锻炼和训练，可以有效增加肺活量。例如，进行有氧运动（如慢跑、游泳、骑自行车等）以及改善肺通气能力的运动（如深呼吸和伸展运动）等，都是提高肺活量的有效途径。

（六）注意生活习惯

保持良好的生活习惯对呼吸系统健康至关重要。戒烟、避免长时间暴露在污染环境中、保持充足的睡眠和合理的饮食等，都有助于提高肺活量。

三、身体素质测试

（一）立定跳远

立定跳远测试的达标技巧如下。

1. 预摆技巧

预摆技巧是起跳前的重要准备动作。两脚左右开立，与肩同宽，确保身体平衡稳定。两臂前后摆动，前摆时两腿伸直，后摆时则屈膝降低重心，为接下来的起跳积蓄力量。

2. 起跳技巧

起跳是整个立定跳远过程中的关键环节。在起跳时，要利用两脚前掌快速用力蹬地，产生足够的反作用力，推动身体向上跳起。同时，两臂要配合腿部的动作，由后往前上方大幅度摆动，以摆带蹬，蹬摆结合，使身体获得更大的上升速度和更远的跳跃距离。起跳时，蹬地动作要快速有力，腿蹬和手摆要协调一致，这样才能实现最佳的起跳效果。在离开地面的瞬间形成整个身体完全蹬伸的动作。

3. 腾空技巧

在腾空过程中，充分利用身体各部位的力量，两臂前举，收腹举腿，小腿尽量往前伸，这样有助于在空中保持身体的平衡和稳定，并获得更远的落地点。

4. 落地缓冲技巧

落地缓冲技巧也是不可忽视的一环。落地时，要注意脚跟先着地，然后迅速过渡到全脚掌。落地后，保持身体向前移动的趋势，避免向后倒。

（二）坐位体前屈

坐位体前屈测试的达标技巧如下。

1. 充分热身与拉伸

测试前，确保身体已经得到充分热身。进行一些全身性的拉伸运动，特别是针对腰、背、腿部肌肉的拉伸，有助于提高身体的柔韧性，并预防测试中可能出现的肌肉拉伤。

2. 保持正确坐姿

测试时，受试者应坐在平坦的测试平台上，两腿伸直，脚后跟并拢，双脚平蹬在测试游标固定面板上。确保背部挺直，不要弓背或过度挺胸。

3. 匀速且稳定地前屈

在向前弯曲身体时，要保持匀速且稳定的动作。避免突然发力或快速前屈，以免对肌肉造成不必要的压力。同时，要确保双手中指指尖能够随着游标平稳地向前移动。

4. 注意呼吸与节奏

在测试过程中，保持平稳的呼吸节奏非常重要。深呼吸有助于放松肌肉，提高身体的柔韧性。同时，在测试时进行呼气一般会有更好的成绩表现。

5. 避免错误动作

测试时，要避免影响测试结果准确性的错误动作，如膝盖弯曲、臀部抬起等。

6. 多次尝试与记录

为了获得更准确的测试结果，按照测试要求进行多次尝试，并记录下每次的成绩。通过对比不同次数的成绩，我们可以更好地了解自己的柔韧性和伸展能力，并据此制订合适的训练计划。

（三）仰卧起坐（女）

仰卧起坐测试的达标技巧如下。

1. 充分热身

在开始测试之前，进行充分的热身活动是非常重要的。热身活动包括全身拉伸、慢跑或简单的体操动作，以增加身体的柔韧性和灵活性，为接下来的测试做好充分的准备，降低受伤的风险。

2. 正确的姿势

仰卧在垫子上，双手交叉贴于胸前或双手抱住耳朵（避免双手抱头）。双脚稳稳地放置在测试平台的勾脚器上，两腿屈膝，大小腿之间形成直角。在整个测试过程中，要避免身体过高抬起或离开垫子，以确保动作标准，发力准确。

3. 正确的发力技巧

掌握正确的发力技巧，是仰卧起坐测试中至关重要的一环。在仰卧起坐时，要利用腹肌的收缩力量来抬起上身，而不是借助手臂或颈部的力量。在抬起上身的同时，双肘应触及膝盖，这样可以确保动作完整、标准。

4. 控制呼吸

在仰卧起坐的过程中，要注意控制呼吸。通常，在起身时呼气，躺下时吸气，这有助于更好地运用腹部肌肉，提高运动效果。

5. 节奏与速度

节奏与速度是仰卧起坐测试中需要特别注意的方面。仰卧起坐测试不仅要求完成一定数量的动作，还要求动作质量达到一定标准。因此，在测试时，需要保持稳定的节奏和速度，避免过快或过慢，以免影响测试成绩。

6. 心态调整

保持良好的心态对于测试达标至关重要，不要过于紧张或焦虑。

（四）引体向上（男）

引体向上测试的达标技巧如下。

1. 正确的姿势与动作

测试时，双手正握单杠，握距略宽于肩，两臂自然下垂伸直。在引体向上的过程中，应确保身体直上直下，胸部挺起，避免二头肌过度用力。当下颌超过横杠上缘时，还原至直臂悬垂姿势，完成一次动作。

2. 适当的练习方法

可以通过多种练习方法来提高引体向上的能力。例如，可以进行直臂悬垂、屈臂悬垂、低杠斜身引体、悬垂摆动、低杠仰卧引体等练习。

3. 注意呼吸与节奏

在引体向上的过程中，要注意呼吸与动作的配合，这样有助于保持稳定的节奏和力量输出。

4. 持之以恒的训练

引体向上是一个需要长期积累和坚持的练习项目。建议每天进行一定量的练习，并选择多种练习方法，根据自己的力量情况来安排训练量。

5. 心态与自信

保持良好的心态和自信对于引体向上测试达标也非常重要。要相信自己有能力完成测试，避免过于紧张或焦虑。同时，也要避免过于放松，以免影响测试成绩。

（五）50 米跑

50 米跑测试的达标技巧如下。

1. 充分热身

在开始测试前，务必进行充分的热身活动，如慢跑、动态拉伸等，以提高身体的柔韧性和灵活性，降低受伤风险，并帮助身体更快地进入运动状态。

2. 正确的起跑姿势

起跑姿势直接影响起跑速度和稳定性。站立式起跑时，双脚前后开立，前脚脚尖紧贴起跑线后沿，后脚脚尖距离前脚大约一个脚长的距离，两臂自然下垂。听到起跑信号后，迅速摆动双臂，同时后腿迅速蹬地向前迈出。

3. 全程冲刺

50 米跑是一个短距离项目，需要在短时间内爆发出最大的速度。起跑后，要迅速加速至最高速度，并保持该速度跑完全程。对大学生来说，基本不存在起跑过猛导致后半程体力不支的情况，因此一般不需要体力分配。

4. 保持正确的跑姿

身体应保持正直，稍微前倾，双臂自然摆动，以增加前进的动力。同时，步幅要适中，过大或过小都会影响速度。

5. 终点冲刺

接近终点时，要全力以赴进行冲刺。此时，要集中全身力量，加大摆臂幅度，提高步频，以最快速度冲过终点。

（六）800 米跑（女）/1 000 米跑（男）

800 米跑/1 000 米跑测试的达标技巧如下。

1. 充分热身与拉伸

在开始测试前，务必进行充分的热身活动，如慢跑、动态拉伸等，以提高身体的柔韧性和灵活性，降低受伤风险。热身不仅有助于肌肉放松，还能提高关节的灵活性，为接下来的跑步做好准备。

2. 起跑与起跑后的加速跑

800 米跑和 1 000 米跑的起跑是在弯道上，需要掌握弯道起跑技术，起跑时要沿着跑道的切线跑，以抢占有利位置。起跑后，要迅速加速至适合自己的节奏，避免因起跑过慢而导致后续追赶困难。

3. 节奏与呼吸

在跑步过程中，要保持稳定的节奏和呼吸。一般采用两步一呼、两步一吸或三步一呼、三步一吸的节奏，确保呼吸与步伐的协调。同时，要注意深呼吸，以充分吸收氧气，提高身体的耐力。

4. 合理分配体力

800 米跑和 1 000 米跑是中长距离项目，需要在全程合理分配体力。在起跑和加速跑阶段，不要过早消耗体力；在途中跑阶段，要保持稳定的速度和节奏；在接近终点时，要全力以赴进行冲刺，以最快的速度冲过终点。

5. 正确的跑姿

身体应保持正直，稍微前倾，双臂自然摆动，以增加前进的动力。同时，步幅要适中，过大或过小都会影响速度，加大体力消耗。在跑步过程中，要注意抬头挺胸，保持良好的呼吸循环和姿势。

6. 选择合适的跑道

在测试时，应选择内道或靠近内道的跑道，以缩短跑程。同时，要注意避免与其他选手发生碰撞或干扰。

7. 心态调整

保持良好的心态对于达标至关重要。在测试前，要相信自己有能力完成测试，避免过于紧张或焦虑。在测试过程中，要保持专注和自信，不断鼓励自己，坚持到底。

中　篇

常规运动篇

第四章　田径运动

第一节　田径运动概述

一、田径运动及其起源

田径运动是一项历史悠久且广泛普及的体育运动，由多个运动项目组成，它用不同形式反映人体运动中的基本能力，是各项运动的基础，所以素有“运动之母”之称。2005年国际业余田径联合会（简称“国际田联”）章程将田径运动定义为“跑道和场地的运动及公路跑、竞走、越野跑和山地跑”。我国通常将走、跑类的项目统称为“径赛”，将跳、投类的项目统称为“田赛”，二者部分项目组合的计分项目称为“全能”。

二、我国田径运动概况

我国早在春秋战国时期，就有以走、跑、跳和投训练士兵的记载。我国近代田径运动源于外国，鸦片战争后，以美国为主的美英传教士在我国建立了教会学校，在这里开展了田径运动，举行了一些学校间的田径比赛。田径运动一直受到国人的重视，但成绩平平。1932 年 7 月，在美国洛杉矶举行的第 10 届奥运会上，我国运动员、东北大学学生刘长春作为中国唯一的运动员，参加了 100 米和 200 米的比赛。在这之前，被誉为“短跑怪杰”的刘长春创造了 100 米成绩 10 秒 7 的纪录，这一纪录在我国保持了 25 年之久。

中华人民共和国成立后，田径运动得到了飞速发展。1957 年 11 月，我国优秀女子跳高运动员郑凤荣跳过了 1.77 米横杆，打破世界女子跳高纪录（1.76 米），轰动世界体坛。1958 年 7 月，优秀男子短跑运动员梁建勋以 10 秒 6 的成绩打破了刘长春 10 秒 7 的全国 100 米纪录。至此，我国的田径纪录全都被刷新。我国田径运动开始向世界运动水平攀登。1976 年后，特别是改革开放以后，我国的田径运动得到飞快发展。20 世纪 80 年代，朱建华、邹振先、申毛毛、刘玉煌、郑达真、李梅素等一批运动员，已进入世界优秀运动员的行列。中国田径协会从国际田联第三组跃为第一组会员国，表明我国较高的田径成绩已为国际田联所认可。继 1983 年 9 月第 5 届全运会朱建华以 2.37 米和 2.38 米的跳高成绩两次打破世界纪录之后，1984 年 6 月他在联邦德国埃伯斯塔国际跳高比赛中再次创造了 2. 39 米的世界纪录，并在第 23 届奥运会上，又以 2. 31 米的成绩获得跳高铜牌。

20 世纪 90 年代开始，我国田径运动步入了新的辉煌时期。在 1992 年于西班牙召开的第 25 届奥运会上，我国女子竞走运动员陈跃玲获得 10 千米竞走金牌，实现了我国奥运史上田径项目金牌“零”的突破。1993 年，在德国斯图加特举行的第 4 届世界田径锦标赛上，我国田径运动员异军突起，获 4 金、2 银、2 铜奖牌，金牌数列第 2 位，共得 92 分，总分列第 6 位。此后，我国女子运动员王军霞先后以 29 分 31 秒 78 和 8 分 06 秒 41 的成绩创造了 10 000 米和3 000米的世界纪录。曲云霞以 3 分 50 秒 46 的成绩创造了 1 500 米的世界纪录。1996 年，王军霞还获得了第 26 届奥运会 5 000 米的金牌和 10 000 米的银牌。这是我国田径运动突飞猛进的发展时期，特别是我国女子项目的快速发展令世人瞩目。

进入 21 世纪，在 2000 年悉尼奥运会上，我国女子竞走运动员王丽萍夺得 20 千米竞走的金牌。我国田径运动在走入几年低迷后，在 2004 年的雅典奥运会上，刘翔以 12 秒 91 的成绩打破了奥运会纪录，打破了世界纪录，并获得 110 米栏项目金牌。这枚金牌是中国男选手在奥运会上夺得的第一枚短跑金牌，翻开了中国田径历史新的一页。同日，在奥运会女子 10 000米决赛中，中国选手邢慧娜从三名埃塞俄比亚强手中突出重围，凭借有力的冲刺，以 30 分 24 秒 36 的成绩获得冠军，为本届奥运会中国田径军团又添一枚金牌。2006 年 7 月，在瑞士洛桑田径大奖赛上，刘翔以 12 秒 88 的成绩打破了 110 米栏世界纪录，为世界田径运动又竖起了一座新的丰碑。从近 20 年的奥运会情况看，第 25 届奥运会之后，我国的田径整体水平逐步下滑，第 28 届奥运会又开始有明显回升。变化的趋势表明，我国田径运动已走出低谷，开始向更高的水平发起进攻。

马拉松：中国田径新时尚

经济学上有一个说法，人均 GDP（国内生产总值）达到 8 000 美金之后，就会有更多的人去寻求休闲、寻求放松和自我发展的方式，此时的体育产业就会得到长足发展。2019 年我国人均 GDP 超过 10 000 美金，许多人将跑步作为运动方式以后，马拉松的快速发展成为顺理成章的事，参与马拉松赛事及相关跑步运动的人群大幅度增加，造就了近几年全国马拉松赛事的风靡。中国马拉松的飞速发展，并不是偶然，而是应运而生。马拉松运动的火爆，恰好反映了人民生活水平的提高、健康意识的提高，也彰显了挑战自我、不断超越的运动精神。中国未来的马拉松市场要想持续兴旺发达下去，必须要有大量的社会化的体育赛事公司出现，这些公司能用专业化的组织管理，让中国的马拉松比赛快速地走到世界前列。正如厦门国际马拉松喊出的口号“让马拉松成为一种生活方式”一样，马拉松已经逐步渗透人们的生活中，时尚又健康。当然，这是我国综合国力提升的必然结果！

三、中国田径运动员的领军人物

有人认为，由于体质问题黄种人在田径领域没有优势，大多数人也把田径项目作为我国竞技体育的“一块短板”。但现代田径运动开展以来，我国田径史上屡屡有鲜明时代特征的标志性领军人物出现，其中，以刘长春、朱建华、王军霞、刘翔和苏炳添等运动员为代表。

（一）刘长春

刘长春于1909年出生在大连一个普通家庭，14岁时，他的100米成绩就已经达到了11秒8。1927年，刘长春的100米成绩提高到11秒。在1929年的一次中、日、德田径运动会上，他跑出了10秒6的100米成绩，这个成绩名列当时世界前10名。“九一八”事变后，刘长春悄悄乘上了去天津的客轮，辗转来到了已迁址北平的东北大学。

1932年2月，伪满洲国各报纷纷刊登了所谓刘长春等将代表满洲国出席第十届奥运会的消息，日本还代替满洲国傀儡政府向奥委会申报刘长春等出席奥运会的名单。消息传开，全国哗然，民众无不义愤填膺，抗议的浪潮席卷全国。刘长春在报上得知后，于1932年5月末在《大公报》上声明：“伪报所传，纯属虚构谎言，我是中华民族炎黄子孙，绝不代表伪满洲国出席第10届奥林匹克运动会。”中华全国体育协进会主席王正廷，中华全国体育协进会董事、南开大学校长张伯苓紧急致电国际奥委会，为刘长春报名。奥委会很快复电同意。这时距奥运会开幕仅有一个月时间。1932年7月29日16:00，在太平洋上颠簸25个昼夜的刘长春和教练宋君复抵达美国。7月30日14:00，刘长春高举国旗，形单影只，代表中国参加第10届奥运会开幕式。在随后的100米预赛中，由于刘长春经过近一个月的海浪颠簸，体力消耗较大，未能取得好成绩。刘长春的表现虽然令国人为之叹息，但刘长春毕竟是中国参加奥运会的第一人，在那个特殊的历史时期，刘长春热爱祖国、维护中华民族尊严的高尚情操和坚持不懈的拼搏精神受到中外人士的一致称赞。

学习刘长春精神

1932年，刘长春才是一个23岁的大学生，但在日本侵略者的威胁下，他不畏强权，拒绝代表伪满洲国，万里奔突，历经险阻，一个人代表一个民族，向着和平、友谊、公正的奥林匹克赛场奔去，他的气节捍卫了中华民族的尊严，也充分诠释了奥运会的参与精神。在民族危亡的时刻，为了民族的尊严，他创造了刘长春精神：一个人在民族存亡之际，毅然代表了本民族，身怀大义，一往无前。正是这种精神，像巨人的双手把“东亚病夫”的帽子从中国人的头上抛掉！正是这种精神，如同暗夜里的火炬照亮了中华民族的前进征程！正是这种精神，激励我们为实现中华民族伟大复兴的中国梦而一往直前！

（二）朱建华

朱建华，1963年4月1日出生，中国上海人，著名跳高运动员。1973年，朱建华开始在上海南市区业余体校进行跳高训练。很快，身高1.93米的年轻运动员朱建华就在全国跳高界崭露头角，有着身高优势和跳高天赋的他在1979年的世界中学生田径比赛中，跳过2.13米，获得亚军，并打破全国少年男子跳高纪录。在1981年的亚洲田径锦标赛上，朱建华以2.30米的成绩打破亚洲纪录，随后又在1983年6月到1984年6月的一年时间里，连续三次打破男子跳高世界纪录，将世界纪录从2.35米提高到2.39米。由朱建华创造的亚洲跳高纪录，直到2013年才被卡塔尔的运动员巴尔希姆以2.40米打破。此后，从1984年至2016年里约奥运会，我国每一届男子跳高的成绩，都没有超过2.39米。朱建华曾经三破世界纪录的壮举，体现了奥林匹克运动“更高、更快、更强”的精神！可以说，是他第一次将全国人民的田径热情推到了前所未有的高潮。

（三）王军霞

1993 年在德国斯图加特举行的第 4 届世界田径锦标赛上，我国田径运动员异军突起，获 4 金、2 银、2 铜奖牌，金牌数列第 2 位，共得 92 分，总分列第 6 位。我国著名女子运动员王军霞在本次运动会上崭露头角，以 30 分 49 秒 30 的成绩获女子 10 000 米金牌，并创造了世界锦标赛纪录。此后，王军霞先后以 29 分 31 秒 78 和 8 分 06 秒 41 的成绩创造了 10 000 米和 3 000 米的世界纪录。王军霞被誉为“东方神鹿”。

1993 年年底，王军霞被评为“全国十佳运动员”之首，获得英国环球电视台“环球体育最佳运动员”、世界“十佳运动员”称号。1994 年王军霞在美国纽约接受了第十四届杰西·欧文斯国际奖，这是中国运动员、也是亚洲运动员首次获此殊荣。1996 年，王军霞首次参加奥运会，以 14 分 59 秒 88 的成绩获得女子 5 000 米金牌，并以 31 分 02 秒 98 的成绩获女子 10 000 米银牌，成为中国第一位获奥运会长跑金牌的运动员。在电视转播和新闻图片中，王军霞身披国旗，双手兴奋地舞动着旗角，环绕赛场，那一幕深深刻在无数国人心中，成为一代中国人的青春记忆。2012 年，国际田联名人堂设立，王军霞列为首批入选的 12 位运动员之一，是中国乃至亚洲运动员唯一的代表。

（四）刘翔

刘翔，1983 年 7 月 13 日出生于上海市普陀区，中国男子田径队 110 米栏运动员，是中国体育田径史，也是亚洲田径史上第一个集奥运会冠军、室内室外世锦赛冠军、国际田联大奖赛总决赛冠军、世界纪录保持者多项荣誉于一身的运动员。从 2000 年至 2012 年，刘翔参加了超过 48 场世界级重要田径赛，获得过 36 次冠军，1 次跑平世界纪录，1 次打破世界纪录，5 次打破亚洲纪录，3 次打破亚运会纪录。在 2004 年的雅典奥运会上，刘翔以 12 秒 91 的成绩夺得 110 米栏的冠军。当时刘翔身披国旗，一跃跳上冠军领奖台——这已经成为中国体育史上的经典时刻。而刘翔那句充满豪气的“中国有我，亚洲有我”，不知道打动了多少人，鼓舞了多少人。2006 年，刘翔在洛桑以 12 秒 88 打破沉睡 13 年之久的男子 110 米跨栏世界纪录。总之，刘翔给中国体育带来了无数的感动和希望。

名人探究

有些人认为，刘翔是中国体育的标志，是中国最受欢迎的运动员之一，是中国田径最伟大的运动员。这也许有些夸张，但至少，刘翔每一次来到赛场，都会把最好的状态呈现给他的对手，呈现给所有的观众。对于跨栏运动来说，刘翔是百年不遇的天才，是史上对于突破黄种人身体极限贡献极大的运动员。刘翔不仅仅是体育的参与者，更是中国优秀传统文化和中国精神的传播者。

（五）苏炳添

苏炳添，1989 年出生在广东，中国田径运动员。在 2015 年的钻石联赛尤金站中，他跑出了 9 秒 99，成为百米赛跑第一个突破 10 秒大关的中国人，在随后的北京世锦赛上他再次跑出 9 秒 99 的成绩，成为百米赛跑第一个杀入世锦赛决赛的黄种人。而后他又带领中国队拿下了 4×100 米接力的银牌，这是中国接力队在世锦赛上获得的最好成绩。2016 年他参加里约奥运会，半决赛跑出 10 秒 08，未能进入决赛，但随后他在男子 4×100 米预赛中和队友一起跑出了 37 秒 82 的中国男子 4×100 米接力最好成绩。在 2017 年的伦敦世锦赛，他再一次杀进了世锦赛决赛，陪伴“闪电”博尔特跑完职业生涯最后一战。2018年苏炳添迎来了他职业生涯的巅峰时刻，两次跑出9秒91，跑平了奥古诺德创造的亚洲纪录。在2018年的雅加达亚运会上，苏炳添在队友谢震业因伤不能参赛的情况下顶住了压力，在百米决赛中跑出了9秒92，创造了新的亚运会纪录。2021年8月1日，在东京奥运会男子100米半决赛中，他以9秒83刷新亚洲纪录，成为首位晋级奥运会男子百米决赛的中国运动员；同年8月6日，获得东京奥运会男子百米接力铜牌。2022年3月3日，他被评为“感动中国2021年度人物”。

在国内，和这些领军人物同时代的优秀田径运动员非常多，今后也将涌现出更多的田径优秀选手。中华人民共和国成立以来，社会的发展、民族的振兴使中国田径运动快速发展，涌现出一个又一个的优秀田径运动员，冲出亚洲，走向世界，向世界田径运动高峰攀登。

南阳师范学院田径运动概况

南阳师范学院现有室外标准化综合塑胶田径场3块，专业田径教师8名，其中教授2人、副教授3人、讲师3人，开设有田径运动专项课程和公共体育田径课程，组建了田径运动校队。每年春季定期开展综合性田径运动会，截至2024年春季，已经连续举办43届田径运动会。

第二节　田径运动的基本技术与练习方法

一、竞走的基本技术与练习方法

（一）竞走的基本技术

竞走是一项由单脚支撑与双脚支撑相互交替，两腿不断交互前进的周期性运动，是田径运动中的耐力项目。竞走是在普通走的基础上发展起来的，但又有所不同，主要表现在步幅大、步频高、骨盆沿人体三个轴转动，特别是沿垂直方向转动的幅度较大，支撑腿在垂直部位时膝关节伸直和后蹬迅速有力。竞走时，步长和步频是决定走速的主要因素。

腿部动作是竞走技术的主要环节，走时应以脚跟着地，然后滚动到全脚掌。注意在支撑脚着地前瞬间积极伸直腿；摆动腿不能过早屈膝折叠小腿。此外，竞走时，练习者应做到步幅大、步频高、省力而无多余动作，两脚落地的足迹应保持在一条直线上。练习者躯干要自然挺直或稍前倾，两臂屈肘约90°，在体侧做前后有力的摆动，并与下肢动作协调配合。

（二）竞走的练习方法

1. 原地模仿练习方法

（1）坐姿摆臂模仿练习。

（2）站立姿态的摆臂模仿练习。

（3）骨盆绕垂直轴旋转练习。

2. 行进间练习方法

（1）小步幅高频率竞走练习。

（2）“8”字竞走练习。

（3）放松大步竞走练习。

（4）足跟竞走练习。

（5）负重竞走练习。

二、短跑的基本技术与练习方法

根据规则规定，短跑比赛须采用蹲踞式起跑。蹲踞式起跑的目的是获得向前冲力，使身体尽快地摆脱静止状态，为起跑后的加速跑创造有利条件。

（一）短跑的基本技术

1. 起跑技术

（1）起跑器的安装。

直道起跑器的安装方法有两种方式：第一种是“普通式”，前起跑器距起跑线 1.5 脚长，后起跑器距前起跑器 1.5 脚长；第二种是“拉长式”，前起跑器距起跑线 2 脚长，后起跑器距前起跑器 1 脚长。起跑器的安装方法如图 4-1 所示。

图 4-1　起跑器的安装方法

（2）起跑各阶段的基本技术。

起跑包括“各就各位”“预备”“鸣枪”三个阶段。

运动员听到“各就各位”口令后，积极调动身体的兴奋性，两手撑地，两脚依次踩踏在起跑器的脚蹬上，有力脚在前，后膝跪地，形成五点支撑（双手、双脚和后膝），双手四指并拢、拇指张开，呈“八”字形放在起跑线后沿的地面上，两手之间距离略宽于肩膀，如图 4-2 所示。

运动员听到“预备”口令后，重心向前上方移动，臀部慢慢抬起，略高于肩，肩部稍超出起跑线，如图 4-3 所示。

图 4-2　“各就各位”阶段技术

图 4-3　“预备”阶段技术

运动员听到枪声后，两手迅速推离地面，两臂屈肘有力地做前后摆动，同时两脚迅速蹬离起跑器，前腿快速有力地蹬伸髋、膝、踝关节，后腿蹬离起跑器后快速屈膝向前上方摆出，详见视频 4-1。

4-1　短跑起跑

2. 加速跑技术

加速跑开始时，上体保持较大的前倾角度，两臂积极有力地前后摆动，支撑腿充分蹬伸，与此同时，摆动腿迅速前摆。摆动腿前摆时，大、小腿折叠程度小，前摆幅度大。第一步的着地点应尽量靠近身体重心投影点，步长不宜过大，一般在三脚掌半至四个脚掌长，以后每步约增加半个脚掌长，随着步长的增加，两脚落点逐渐合在一条直线上，并自然过渡到途中跑。

3. 途中跑技术

途中跑时，头、上体保持正直或稍前倾，两臂做前后有力的摆动，高抬大腿、屈膝积极前摆，带动同侧骨盆前送，支撑腿在摆动腿积极前摆的配合下，快速有力地伸展髋、膝、踝关节，蹬离地面，如图 4-4 所示。

图 4-4　途中跑技术

4. 终点跑技术

终点跑是全程跑的最后阶段，任务是尽量保持途中跑的高速跑过终点。终点跑包括终点跑技术与撞线技术。终点跑技术是指在离终点 10~20 米时，保持躯干稍向前倾，加快摆臂；撞线技术是指在离终点线前约一步距离时，上体急速前压，以肩部撞终点线。

（二）短跑的练习方法

1. 原地模仿练习

（1）原地做弓箭步摆臂练习。

（2）原地做屈臂前摆、大腿下压练习。

2. 直道途中跑的练习方法

（1）在直道上以中等匀速反复跑 30 米、50 米、60 米、80 米，保持动作协调、步子开阔，注意蹬地和摆腿的正确技术。

（2）50~60 米、60~70 米、70~80 米不同距离的加速跑。

（3）80~100 米放松跑，步幅放开，动作自然有力，注意蹬摆结合技术。

（4）80~120 米重复跑，在技术动作正确的基础上加快速度。

（5）采用多种跑的专门性练习，如小步跑、高抬腿跑、后蹬跑、车轮跑等。

3. 弯道途中跑的练习方法

（1）直道进入弯道时，有意识加大右腿的蹬地力量和摆动幅度。

（2）弯道进入直道时，在出弯道的前几步，身体逐渐正直，体会顺惯性的自然跑。

（3）40~60 米弯道跑，体会随着速度的增加，身体内倾的速度也不断加大。

（4）100~150 米弯道跑，体会进入弯道、弯道跑、出弯道跑的衔接技术。

4. 蹲踞式起跑的练习方法

（1）反复练习“各就各位”与“预备”动作，体会“预备”动作的提臀与探肩的感觉。

（2）练习起跑后的 20~30 米加速跑。

（3）快跑上台阶 10~15 级，快跑下台阶 10~15 级；快速上坡跑 15~20 米，中速下坡跑。

5. 终点跑的练习方法

（1）先快速跑 20~30 米并直接跑过终点，再用快速跑在接近终点 1 米处，做胸部撞线动作，迅速跑过终点。

（2）原地摆臂，上体迅速前倾做撞线动作；慢跑中撞线；中速跑 15~20 米撞线；快速跑 20~25 米撞线。

三、接力跑的基本技术与练习方法

（一）接力跑的基本技术

1. 起跑技术

（1）持棒起跑技术。第一棒运动员采用蹲踞式起跑，以右手持棒，接力棒不得触及起跑线和起跑线前的地面。持棒起跑技术和短跑的起跑基本上相同，如图 4-5 所示。

图 4-5　持棒起跑技术

（2）接棒队员的起跑技术。第二、三、四棒的运动员用站立式或半蹲踞式起跑姿势，站在选定预跑段的起跑线前面，两脚前后开立，两膝弯曲，上体前倾。第二、四棒运动员一般情况下站在跑道外侧，应左腿放在前面，右手撑地面，身体重心稍向右偏，头转向左后方，目视跑来的同队队员和自己的起动标志线或标志区。第三棒运动员一般站在跑道内侧，右腿在前，用左手支撑地面，身体重心稍向左偏，头转向右后方，目视跑来的同队队员和自己的起动标志线或标志区。

2. 传接棒技术

常见的传接棒技术有上挑式和下压式两种。

（1）上挑式传接棒技术。接棒人的手臂自然向后伸出，手臂与躯干成 140°~145°，掌心向后，拇指与其他四指自然张开，虎口朝下；传棒人将棒向前上方送入接棒人的手中，如图 4-6 所示。

由于采用上挑式传接棒方式后，接棒运动员手持接力棒的上端，不利于再次完成传棒，所以上挑式传接棒技术常用于第三、四棒运动员之间的传接棒。

（2）下压式传接棒技术。接棒人的手腕内旋，掌心向上，拇指与其余四指自然张开，虎口朝后；传棒人将棒的前端由上向下传到接棒人的手中，如图 4-7 所示。

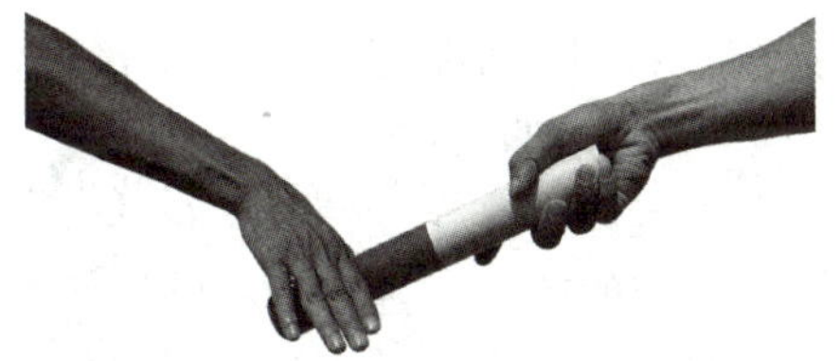

图 4-6 上挑式传接棒技术

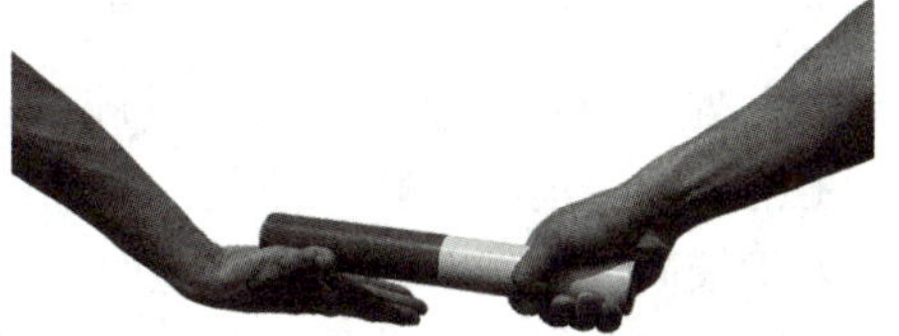

图 4-7 下压式传接棒技术

采用下压式传接棒方式后，接棒运动员手持接力棒的下端，仍然方便继续完成传棒，因此，下压式传接棒技术适用于任意两棒运动员之间的传接棒。

（二）接力跑的练习方法

1. 原地模仿练习

原地摆臂，听信号做上挑式和下压式的传接棒练习，注意传接棒技术的正确性。

2. 行进间练习方法

（1）走动中完成上挑式和下压式的传接棒练习。

（2）慢跑中完成上挑式和下压式的传接棒练习。

（3）中速跑中完成上挑式和下压式的传接棒练习。

四、跨栏跑的基本技术与练习方法

跨栏比赛项目分为男子 110 米跨栏跑，女子 100 米跨栏跑，以及男子、女子 400 米跨栏跑。跨栏跑需要具备的身体素质是灵活性、协调性、力量素质，400 米跨栏跑还需具备耐力素质。

（一）跨栏跑的基本技术

1. 起跑至第一栏的技术

合理的起跑至第一栏技术应符合以下要求。

（1）适宜的起跑动作姿势。起跑的“预备”姿势，身体重心应保持在较高的位置，这样有利于上体较早抬起和快速地蹬离起跑器。

（2）积极地加速。起跑后应利用积极的后蹬和有力的摆臂动作来逐渐加快速度，上体抬起的时间要比短跑早些。

（3）快速积极的栏前短步。栏前最后一步是一个比倒数第二步短 10~15 厘米的短步，这是为了保持起跨时较高的身体重心位置，提高重心前移的速度，为跨越第一栏做好技术和心理上的准备。

（4）准确地踏上起跨点。栏前最后两步要跑得更加积极，身体姿势、后蹬角度和跑动步幅都应调整到适合起跨攻栏，并以准确的节奏踏点起跨。

2. 跨栏步技术

跨栏步是从起跨脚踏上起跨点开始到摆动腿的脚过栏后着地为止。其主要任务是在越过栏架高度的前提下，尽量降低起跨时的垂直速度，取得较大的腾空初速度和较低的身体重心，呈抛物线轨迹，尽快越过栏架。跨栏步技术包括起跨攻栏和腾空过栏，起跨点要远，着地点要近。

对于初学者来说，起跨腿动作非常重要，其向前提拉时，小腿收紧，脚跟接近臀部，膝高于踝，脚尖稍向上翘，并与摆动腿的下压形成协调有力的剪绞动作。当摆动腿前脚掌着地时，膝关节是伸直的，踝关节进行缓冲，这样能使身体重心处于较高的位置。摆动腿着地时，上体仍保持一定的前倾。随着起跨腿大幅度地向前做提拉动作，身体重心迅速移过支撑点。跨栏步技术如图 4-8 所示，详见视频 4-2。

4-2　跨栏跑

图 4-8　跨栏步技术

3. 栏间跑技术

栏间跑是指下栏着地点到下一栏起跨点之间的跑动过程。栏间跑技术与短跑途中跑技术有所不同，它要求在规定的距离内以固定的步数跑完，并且为过栏做好准备。栏间跑的特点是重心高、频率快、节奏强，栏间三步步长的比例是小、大、中。

4. 终点跑技术

跨栏跑终点冲刺基本技术同短跑终点跑技术，要求是起跨腿跨过最后一个栏即向前摆出，全力冲过终点。

（二）跨栏跑的练习方法

1. 速度练习

跨栏跑的速度练习方法与短跑的速度练习方法基本相同，但技术要求做到高重心和快步频相结合，与快速过栏有效结合。跨栏还需要对栏间三步节奏进行练习，练习的方法如下。

（1）双手支撑，快速高抬腿。

（2）高抬腿过小栏架。

（3）栏中间高抬腿过栏。

2. 力量练习

跨栏跑的力量练习与短跑的力量练习基本相同，具体如下。

（1）壶铃蹲跳。

（2）轻负重快速蹲起。

（3）快速抓举。

（4）快速连续拉橡皮带抬腿、下压扒地。

3. 柔韧性和灵敏性练习

髋关节灵活性对跨栏跑非常重要，以下练习可以在准备活动的拉伸中应用。

（1）敏捷梯练习。

（2）绕栏架练习。

4. 专项练习

（1）走栏架练习，让学生理解跨栏跑的基本动作。

（2）侧面过栏练习。

（3）缩短栏距、降低栏高练习。

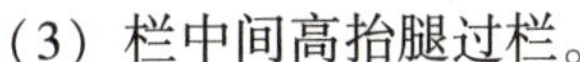

五、中长跑的基本技术与练习方法

中长跑分为中距离跑和长距离跑。中距离跑一般指 800 米、1 500 米跑，长距离跑一般指 3 000 米跑、5 000 米跑、10 000 米跑、马拉松等。

中长跑项目首先依赖耐力素质和速度素质，其次才是力量素质、灵敏素质和协调素质。中长跑项目的训练应该是多元化的，要合理地利用自然环境，如山坡、高原等，并根据运动员的个人特点制订训练计划。

（一）中长跑的基本技术

1. 起跑技术

（1）“各就各位”的动作：两脚前后开立，身体重心落在前脚掌，两腿弯曲，上体前倾，头与躯干保持一致，目视前下方，前腿异侧臂自然弯曲在体前，同侧臂自然后伸（或两臂同时在体前自然下垂），保持稳定，集中注意力听枪声（或其他信号）。

（2）“跑”的动作：听到枪声或跑的信号时，两腿用力蹬地，后腿蹬地后迅速前摆，前腿充分蹬直，两臂配合两腿动作做快而有力的摆动，使身体迅速向前冲出，在最短时间内达到最快速度。

2. 途中跑技术

上体保持正直或稍向前倾，摆臂动作时两手半握拳，肘关节自然弯曲，两臂稍稍离开躯干，以肩为轴，前后自然摆动。为了减少着地时产生的阻力，脚应以“扒地”式的着地方法，落在离身体重心投影点较近的地方。前脚掌着地时，着地腿的膝关节是稍微弯曲的，脚跟和膝关节几乎在一条垂线上。脚着地后，小腿后侧肌群和大腿前侧肌群应积极而协调地退让，以减缓着地的制动力，并为后蹬创造有利条件。在缓冲的过程中，应迅速屈踝、膝、髋，其中屈膝起着主导作用。中长跑的途中跑技术如图 4-9 所示。

图 4-9　中长跑的途中跑技术

3. 终点跑技术

终点跑是临近终点的一段加速跑，动作要求基本上和短跑相同，不同的是冲刺跑的距离比短跑长，具体长度应根据个人能力来决定。

（二）中长跑的练习方法

1. 速度练习

虽然中长跑比赛距离较长，但是比赛结果往往在最后几十米或者几米才见分晓，所以，速度水平决定了运动员的冲刺能力。在速度训练中，我们可以参考短跑运动员的训练手段。在中长跑训练中，800 米项目的速度训练占 30%~40%，1 500 米项目的速度训练占 20%左右，5 000 米项目的速度训练占 15%左右，10 000 米项目的速度训练占 10%左右。

速度练习的主要训练手段有 30~80 米加速跑、60~200 米重复跑、变速跑等。教练员可以在一次速度耐力训练后、运动员机体乳酸水平没有完全恢复时，安排短距离速度练习。

2. 力量练习

为了促进中长跑运动员的步长、步频和动作节奏的稳定性，中长跑运动员的力量素质练习可以围绕专项需要进行，如 200 米跨步跳、上坡跑、单足跳、双足跳、轻杠铃负重练习等。这些练习不仅能够刺激肌肉的快速收缩和协调性，还能有效避免肌肉增粗。

例如，循环训练：左右跳→跳绳→两头起→背起→小哑铃摆臂→橡皮带抬腿→立卧撑→肋木举腿等（选 6 个动作为一组，每个动作根据能力设定时间 0.5~1 分钟，练习 4~5 组）。

3. 柔韧性和灵敏性练习

柔韧性和灵敏性练习也是中长跑不可缺少的练习内容。柔韧素质和灵敏素质的好坏将影响运动员是否能掌握更好、更加合理的中长跑技术。在运动中，柔韧素质也会影响运动员运动损伤发生的概率。

发展柔韧素质的训练方法有两种，即动力拉伸和静力拉伸。动力拉伸是指有一定节奏地多次重复同一动作的拉伸练习。静力拉伸是指通过缓慢的拉伸将肌肉、韧带等软组织拉长，拉到一定程度时就静止不动，使其得到持续被拉长的刺激。

发展灵敏素质的练习有各种变换方向的追逐性游戏，如贴人游戏。当 2 人配合练习时，可根据同伴的身体移动情况，进行各种躲闪、突然进攻、迅速转体等练习。

4. 专项练习

一般耐力训练的特点是强度小、时间长，如越野跑、变速跑等。专项耐力是高强度的运动能力，在中跑中，主要训练方法是大强度间歇跑和重复训练，一般为比赛距离的1/4~3/4。长跑训练主要采用持续负荷法，运动员常常利用早操进行10~20千米的越野跑。长跑训练采用重复训练法时，一般安排的距离是比赛距离的1~1.5倍。

六、背越式跳高基本技术与练习方法

跳高运动历史悠久，起源于古代人类生活与劳作中的垂直跳跃的活动。现代跳高项目已有100多年的历史，其间历经了跨越式、剪式、滚式、俯卧式等几种不同技术的演变，最后发展为现在广泛应用的背越式跳高。

（一）背越式跳高的基本技术

背越式跳高是一项速度、力量与弹跳力相结合的跳跃类项目，整个技术动作由助跑、起跳、过杆和落垫四部分组成。背越式整个技术过程对运动员的身体素质的要求较高，在正确合理的专项技术条件下，短距离跑速度越快，全身爆发力越好，柔韧性与协调性越佳，运动员的竞技水平就越高，详见视频4-3。

4-3　背越式跳高

1. 助跑

背越式跳高的助跑由直线跑和弧线跑组成，直线跑的目的是获取更大的水平速度，弧线跑的目的则是为起跳创造离心加速度。直线跑与横杆之间的角度为70°~90°，弧线跑时由开始的面向横杆逐渐过渡成侧对横杆。

助跑步点的丈量：一般采用走步丈量法，从起跳点向助跑一侧平行于横杆的方向自然地走5步，然后向助跑的起点方向（与横杆投影面垂直），用自然步走6步，此处做一标记；再继续向前走7步做一标记，该点是起跑点，从该点至起跳一共助跑8步。

2. 起跳

起跳的主要目的是将助跑获得的速度迅速转变成向上运动，使身体充分向上腾起，为过杆做准备。

在助跑倒数第二步的后蹬应十分积极有力，摆动腿迅速前摆，以前脚掌着地，身体重心没有明显下降，身体保持向内倾斜的姿势，摆动腿用力后蹬，起跳腿大腿积极前摆，然后迅速伸小腿，使脚顺弧线的切线方向跑上起跳点，几乎是全脚掌着地，两臂同时向后引。当摆动腿屈腿摆过起跳腿之后，起跳腿开始蹬伸，摆动腿膝内扣，向起跳腿一侧肩的方向摆动，两臂向前向上摆动，在摆腿、摆臂和伸展躯干的协调配合下，起跳腿快速有力地蹬直，身体由倾斜转为垂直，背对横杆。

为加快起跳的速度，起跳腿应大幅度、平稳地以脚掌外侧着地，并迅速从脚跟向前脚掌滚动。在起跳的缓冲阶段，为了提高起跳的速度，还应减小屈膝的幅度，以利于保持水平速度。这时，由于迈步放脚时髋关节的积极快速前送和迅速的弧线助跑而形成了身体向后、向内的倾斜姿势。当身体由倾斜转为垂直，身体重心移至起跳腿的上方时，迅速有力地充分蹬直起跳腿的髋、膝、踝三个关节，躯干在离地前瞬间几乎垂直地立于起跳脚之上。这时起跳腿的蹬伸方向应在身体重心的外侧，从而产生过杆所必需的旋转冲力。

3. 过杆与落垫

过杆就是充分利用起跳时获得的腾起高度与速度，改变身体姿态，旋转身体越过横杆的过程。起跳腾空后，身体绕纵轴进行旋转，背对横杆，双肩放松，头部后仰，积极向上挺髋，形成“背桥”姿势。同时两小腿向后收起，两膝分开，两臂置于身体两侧。当臀部过杆后，迅速向上甩小腿，使身体全部越过横杆，然后低头含胸，肩背部着垫，注意缓冲。背越式跳高技术如图 4-10 所示。

图 4-10 背越式跳高技术

（二）背越式跳高的练习方法

1. 速度练习

决定跳高成绩的主要因素是速度。背越式跳高采用弧线助跑技术，这样不仅提高了跑动速度，还利于身体重心的平稳降低与升高，从而获得更大的垂直速度与腾空初速度，提升起跳效果。根据跳高项目的技术特点，运动员在速度练习时应更趋向于接近专项速度的练习，主要从平跑速度、弯道跑速度及动作速度三个方面着手进行训练。

（1）平跑速度练习。改善平跑技术可以采用小步跑、高抬腿跑等练习手段。提高平跑速度的方法有 30~100 米不同距离的计时跑、加速跑。改进跑步节奏可以根据自身能力进行一些不同距离的跨栏跑练习。无论是哪一种练习方法，都要求动作准确、到位，自然放松。

（2）弯道跑速度练习。弯道跑是跳高项目中不可缺少的练习内容之一，它能有效地改善身体向内倾斜的角度、脚的落地位置及跑动节奏等。其练习方法繁多，常用的有弯道加速跑、大步跑、计时跑、负重跑、跨栏跑、曲线绕杆跑等。

（3）动作速度练习。快速重复练习某一动作，能有效地提高肌肉的收缩速度，改善中枢神经系统的协调性。提高动作速度的练习方法有快速摆臂与摆腿练习、摸高练习、连续跳跃栏架练习、高处跳下并快速向上跳起练习。

2. 力量练习

力量是基础，是完善技术和提高成绩的重要因素。跳高项目属于快速力量项目，对爆发力和专项力量的要求非常高，所以提高爆发力和专项力量是该项目力量练习的重点。训练过程中，练习方法可分为有器械和无器械两大类。

有器械练习方法主要有：①杠铃练习，如抓举、高翻、深蹲、半蹲、提踵、弓箭步走等；②壶铃练习，如蹲跳、抡摆等；③小器械练习，如利用沙衣、弹力带等进行弓箭步换腿跳、摆臂、摆腿等。

无器械练习方法主要有：①高跳练习，如原地纵跳摸高、不同距离的助跑摸高、跳台阶等；②远跳练习，如立定跳远、立定三级跳、立定五级跳、跨步跳、单足跳及助跑的各种跳跃练习。

3. 柔韧性和协调性练习

跳高运动对柔韧性和协调性有较高的要求。良好的柔韧性和协调性不仅能控制和支配关节与肌肉，达到改进和完善技术的效果，还能有效地降低伤病的发生率。柔韧性和协调性练习方法有静态练习方法和动态练习方法两种。静态练习方法有压腿、劈叉、下腰等练习。动态练习方法有踢腿、摆腿等练习。

七、跳远的基本技术与练习方法

（一）跳远的基本技术

4-4　跳远

完整的跳远技术由助跑、起跳、腾空和落地组成，即沿直线助跑、单脚起跳、腾空，最后两脚落入沙坑完成落地动作，详见视频4-4。

1. 助跑

跳远成绩很大程度上取决于助跑速度。助跑一般分为平稳型和积极加速型。平稳型的特点是助跑开始阶段比较慢，跑法与加速跑基本相同，开始步频较慢，然后逐渐加大步长，提高步频。积极加速型则是从助跑开始到动作结束始终保持高速水平。助跑的动作应轻松、自然，距离一般与自身能力有关，能力较强的运动员助跑距离相对较长。助跑距离不是固定不变的，运动员应根据当时的身体状况、外界环境等因素进行适当的调整。

2. 起跳

通过助跑获取起跳初速度，最大化地保持水平速度，这是为了平稳地改变身体重心，为腾空创造有利条件。起跳过程要求动作连贯、流畅、一气呵成。起跳时，上体正直，目视前方，起跳脚着板后，身体重心继续积极前移，迫使起跳腿的髋、膝、踝三个关节退让缓冲弯曲，为蹬伸创造有利条件。蹬伸时，起跳腿的髋、膝、踝三个关节充分伸展，上体和头部保持正直，摆动腿要以腿带髋积极、迅速地向前上方摆动，摆动腿大腿接近水平，小腿自然下垂。当起跳腿开始蹬伸时，同侧臂屈肘向前、向上摆动，异侧臂后引或侧引向体侧或体后摆动。当肘关节屈肘摆到与肩接近平行时，摆臂动作突然停止，以维持身体平衡。

3. 腾空

起跳腿蹬离地面向空中腾起，并在空中完成各种动作的过程为腾空阶段。此阶段的主要任务是最大限度地利用身体重心的抛物线轨迹，将两腿充分向前伸出，为落地创造有利条件。跳远的腾空技术主要包括蹲踞式、挺身式和走步式三种。蹲踞式相对简单易学，起跳腿蹬离地面后快速摆动，向摆动腿和胸部靠拢；挺身式的腾空动作最舒展；走步式要在空中完成“走步”动作，对协调能力和平衡能力要求较高，因此走步式也是难度最大的动作。走步式跳远技术如图 4-11 所示。

图 4-11　走步式跳远技术

4. 落地

合理的落地动作不仅可以创造好的成绩，还可以降低伤病的发生概率。落地技术要求尽可能推迟脚落地的时间，加大着地点和身体重心投影点之间的距离，保证身体移过着地点，安全落地。落地过程中，上体不要过于前倾，两腿屈膝高抬向胸部靠拢，着地时，膝关节伸直，小腿前伸，以脚跟先接触沙面；着地后屈膝骨盆前移，两臂前摆，使身体迅速移过落点，避免后坐。

（二）跳远的练习方法

1. 力量训练

跳远的力量主要是指下肢肌群的爆发力，而且对踝关节力量也提出了较高的要求。起跳时，要求腿部有强大的支撑力量和爆发力，腰腹部及髋、膝、踝等关节也需要同时协调用力，在快速的助跑中完成起跳腾空的动作，因此，不仅要注重力量练习，还要注重速度与力量相结合的练习。

（1）上肢力量训练：立卧撑、手持哑铃等重物摆臂、手持重物提拉或上举（站、坐均可）、引体向上。

（2）下肢力量训练：负重深蹲、负重半蹲、负重蹲跳起、负重弓箭步走、负重弓箭步交换跳、单足跳、跨步跳、跳台阶、收腹跳、跳栏架等。

（3）腰腹力量训练：仰卧起坐、俯卧两头起、仰卧起坐抛接球、平板支撑、俄罗斯转体、侧桥等

除了发展全身力量，还应注重速度、柔韧性与协调性等身体素质。学生应根据自身能力，合理控制练习负荷及保证练习手段的正确性，避免伤病的发生。

2. 速度训练

速度是跳远项目的基础，也是取得优异成绩的关键。除了绝对速度，踏板速度、起跳与摆动速度也是使助跑速度发挥作用的重要保证。训练应以提高绝对速度为主，配以专业性练习手段，使助跑过程中动作放松、自然、协调，有节奏地在短时间内达到个人最快速度。

（1）绝对速度训练：30 米跑、60 米跑、100 米跑等。

（2）组合训练：走动中加速跑、放松大步跑+加速跑、高抬腿跑+加速跑、加速跑+高抬腿跑、下坡大步跑+加速跑、大步弹性垫步跑、反复跑、跳小栏架+加速跑、敏捷梯+加速跑等。

正确的跑步姿势是提高速度的基础，控制好平均跑速是提高跑步能力的重点，合理的间歇时间是保证练习质量的前提，正确地选择练习手段有助于获得事半功倍的效果。

3. 柔韧性与协调性训练

柔韧性与协调性是运动能力的重要组成部分。柔韧性与协调性练习不仅要结合专项特点，而且要与各种能力相结合。其练习手段一般有站立式肋木压腿、弓步压腿、压肩、转肩、同伴间互助拉伸、高频率小碎步跑、敏捷梯组合练习等。

八、铅球的基本技术与练习方法

（一）铅球的基本技术

在完整的推铅球技术中，人体运动呈现出平动与甩动的基本形式。为了便于技术的分析和教学，以背向滑步推铅球为例，我们把推铅球技术分为握球与持球、预备与团身、滑步动作、最后用力和结束动作四个部分，详见视频 4-5（以右手投掷为例）。

4-5 背向滑步推铅球

1. 握球与持球

五指自然分开，将铅球放在指根处，大拇指与小指自然扶在铅球两侧，呈半包围状将铅球握住，手腕自然背屈；将铅球置于右侧锁骨外端，紧贴颈右侧。右臂屈肘，从正面看右臂与躯干的夹角约成直角，右肘也可以略低；从侧面看，右肘与身体处在同一平面上。铅球的握球与持球技术如图 4-12 所示。

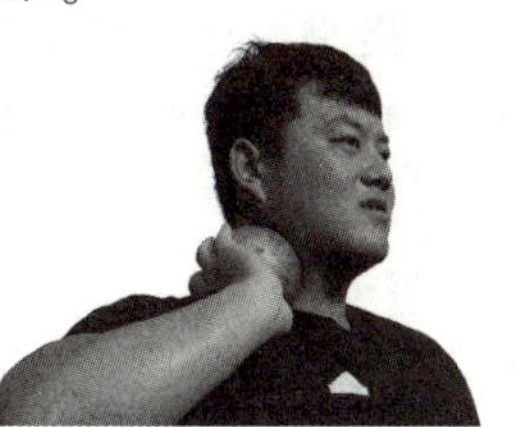

图 4-12 铅球的握球与持球技术

2. 预备与团身

背对投掷方向，两脚前后站立，两脚间距 20～30 厘米；上体前倾，屈膝，左臂下垂，身体重心在右腿上。

3. 滑步动作

滑步的作用是提高最后用力的速度和创造最佳用力的条件。滑步时上体保持原姿势不变，身体重心尽量水平地向投掷方向滑动，左腿应贴近地面，以大腿带动小腿的方式向抵制板方向滑动，形成用力前的开始姿态。

4. 最后用力和结束动作

最后用力阶段，身体主要工作肌群始终保持拉紧状态，以由下至上的用力顺序，右脚快速蹬转，右膝尽量沿水平方向运动，右髋向投掷方向转动，形成正弓形后，右臂参与工作，手指拨球，将铅球推出。为减少出手后身体因惯性失衡造成的犯规，可采用交换两腿、左脚积极后退等方法来维持身体平衡，避免犯规。背向滑步推铅球技术如图 4-13 所示。

图 4-13　背向滑步推铅球技术

（二）铅球的练习方法

铅球属于速度力量型投掷项目。要使肌肉在瞬间发挥最大功率并完成技术动作，力量、速度和爆发力三项素质必不可少。根据铅球项目的特点，良好的力量素质是成功的主要原因之一。除此之外，投掷项目还十分重视核心力量的训练，它不仅能提高全身爆发力、改善技术动作，还能提高运动成绩。

1. 杠铃练习

杠铃练习的方法有抓举、高翻、挺举、深蹲、半蹲、卧推、俯拉（两脚开立，上体前屈，与地面平行，双手握杠铃上拉至胸前）、平推（手持杠铃放置于锁骨处，发力将杠铃向斜前方推出并还原，连续多次练习）。

2. 专项力量练习

（1）仰卧飞鸟：平躺于凳上，手持哑铃或杠铃片做胸前上举，向外展至最大限度后快速发力还原成初始状态，连续多次。

（2）站立扩胸：原地站立，手持哑铃或杠铃片平举至胸前，向外展至与身体成一条直线时快速发力回收，成初始状态，连续多次。

（3）杠铃摔腰：杠铃杆一端置于墙角，两腿分开，屈膝下蹲，双手持杠铃杆放在身体一侧，蹬腿转髋，将杠铃杆摔向另外一侧。

（4）壶铃转体侧抛：两脚左右开立，双手持壶铃，髋部发力将壶铃向斜后方抛出。

（5）俯卧撑：双手撑于地面，两脚后伸，使头、后背、臀部及两腿在一条直线上，然后屈肘，身体重心下降至最大限度，发力推起至起始状态，连续多次。加强版可做俯卧击掌练习。

（6）负重行进间转体：肩负杠铃杆原地站立，上体微转，髋部发力，带动上体向异侧转动，再次发力还原成起始状态，多次重复练习。

（7）负重跨步走：肩负杠铃杆，上体保持直立，做跨步走练习。

（8）健身绳：两脚左右开立，屈膝下蹲，上体保持直立，手持健身绳上下摆动。

3. 速度、弹跳练习

（1）速度练习：30 米、60 米加速跑。

（2）弹跳练习：立定跳远、立定三级跳、立定五级跳、收腹跳。

第五章 篮球运动

第一节 篮球运动概述

篮球运动是一项集体性、综合性、围绕高空展开的立体型攻守对抗的活动性游戏，它起源于人类劳动，是社会文化进步的反映。现代篮球运动是一项活动者以各种专门的技艺为手段，以主动控制球为争夺焦点，以主动掌握时间与速度为保证，在空间、地面交叉展开立体型攻守对抗的体育竞技运动和娱乐体育活动。

一、篮球运动起源及发展

篮球运动是 1891 年由美国人詹姆斯·奈史密斯发明的。当时，他在马萨诸塞州斯普林菲尔德基督教青年会国际训练学校任教。由于当地盛产桃子，这里的儿童非常喜欢玩将球投入桃子筐的游戏。这使他从中得到启发，并博采足球、曲棍球等其他球类项目的特点，创编了篮球游戏。1892 年，篮球运动首先从美国传入墨西哥，并很快在墨西哥各地得到开展。这样，墨西哥成为除美国外，第一个开展篮球运动的国家。此后，这项运动先后传入法国、英国、中国、巴西、捷克斯洛伐克、澳大利亚、黎巴嫩等国家，在世界范围内得到了开展、普及和发展。

1895 年，篮球运动传入中国，1896 年天津基督教育青年会举行了中国第一次篮球游戏表演，之后篮球在天津、北京等城市青年会中开展起来。在 1910 年的旧中国首届全国运动会上，篮球首次被列为表演项目。1914 年的第二届全运会上篮球被列为男子正式竞赛项目，1924 年的第三届全运会上篮球被列为女子正式竞赛项目。篮球自 1951 年起一直是亚运会的正式比赛项目。1932 年国际业余篮球联合会成立，男子篮球被国际奥委会承认为奥运会正式比赛项目。1946 年，美国出现职业篮球联赛，并发展为 NBA（美国职业篮球联赛）。女子篮球运动到 20 世纪初才开展起来。1976 年，女子篮球被列为奥运会正式比赛项目。

二、我国篮球运动发展概况

中国篮球运动始于清朝末期（1895 年），由美国国际基督教青年会派往中国天津基督教青年会就职的第一任总干事来会理（David Willard Lyon）介绍传入我国天津市。1896年，天津基督教青年会举行了我国第一次篮球游戏表演，此后篮球运动逐步由天津向全国传播、推广。篮球运动在我国的传播、普及、发展、提高，受到不同历史时期的政治、经济、文化、教育等方面因素的影响和制约。1949 年前，受局势影响，篮球运动在我国未获得太大发展。

中华人民共和国成立后，我国篮球运动进入了一个新的发展阶段。政府积极倡导“发展体育运动，增强人民体质”的健身方针，篮球运动因简便易行，富有趣味性、健身性、对抗性和教育性的功能，得以在全国各学校、部队、工矿企事业及群众团体中迅速开展起来。20 世纪 50 年代初期，苏联国家队访问了我国 8 个城市，共进行了 33 场表演性比赛，带来了新技术、新战术与新经验，在我国篮球界引起了强烈反响。1951 年，我国举行了第一次全国篮球、排球比赛大会，次年我国第一次组队参加了赫尔辛基第 15 届奥运会，当时参赛的运动员包括李汉亭、程世春、田福海、陈文彬等，后因政治原因，中国代表团退出了比赛，继而退出国际篮球组织。

1955 年举行全国篮球联赛以后，形成了相对固定的等级竞赛制度，国内竞赛十分活跃。随着篮球运动普及与发展的需要，1956 年至 1958 年间实行了《运动员技术等级制度》《篮球升降级联赛制度》《教练员、裁判员等级制度》。杨伯庸、钱澄海、杨杰（女）、周懿娴（女）等 28 名运动员为首批运动健将，王长安、罗景荣等 18 人被批准为国家级篮球裁判员。这期间为了培养高水平专门人才，国家体委在上海体院举办了篮球研究生班，培养了赵经宏、孙民治、韩之栋等中华人民共和国首批 25 名研究生。这些研究生后来成为篮球学科学术带头人。1959 年中华人民共和国第 1 届全国运动会篮球比赛举行，从此我国篮球运动有了明确的发展方向，在技术、战术上逐步形成了以“快攻”“跳投”“紧逼防守”为制胜法宝的独特风格。进入 20 世纪 70 年代中期，我国篮球运动确立了追赶国际水平的新目标，并重新强调“积极主动”“勇猛顽强”“快速灵活”“全面准确”的训练指导思想和贯彻“三从一大”的科学训练原则。

1976 年，国际业余篮球联合会通过决议，恢复了中国篮球协会在国际篮坛的合法地位。此后，我国篮球运动水平突飞猛进，逐渐成为亚洲乃至世界篮坛的一支劲旅。1975 年中国男篮获第 8 届亚洲男篮锦标赛冠军，1978 年中国男篮获亚运会（第 8 届）冠军。1976 年中国女篮首次参加第 6 届亚洲女篮锦标赛，获得冠军，随后获第 9 届亚运会冠军，并在第 9 届世界女篮锦标赛上和第 23 届奥运会上均获得了第三名，在第 25 届奥运会上获得亚军，进入了世界强队行列，先后涌现出一批诸如宋晓波、柳青、郑海霞、丛学娣等在亚洲和国际上具有声誉的女篮选手。而男篮则在连居亚洲榜首的基础上，于 1994 年第 12 届世界男子篮球锦标赛上首次进入了世界前八名。

随着我国社会主义市场经济的建立，体育战线进一步深化改革，我国篮球运动从更新观念、转变思想着眼，大胆改革创新。1995 年开始尝试赛制改革，将联赛的“赛会制”变为主客场比赛，获得了巨大的成功。此后便开始了跨年度的主客场联赛，简称 CBA 联赛，开启了篮球运动“职业化、产业化”的探索。1996 年举办了由北京精狮、上海交大南洋、福建飓风、天津海湾开拓者、吉林东北虎、湖北黄鹤、河南雄狮、北京前卫震元等 8 个俱乐部参加的男子“职业”篮球联赛（当时称为 CNBA 职业联赛），这是我国职业化联赛的开端。1997 年，国家体委成立了事业型的篮球运动管理中心，在管理体制改革上迈出了重要的一步，即把传统的甲 A 联赛改为 CBA 联赛。

在赛制改革的引导下，我国篮球运动加快了职业化、产业化和国际化的进程，吸引了大批国内外企业的加入。同时，一种适应篮球社会化、产业化发展需要的管理体制初步形成，篮球学校、训练中心、培训班等社会办篮球的形式开始出现。1998 年中国大学生体育协会在企业资助下成功组织了 CUBA 全国大学生篮球联赛。此后，全国大学生篮球联赛的规模逐渐扩大，影响力不断增强，对活跃校园文化生活、普及篮球运动、培养学生成才等起到了积极有力的推动作用。随着校园篮球运动的全面开展，我国逐渐成为世界上篮球运动开展最为广泛的国家之一。2004 年，中国篮协将甲 B 联赛和乙级联赛合二为一，成立中国男子篮球联赛，简称 CBL 联赛（后更名为 NBL）。2005 年，CBA 联赛正式更名为“中国男子篮球职业联赛”并取消了先前的升降级制度，转而采用准入制。CBA 的成功举办，给我国篮球事业带来了广阔的发展前景，引起了社会各行业和众多篮球爱好者的热情关注。

三、中国篮球运动中的传奇事迹与领军人物

到今天，篮球运动传入中国已经有一百多年了。有无数人为这项运动在我国的发展作出过或正在做出努力，同所有喜爱这项运动的球迷一同见证了中国篮球的成长。纵观我国篮球运动发展史，不断涌现出具有鲜明时代特征的标志性领军事件和人物，其中，以钱澄海、郑海霞、姚明等为代表。

（一）钱澄海

钱澄海（1934—2008），出生于中国浙江鄞县（今宁波市鄞州区），中国篮球运动员、高级教练员，曾为国家男子篮球队队长、场上司职后卫，曾效力于国家男子篮球队。钱澄海所在的国家队，于 1961 年获社会主义国家友军篮球赛冠军，他本人也在此期间获“个人优秀”奖，1963 年获新兴力量运动会男子篮球比赛冠军。担任教练后，他指导中国男子篮球队获 1974 年、1977 年、1979 年、1981 年、1983 年亚洲篮球锦标赛冠军，1978 年第 8 届亚运会、1986 年第 10 届亚运会男子篮球比赛冠军。

退役后，钱澄海担任中国男篮主教练，他带领中国男篮连续 5 次获得亚洲锦标赛冠军。尤其是在 1986 年在马德里举行的第 10 届世界男篮锦标赛上，他指挥中国男篮在 24 支参赛队中获得第九名，取得历史性突破。作为主教练，钱澄海对当今世界篮球发展也作出了杰出贡献。他最早在场上引入了“全场紧逼”的概念，并最早提出“追身分级”概念，使其成为“跑轰”战术的雏形。他在球员时期创造了“急停跳投”技术，为当今篮球技术作出了贡献。

钱澄海是中华人民共和国第一批运动健将，还在 1977 年当选为国际篮联世界教练员协会副主席，1999 年被选为中华人民共和国篮球运动员五十杰之一。

（二）郑海霞

郑海霞，1967 年 3 月 7 日出生于河南商丘，前中国职业女子篮球运动员。郑海霞是中国篮坛著名“女巨人”，身高 2.06 米，多次代表国家女篮征战国际比赛。她善跑善跳，篮下强攻威力大，曾是国家女篮主要得分手。郑海霞于 1980 年被选入武汉部队篮球队，很快入选国家青年队。1982 年，郑海霞进入八一队，1983 年进入国家队，直到 31 岁才退役。退役后的郑海霞走上了八一队女篮教练员的岗位，1999 年她成功地带领八一队女篮返

回甲 A 行列。郑海霞头上的光环很多：中国最高的女军人，世界女篮最优秀中锋，亚洲第一位加盟 WNBA（国家女子篮球联盟）的著名球星，参加过 4 届奥运会、4 届世锦赛、4 届亚运会和 8 届亚锦赛，为中国女篮写下一个辉煌的“郑海霞时代”。

在赛场上叱咤风云了那么多年，至今郑海霞还牢牢记得父母的教育：保持本性，保持传统美德，做一个坚韧自强的人。她出生在柘城县一个农民家庭，12 岁时身高便达到 1.72 米。在当时的商丘地区体校，她没有因为自己是一个农家孩子而自卑，她认为关键是要改变自己，让人认同自己。“农村的孩子也会做得很优秀”，她把这个信念作为座右铭来要求自己。

郑海霞的伤病主要在腰部和腿部，她不能跑，不能长时间走路，所有行动都很受影响，但她认为这是自己对篮球的执着、热爱所付出的代价。她能平和地对待伤痛，因为篮球给她带来了太多的荣誉，她很知足。

（三）姚明

姚明，前中国职业篮球运动员，司职中锋，现任亚洲篮球联合会主席、中国篮球协会主席、全国青联副主席，为改革先锋奖章获得者、第十四届全国人大代表。

姚明于 1980 年 9 月 12 日出生于上海市徐汇区。1989 年，姚明开始在徐汇区少体校开始进行业余篮球训练，1990 年，姚明参加了由上海市体育局主办的篮球夏令营活动。

1993 年，姚明的身高达到了 1.96 米，进入上海大鲨鱼青年队训练。1998 年 4 月，姚明入选王非执教的国家队，开始篮球生涯。同年 5 月，姚明赴美国印第安纳波利斯参加耐克夏令营的篮球训练，对手中有后来成为 NBA 球星的泰森·钱德勒。

1999 年 5 月，姚明入选蒋兴权执教的国家男篮和中国篮球南方明星队，并参加了全国男篮甲 A 联赛，代表上海队，与队友合作，获第 5 名。同年 5 月，荣获 1999 赛季全国男篮甲 A 联赛最有进步球员奖。同年 8 月，姚明参加在日本举行的亚洲男子篮球锦标赛，与全队配合夺得亚洲男篮锦标赛冠军。

2000 年 2 月，姚明入选 1999 年亚洲全明星队。同年 3 月，姚明入选蒋兴权执教的国家男篮和全国男篮甲 A 联赛全明星阵容，并参加 1999—2000 年全国男篮甲 A 联赛，与队友合作帮助上海东方队获得第 2 名。他个人荣获 1999—2000 赛季全国男篮甲 A 联赛篮板王、扣篮王、盖帽王三个单项奖。同年 9 月，姚明参加在悉尼举行的第 27 届奥运会男篮比赛，团队获第 10 名。

姚明刻苦训练，顽强拼搏，2002 年获得 CBA 联赛总冠军，同年被休斯敦火箭队选中，是 NBA 选秀“状元”中的唯一中国球员。2016 年，他入选美国篮球名人堂，成为亚洲首位获得这一殊荣的篮球运动员。2017 年 2 月 4 日，姚明的 11 号球衣被火箭队退役。姚明在 NBA 的经历和取得的成绩，提升了中国篮球在世界范围的关注度和影响力，增进了中外之间的体育和文化交流。

姚明用高超的体育技能，在一个强手如林的国家运动项目中占有了一席之地，成就了很多人的梦想，更成为中国人的骄傲。他出色的表现和随时听从祖国召唤的爱国精神，使他带给人们的思考已经远远超过了体育本身。对祖国的情感，对现在的把握和对未来的期待，都使他成为中国体育和 NBA 历史上不可忽视的人物之一。

南阳师范学院篮球运动概况

南阳师范学院现有室内篮球馆1座，室外塑胶篮球场30块，承接过第20届北京世界华人篮球赛、第21届河南省大学生篮球比赛、南阳市第5届运动会篮球比赛等大型赛事。

体育学院现有篮球专业教师6名，副教授、博士各1人，讲师4人，其中国家级篮球裁判员1人、国家一级篮球裁判员5人，开设有篮球运动专项课程和公共体育篮球课程。

学校大学生篮球联赛，截至2024年春季已经连续举办34届，2023—2024学年的大学生篮球联赛男、女参赛队各20支队伍，共计600余名大学生参与，创造了历年新高。同学们，你是否也为参与到篮球运动中，为自己院系在学校篮球比赛中取得的成绩感到自豪呢？如果你也热爱篮球运动，你是不是也正准备为学校篮球运动的发展出力呢？

第二节　篮球运动的基本技术

一、篮球基本技术简介

篮球基本技术分为准备姿势与移动技术、传接球技术、运球技术、持球突破技术、投篮技术、篮板球技术。

（一）准备姿势与移动技术

准备姿势是运动员在起动前的基本姿势。两脚前后或左右开立，约与肩同宽，前脚掌着地，两膝微屈，上体前倾，身体重心在两脚之间，两臂屈举于胸侧，两眼注视场上情况；防守时两脚开立略比肩宽，两臂张开。

移动是篮球运动中最基本的技术之一，是篮球运动员通过各种快速、灵活、突变的脚步动作，在全身协调配合下，使身体的位置、方向、速度等发生变化的基本技术。运动员只有利用这一技术，才能更好地达到进攻时摆脱防守，防守时防住对手，以争取攻守主动的目的。

（二）传接球技术

传接球，是指在篮球比赛中进攻队员之间有目的地支配球、转移球的方法。作为篮球比赛中运用较为频繁的技术之一，传接球不仅是队员之间相互联系以及组织进攻的纽带，更是战术运用的基础。篮球中传接球的成功与否，直接影响各队的进攻情绪，从而影响技战术水平的正常发挥。

（三）运球技术

运球是篮球比赛中个人进攻的重要技术。它不仅是个人攻击的有力手段，而且是组织全队进攻的桥梁。有目的地运球可以突破防守、发动进攻、调整位置、寻找有利时机进行传球和投篮，尤其是进攻紧逼人盯人防守的有力武器。盲目地运球会贻误战机，造成被动。

（四）持球突破技术

持球突破技术是爆发性的进攻技术，是一项需要持球队员运用脚步动作和运球技术超越对手的攻击性技术。合理地进行突破，能够将篮球魅力发挥到极致，成为赛场的焦点。同时，犀利的突破，不仅能直接切入篮下得分，还能打乱对方的防守部署，创造更多的进攻机会，增加对手的犯规。

（五）投篮技术

投篮是篮球运动中的主要进攻技术，篮球比赛中，投篮是得分的唯一手段，是决定比赛胜负的重要环节，投篮命中率是反映一个球队水平的主要标志。要提高投篮命中率，除有很好的身体素质作为保证外，还要求正确和熟练地掌握投篮技术，培养良好的心理素质，把握投篮时机。

（六）篮板球技术

篮板球是指篮球比赛中，在一方投篮未中时，另一方队员通过跳跃、抢夺等方式获取篮球的技术动作。篮板球是篮球比赛中非常重要的一个环节，可以为球队创造更多的进攻机会，同时也是防守的重要手段之一。在比赛中，优秀的篮板球手通常能够给球队带来很大的优势。

二、篮球运动的技巧运用

（一）传球

篮球运动的传球有双手胸前传球、双手头上传球、单手上传球、单手胸前传球、单手体侧传球、单手背后传球等，其中，双手胸前传球是最基础的传球方式。在传球中，持球姿势是基础中的基础，它的基本动作简单说就是“前后脚、五指分、手心空、持胸腹”。传球可以在原地、行进间或跳起后完成。

1. 双手胸前传球

比赛中最基本、最常用的传球手法是双手胸前传球。可在不同方向、不同距离迅速有力地传球，并且便于与投篮、突破等动作结合运用。双手胸前传球如图 5-1 所示，详见视频 5-1。

图 5-1 双手胸前传球

2. 双手头上传球

近距离传球时前臂前摆，手腕前屈，拇指、食指和中指用力拨球，将球传出，两手举球于头上。传球距离远时要增加蹬地力量，摆动腰腹以带动前摆发力。双手头上传球如图

5-2 所示，详见视频 5-2。

图 5-2　双手头上传球

3. 单手肩上传球

以右手传球为例，传球时，左脚向传球方向迈出半步，右手托球，同时将球引到右肩上方，肘部外展，上臂与地面近似平行，手腕后仰。左肩对着传球方向，重心落在右脚上，右脚蹬地，转体，右前臂迅速向前挥摆，手腕前屈，通过食指、中指拨球将球传出。球出手后，右脚随着身体重心前移而向前迈出半步，保持基本站立姿势。单手肩上传球如图 5-3 所示，详见视频 5-3。

图 5-3　单手肩上传球

4. 单手胸前传球

以右手传球为例，传球时，上体稍右转，右脚蹬地，重心前移，同时左手离开球。右手持球侧后下方，用伸臂、屈腕、拨指动作将球传出。单手胸前传球如图 5-4 所示，详见视频 5-4。

图 5-4　单手胸前传球

5. 单手体侧传球

5-5　单手体侧传球

以右手传球为例，双手持球于胸前，右脚向右侧跨出半步，同时右手托球后下方将球移至身体右侧，并向前做弧线摆动，在右臂快要伸直之前，迅速收前臂，抖压手腕，通过指端拨球将球传出。单手体侧传球如图5-5所示，详见视频5-5。

图5-5　单手体侧传球

6. 单手背后传球

以右手传球为例，双手持球于胸前，侧对接球队员。传球时，左脚向前迈出一步，双手持球右摆。当球摆至身体右侧时，左手离球，右手引球继续沿髋关节向后绕环。当前臂摆到背后时，右手腕向传球方向急促前屈，食指、中指用力拨球将球传出。单手背后传球如图5-6所示，详见视频5-6。

5-6　单手背后传球

图5-6　单手背后传球

（二）接球

接球分为单手接球和双手接球，具体操作取决于来球的力量、方向和落点。接球质量直接影响下一个动作。

1. 单手接球

以用右手接球为例，看到球正面而来，右脚迅速迈出，双眼注视来球，接球时右臂微屈，手掌成勺形，五指分开，迎接来球，当手接触球时，手臂顺势将球向后引，左手立即握球，双手将球握于胸腹之间，保持基本接球姿势。控制的范围大、可接不同方向的来球，是单手接球的优势，不如双手接球牢稳则是它的劣势。单手接球利于队员快速、灵活地发挥技术，但一般应尽量运用双手接球。单手接球如图5-7所示，详见视频5-7。

5-7　单手接球

图 5-7　单手接球

2. 双手接球

双手接球是最基本也是比赛中最常用的接球方法。其优点是握球稳，易于转换其他动作。接球时，两眼要注视来球，两臂伸出迎球，五指自然张开或成半圆形。当球接触手指时，手腕内收，手臂随球后引，缓冲球的冲力，把球接住，保持身体平衡，做好传球、投篮、突破的准备。双手接球如图 5-8 所示，详见视频 5-8。

5-8　双手接球

图 5-8　双手接球

（三）运球

运球是保证运动员在控球时行动自由的基本技术，是各种技术、战术配合的基本元素，也是提高个人攻击能力的重要手段。只有熟练地掌握运球技术，才能娴熟地运用其他技术。

1. 运球动作

运球动作由身体姿势、手臂动作、球的落点、手脚协调组成。运球时应保持两脚前后自然开立，两膝微屈，上体稍前倾，头抬起，眼睛平视，非运球手臂屈肘平抬，用以保护球。脚步动作的幅度和下肢各关节的屈度随运球速度和高度的不同而有所变化。运球时，五指张开，用手指和指根以上部位及手掌的外缘触球，掌心不触球。低运球时，主要以腕关节为轴，用手腕、手指的力量运球；身前高运球和变向高运球时，主要以肘关节为轴，用前臂和腕、指的力量运球；体侧或侧后的提拉式高运球主要以肩关节为轴，用上臂、前臂、腕、指的力量运球。拍按球时，手应随球上下迎送，尽量延长控制球的时间，这样有利于保护球和根据场上情况改变动作。拍按球的部位是由运球的方向和速度决定的。拍按球的部位不同，运球的入射角和球反弹起来的反射角也不同。原地运球时，拍按球的上方；向前运球时，拍按球的后上方。要使球保持在自己控制的范围内，就要控制球的落点，这也利于利用自己的上体、臂、腿来保护球以及技术运用。例如运球向前推进无防守时，球的落点应控制在身体的侧前方，并根据推进速度保持适当距离；在对手紧逼防守时，应采用侧对防守的运球方法，将球的落点控制在身体的侧后方，使球远离对手，这样既利于保护球，又能很好地抓住时机。

运球时，在保持移动速度和运球速度协调一致的同时，还要保持合理的动作节奏。脚步移动越快，拍按球的部位越靠后下方，落点越远，拍按球及反弹起来的力量越大。运球时，手拍按球和脚步动作要保持一定的比例关系和节奏。直线运球，一般拍一次球跑两步。

2. 运球技巧

球员在不能传球给队友时，可以自己带球向前进攻或者带球移动至更有利的位置，以传球给队友；或待队友到位接传球时控制住球，自己向球篮方向运球并完成投篮或上篮。

（四）持球突破

持球突破是摆脱防守、获得进攻机会的重要手段。持球突破具有速度快、幅度大、真假结合的特点，常令防守队员顾此失彼、防不胜防，是“一对一”攻防对峙时进攻队员最常用、效果最好的突破手段。其技术环节中的假动作能使防守队员失去重心，进而让出进攻队员的移动路线，使进攻队员顺利摆脱防守；即使防守队员没有因为进攻队员的假动作失去重心，进攻队员也可以将计就计，顺势顺步突破。

1. 交叉步突破

以右脚做中枢脚为例，交叉步突破的动作是两脚左右开立，屈髋屈膝，身体重心下降，双手持球于腹前。突破时，左脚先向左侧做一个快速的刺探步假动作，吸引防守队员重心向右移，左脚前脚掌内侧迅速蹬地，上体右转，左肩向前探出，左脚利用刺探步的反作用力快速向右前方跨出；同时双手引球，放于身体右后方，左手保护，右手运球加速过人。交叉步突破如图 5-9 所示，详见视频 5-9。

5-9 交叉步突破

图 5-9 交叉步突破

2. 同侧步突破

同侧步突破的姿势和动作与交叉步突破相同，都是以突破方向的异侧脚做中枢脚。突破时，先做投篮假动作，等对手重心前移时右脚内侧蹬地迅速向右前方跨出一大步，同时向左转体探肩，重心右前移，在左脚离地前用右手放球于右脚侧前方，左脚迅速蹬地向右前方迈出，超越对手。同侧步突破如图 5-10 所示，详见视频 5-10。

5-10 同侧步突破

图 5-10　同侧步突破

3. 转身突破

(1) 后转身突破。以左脚做中枢脚为例，两手持球于腹前，两腿弯曲，背向篮站立，两脚平行（或前后）开立，重心降低。突破时，以左脚为轴转身，右脚向右侧后方跨步，上体右转，脚尖指向侧后方，右手向右脚前方放球，左脚内侧迅速蹬地，向球篮方向跨出，运球突破防守，详见视频 5-11。

5-11　后转身突破

(2) 前转身突破。以左脚做中枢脚为例，前转身准备动作与后转身准备动作相同。突破时重心移到左脚，右脚前掌内侧蹬地，左脚为轴，右脚随着前转身而向球篮方向跨步，左肩压向篮球方向，右手运球后左脚蹬地，向前跨出，详见视频 5-12。

5-12　前转身突破

(五) 投篮

投篮技术动作是随着篮球运动的演进而发展的。起初的投篮方式并没有规范动作，投篮的方法五花八门。现代投篮技术动作种类很多，以下介绍原地双手胸前投篮、原地单手肩上投篮、原地跳起单手肩上投篮、行进间单手高手投篮、勾手投篮、运球急停跳起投篮。

1. 原地双手胸前投篮

双手持球于胸前，肘关节自然下垂（不要外展），上半身稍前倾，两膝微屈，把身体的重心放在两脚之间，眼睛盯着目标。投篮时，两脚蹬地，腰腹伸展，两臂上伸，拇指向前压送，两手腕同时外翻，食指、中指指端拨球投出，腿、腰、臂自然伸直。原地双手胸前投篮如图 5-11 所示。

图 5-11　原地双手胸前投篮

2. 原地单手肩上投篮

以右手投篮为例，两脚开立与肩同宽，脚尖正对球篮；重心在两脚之间，屈髋屈膝，上体自然正直；双手持球于胸前，右手五指自然分开置于球的后部，左手扶于篮球侧方辅助。投篮时，两脚蹬地发力，伸髋伸膝；同时双手举球于肩上，使球距额头大约一拳距离，此时右手在球的正下部，然后抬肘、伸臂、压手腕，食指、中指拨球，上下肢发力，协同完成投篮。原地单手肩上投篮如图 5-12 所示，详见视频 5-13。

5-13　原地单手肩上投篮

图 5-12　原地单手肩上投篮

3. 原地跳起单手肩上投篮

以右手投篮为例，将球置于胸腹之间，两脚左右（或前后）开立，身体重心在两脚之间，膝盖微屈，眼睛注视篮圈。起跳时，两膝弯曲脚掌蹬地，收腹伸腰，迅速摆臂举球，左手扶球左侧。当身体跳到最高点时，左手离球，右臂向前上方伸直，同时用突发性力量屈腕、压指，使球通过指端投出。球离手后身体自然落地，屈膝缓冲，准备冲抢篮板球或回防。原地跳起单手肩上投篮如图 5-13 所示，详见视频 5-14。

5-14　原地跳起单手肩上投篮

图 5-13　原地跳起单手肩上投篮

4. 行进间单手高手投篮

5-15 行进间单手高手投篮

接球时步子先大后小，以利于力量的转换（向前冲的力量变为向上起跳的力量）。腾空后身体后仰，当球达到最高点，手腕前屈，食指、中指、无名指用力将球投出。行进间单手高手投篮，详见视频 5-15。

5. 勾手投篮

5-16 勾手投篮

以右手投篮为例，右脚跨大步的同时接球，左脚跨小步，使身体侧对球篮。左脚蹬地起跳，右腿提膝，球由胸前经体侧，右手向左肩上方划弧举球。当球举至头的侧上方接近最高点时，屈腕，食指、中指拨球，通过指端将球投出。勾手投篮如图 5-14 所示，详见视频 5-16。

图 5-14 勾手投篮

6. 运球急停跳起投篮

5-17 运球急停跳起投篮

以右手投篮为例，快速运球的同时跳步或跨步急停，快速起跳，双手将球上举。待到身体最高点左手离球，右前臂向前上方伸直，手腕前屈，食指、中指用力拨球，利用指端投球。运球急停跳起投篮如图 5-15 所示，详见视频 5-17。

图 5-15 运球急停跳起投篮

第三节　篮球运动的基本战术

一、进攻战术基础配合方法

（一）传切配合

传切配合是指队员之间利用传球和切入技术组成的简单配合。它包括空切和一传一切两种方法。传切配合是一种最基本的简单易行的进攻方法，一般在对方采用扩大盯人或扩大联防时运用，如图 5-16 所示。

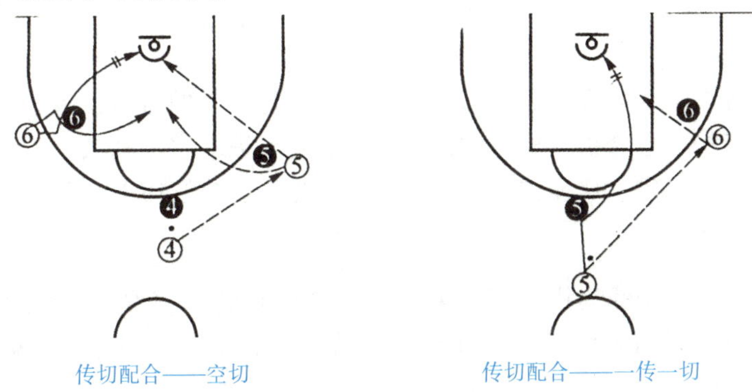

图 5-16　传切配合

（二）突分配合

突分配合是指持球队员突破对手后，遇到对方补防或协防时，及时将球传给进攻时机最佳的同伴进行攻击的一种配合方法，如图 5-17 所示。当对方采用人盯人防守或区域联防时运用突分配合，可打乱对方的整体防守部署，给同伴创造最佳的外围投接或篮下进攻机会。

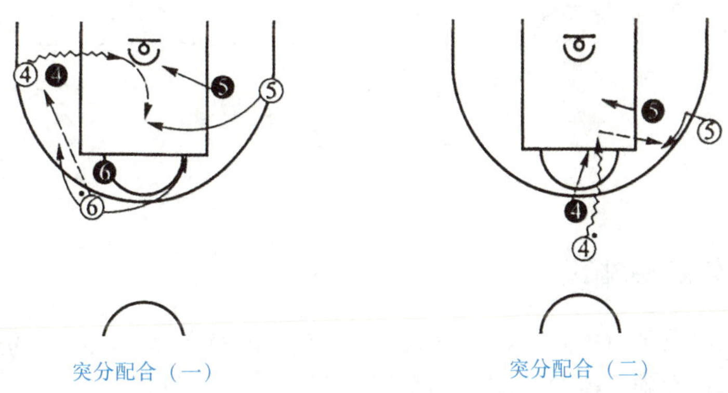

图 5-17　突分配合

（三）掩护配合

掩护配合是指进攻队员选择正确的位置，运用规则限定的合理的身体动作挡住同伴防守者的移动路线，让同伴借以摆脱防守，获得接球投篮或其他进攻机会的一种配合方法，如图 5-18 所示。

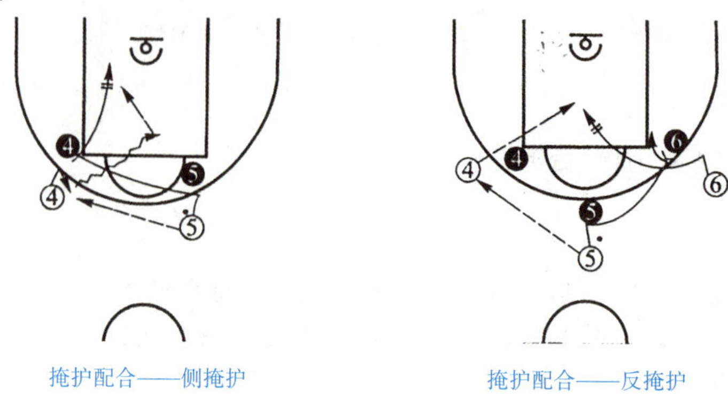

掩护配合——侧掩护　　掩护配合——反掩护

图 5-18　掩护配合

掩护配合有许多形式和方法。根据掩护者和同伴防守者的身体位置和方向的不同，可分为前掩护、侧掩护、后掩护三种形式；根据掩护者人数、移动路线、方法和变化，可分为定位掩护、行进间掩护、反掩护、假掩护、运球掩护、连续掩护、双人掩护等。

（四）策应配合

策应配合通常高大中锋运用较多，策应时进攻队员背对或侧对球篮接球后，以他为轴，通过多种传球方式与外线队员相互配合，借以摆脱防守，创造各种里应外合进攻机会，如图 5-19 所示。

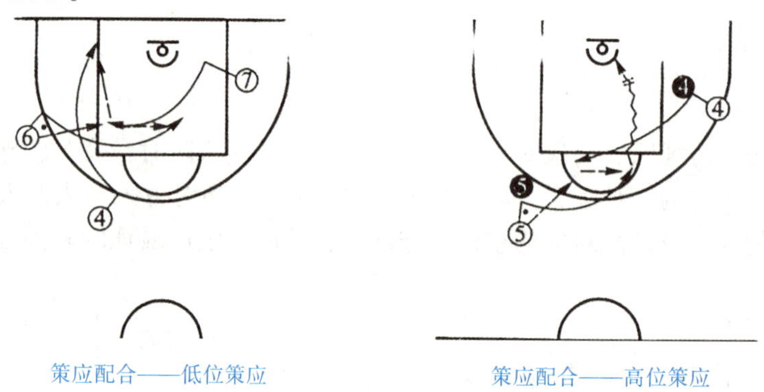

策应配合——低位策应　　策应配合——高位策应

图 5-19　策应配合

二、快攻与防快攻

快攻是防守队获球后由守转攻时力争在对手布阵未稳之际，以最快的速度、最短的时间，果断而合理地发动攻击的一种进攻战术。

（一）组织快攻战术的基本要求

（1）全队要有强烈的整体快速反击意识，不放过任何一次发动快攻的机会。

（2）获球后队员要迅速有组织、有层次地按阵型合理分散。

(3) 发动、接应、阵型分散快下和跟进的整体行动要始终保持纵深队形，扩大攻击范围，增加攻击点。

(4) 在整个快速反击过程中，个人和整体行动都要避免贻误时机，尽量缩短推进的时间。

(5) 快攻结束时，动作要果断、快速、隐蔽，不要降低速度，要果断投篮和抢进攻篮板球，减少限制区内不必要传球。

(6) 树立勇猛顽强、敢打敢拼的作风。

(7) 在展开快攻反击过程中，要善于把握和调整进攻的节奏，避免盲目性，同时要重视由攻转守的部署。

(二) 发动快攻的时机

发动快攻的时机，包括获后场篮板球时，抢、断、打球及跳球时，对方投中后掷端线界外球时。

(三) 快攻战术的形式

(1) 长传快攻是队员在后场获球后，用一次或两次传球把球传给快下的同伴进行攻击的一种方法。其特点是时间短、速度快、战术组织简单。但要求快下的队员意识强、速度快，发动队员传球要及时、准确、视野开阔。

(2) 短传与运球结合快攻是队员在后场获球后，利用快速的短距离传球、运球推进到前场进行攻击的一种配合方法。其特点是灵活多变、层次清楚、容易成功。

(3) 运球突破快攻是防守队员获球后，利用运球技术超越防守，自己投篮得分或传给比自己投篮机会更好的同伴进行攻击的方法。其特点是减少环节、抓住战机、加快进攻速度。结束段主要是个人进攻或给跟进者投篮。

(四) 快攻的练习

如图 5-20 所示：抢篮板球长传快攻投篮，④和⑦各持一球各自抛向篮板，并自抢篮板球后分别传给沿边线快下的⑤和⑧投篮，然后站到⑥和⑨的队尾，⑧和⑤自抢篮板球后再传给快下的⑥和⑨。

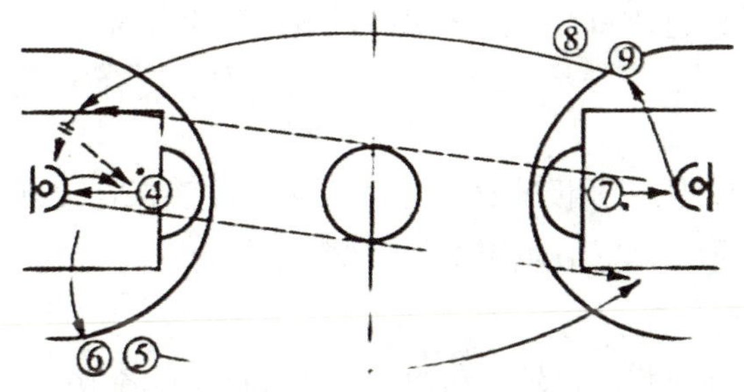

图 5-20 长传快攻练习方法

(五) 防守快攻

(1) 防守快攻的方法：提高进攻成功率，积极拼抢前场篮板球，堵截快攻的第一传和接应，阻碍对手的推进，防守快下队员，提高队员以少防多的能力。

（2）防守快攻的练习方法：半场二防三练习。练习中要求防守队员协同配合。

三、人盯人防守与进攻人盯人防守

人盯人防守战术是每个防守队员防守一个进攻队员，在防守自己对手的基础上相互协助的全队防守战术。人盯人防守战术分为半场人盯人防守和全场紧逼人盯人防守。

进攻人盯人防守战术，根据对方防守的范围和特点，分为进攻半场人盯人防守和进攻全场紧逼人盯人防守。进攻队运用传切、策应、掩护、突分等配合组成进攻人盯人防守的各种全队战术。

1. 半场人盯人防守的基本要求

（1）防守应根据双方队员的身高、位置和技术水平合理地进行防守分工，尽量与对手的力量相当。

（2）由进攻转入防守时，要迅速退回后场，找到自己的对手，在控制自己对手的基础上，积极抢、断球，夹击和补防。

（3）防守有球队员要逼近对手时，主动攻击球，积极封盖投篮，干扰传球，堵截运球，并伺机抢球，迫使对方处于被动局面。

（4）防守无球队员要根据对方、球和离球篮的距离选择人球兼顾的位置。防守离球近的队员要贴身防守，切断对手的传球路线，不让对手接球。防守离球远的队员要缩小防守圈，在控制自己对手的基础上，协助同伴防守。

2. 进攻半场人盯人防守

进攻半场人盯人防守是最基本的进攻战术，在比赛中运用得最多、最普遍，所以，每个篮球队都应该掌握进攻半场人盯人防守的战术。

进攻半场人盯人防守的基本要求如下。

（1）根据本队队员的身体条件、技术水平，选择进攻战术配合和适宜的战术队形，以便扬长避短，发挥本队的优势。

（2）由防守转入进攻时，在前场要迅速落位，形成战术队形，立即发动进攻。

（3）在组织战术中，应该注意各种进攻基本配合之间的衔接和变化，既要明确每个进攻机会，又要明确全队的进攻重点，还要保持进攻的战术连续性。

（4）组织进攻战术时，应该尽量做到内外结合、左右结合，要扩大进攻面，增加进攻点，增加战术的灵活性。

（5）在进攻配合中，既要积极地穿插移动，又要注意保持攻守平衡，在进攻结束后，既要有组织地抢前场篮板，又要有组织地进行退守。

3. 全场紧逼人盯人防守与进攻全场紧逼人盯人防守

全场紧逼人盯人防守是指进攻转入防守时，防守队员在全场范围内分工负责紧逼自己的对手，并利用各种防守配合破坏进攻的一种攻击性防守战术。全场紧逼人盯人防守战术能充分发挥运动员的速度和灵活性，培养运动员积极主动、勇敢顽强的作风，提高运动员的身体素质，促进技术的全面发展。

全场紧逼人盯人防守战术的基本要求如下。

（1）由进攻转入防守时，全队要思想统一、行动一致，每个队员要以先声夺人的气势迅速找人，抢占有利的位置防守自己的对手。

（2）防守无球队员时，以防止或减少对手接球为主，人球兼顾，随时准备补防和断球。

（3）防守持球队员时，首先要防止对手投篮、切入和传球，当对手运球突破时，要迫使对手向边线运球，并设法使其早停球。对方停球后，要立即贴近防守，封堵其传球。

（4）全队要有良好的配合意识，前后、左右要相互呼应，密切配合。

进攻全场紧逼人盯人防守，首先要对这种防守战术的特点和规律有充分的了解，并针对个人防守面积大、队员分散、不利于协防的弱点，由守转攻时争取在对方未组成集体防守布局时，迅速发动进攻；要迅速摆脱防守，利用传切、突分、掩护、策应等配合，不断加强对防守的压力，或以进攻半场人盯人防守配合为基础有目的地展开全场攻击，争取比赛的主动权。

进攻全场紧逼人盯人防守战术的基本要求如下。

（1）当对方采用全场紧逼人盯人防守时，首先要沉着、冷静，按原部署有目的地组织进攻。

（2）抓住战机，力争组织快速反击，把球推进到前场。

（3）运球时要选好突破方向，不能在边角停球，以免对手夹击。接球队员要迎前接球，同时观察场上情况，及时把球传给进攻机会最好的同伴。

（4）进攻队员在场上的落位要保持一定的距离，拉大防区，避免对方协防和夹击。掌握好进攻节奏，无球队员要多穿插，连续进行传切、空切、掩护、策应等配合，制造对方防守上的漏洞，创造突破和以多打少的机会。

（5）如遇夹击，持球队员要抢在被夹击之前把球传出，若来不及传球，要注意保护好球，尽可能利用跨步、转身扩大活动范围，力争把球传出。邻近的同伴应及时迎上接应，帮助持球同伴摆脱夹击。

（6）进攻传球要短而快，避免横向传球，尽量少用高吊球和长传球。

四、区域联防与进攻区域联防

区域联防是由攻转守时，防守队员迅速退回后场，每个队员分工负责防守一定的区域，严密防守进入该区域的球和进攻队员，并与同伴协同防守，用一定的队形，把每个防守区域有机联系起来组成的全队防守战术。

1. 区域联防的基本要求

（1）根据区域联防的形式、队员的条件和技术特长，合理分配队员的防守区域，发挥队员在各自防区的作用。

（2）进攻转入防守时，要积极阻止对方的攻势，有组织地快速退守和及早落位布阵防守。

（3）防守队员要协同一致，随球积极移动，并张开和挥动双臂，相互照应，形成整体防守。

（4）防守持球队员时，应按照人盯人防守的要求，积极阻挠对手投篮、传球和运球，严防运球突破。

（5）防守不持球队员时，要根据离球的远近和防区中进攻队员的行动，积极抢位或堵截，不让对手在有威胁的区域内接球，随时准备协同同伴进行“关门”“补位”等防守配合。

（6）当进攻队员采用穿插移动时，应根据其运动方向进行跟防或接防，并迅速调整防守位置或队形。进攻队投篮后，每个防守队员都要堵位和抢位，有组织地争抢篮板球，及时地发动快攻。

2. 区域联防的形式

常用的区域联防形式有“2-1-2”“2-3”“3-2”“1-3-1”等。

3. 进攻区域联防的基本要求

进攻区域联防是针对区域联防的形式和变化特点采用的进攻战术。其基本要求如下。

（1）防守转入进攻时，要积极发动快攻，打乱对方的战略部署。

（2）防守队已组成区域联防时，进攻队应针对防守队形，采用插空站位的进攻队形组织进攻。

（3）组织进攻区域联防战术时，应耐心运用快速的传球转移进攻方向和积极穿插移动，调动和牵制防守，创造进攻机会。

（4）进攻区域联防要用准确的中、远距离投篮，迫使对方扩大防区，以利于内外结合的攻击，要在防守薄弱的区域组织进攻，要在局部地区以多打少，拼抢篮板球，争取二次投篮机会，还应注意保持攻守平衡，准备退守。

第四节　篮球运动的基础规则

一、基本规则

（1）比赛时场上保持 5 名队员，允许队友替换。

（2）禁止队员使用任何增加队员高度或超出其本身能力范围的装备。

（3）禁止队员佩戴任何致使其他队员受伤的装备（物品）。

（4）如遇队员受伤，裁判员可立即暂停比赛。

（5）比赛时，流血或有伤口的队员只有在流血已经停止并且患部或创面已被全面安全地包扎后才可返回场地，否则必须被替换。

（6）赛场上队长代表整个球队的队员，在比赛期间，在球成为死球以及比赛计时钟停止时，队长可与裁判员联系以获得信息。

（7）教练员或代表在比赛前 20 分钟，应将该场比赛中参赛的球队成员的姓名和相应的号码，以及球队的队长、教练员和助理教练员的名单交给记录员。

（8）教练员应在赛前 10 分钟在记录表上签字，用以确认他们球队成员的姓名、相应号码和教练员的姓名。同时，教练员应指明比赛开始上场的 5 名队员。

（9）比赛时，球只能用手操作，可将球向任何方向传、投、拍、滚或运。故意踢或用腿的任何部分阻挡或用拳击球属于违例行为。球偶然地接触到腿的任何部分，或腿的任何部分偶然地触及球，不是违例。

二、掷球入界违例

掷球入界违例主要包括以下情况：

（1）超过 5 秒钟球才离手；

（2）球在手中时，步入比赛场地内；

（3）掷球入界的球离手后，使球触及界外；

（4）在球触及另一队员前，在场上触及球；

（5）直接使球进入球篮；

（6）在球离手前，从界外指定的掷球入界地点，在一个或两个方向上横向移动总距离超过 1 米。然而，只要情况许可，掷球入界的队员从界线后退多远都可以。

三、技术犯规

技术犯规是包含（但不限于）以下行为性质的非接触犯规，主要包括：

（1）不顾裁判员的警告；

（2）没有礼貌地触犯裁判员、技术代表、记录台人员或球队席人员；

（3）使用很可能冒犯或煽动观众的语言和举止；

（4）戏弄对方队员或阻碍对方视线；

（5）在球穿过球篮之后，故意触球或通过阻止掷球入界延误比赛。

四、侵人犯规判给罚球的罚则

侵人犯规判给罚球的罚则主要包括：

（1）受到侵犯的队员应执行罚球；

（2）受到侵犯的队员被请求替换离场前，他必须执行罚球；

（3）被指定执行罚球的队员由于受伤、已发生第 5 次犯规或已被取消比赛资格必须离开比赛，他的替补队员应执行罚球。如果没有有效的替补队员，任一同队队员应执行罚球。

五、罚球队员

罚球队员的要求有：

（1）应在罚球线后并在半圆内占据一个位置；

（2）可用任何方式罚球，球从上方进入球篮或球触及篮圈；

（3）当裁判员将球置于某队员，必须在 5 秒内将球出手；

（4）球在入球篮或已触及篮圈前不应触及罚球线或进入限制区；

（5）不应做假动作罚球。

六、罚球队员发生违例的解决办法

罚球队员发生违例的解决办法主要包括：

（1）如果中篮不计得分；

（2）在罚球队员发生违例以前、大约同时或之后发生的任何其他队员违例，不再追究；

（3）除非还要执行后续的罚球，否则应将球判给对方队员在罚球线的延长部分掷球入界。

七、如果罚球不成功并且有违例情况发生的解决办法

如果罚球不成功并且有违例情况发生的解决办法主要包括：

（1）由罚球队员的同队队员在最后一次或仅有一次的罚球中，除非该队有进一步的球权，否则应将球判给对方队员在罚球线延长部分掷球入界；

（2）由双方球队在最后一次或仅有一次的罚球中，允许一次跳球情况发生。

八、其他规则

（1）每队可准予在上半时（即第 1 节和第 2 节）2 次暂停，在下半时（即第 3 节和第 4 节）3 次暂停。但在第 4 节的最后两分钟内，最多可 2 次暂停。每一决胜期 1 次暂停，每次暂停时间为 1 分钟。

（2）球队弃权比赛告负，比分为 20∶0。

（3）出现违例时，应将球判给对方在最靠近发生违例的地点掷球入界，正好在篮板后面除外。

（4）当队员身体的任何部分接触界线、界线上方或界线外的地面或任何物体时，即队员出界。

（5）当球触及了下列人员或物体时，视为球出界：在界外的队员和任何其他人，界线上、界线上方或界线外的地面或任何物体，篮板支撑架、篮板背面或比赛场地上方的任何物体。

（6）在不发生带球走的情况下，允许将球在两手之间抛接；球触及地面前，允许在手中停留。

（7）赛场上，持球队员用同一脚向任一方向踏出一次或多次，而其另一脚（称为中枢脚）不离开与地面的接触点时为旋转（合法移动）。

（8）持球队员跌倒在地面上或躺或坐在地面上允许获得控制球，之后该队员在持着球滚动或试图站起来视为违例。

（9）当持球队员离对方队员不超过 1 米时，该队员被迫处于严密防守状态。一名被严密防守的队员必须在 5 秒钟内传、投或运球。

（10）某队的后场由该队本方的球篮、篮板的界内部分，以及该队本方球篮后面端线、两条边线和中线所限定的球场部分组成。某队的前场由对方的球篮、篮板的界内部分，以及对方球篮后面的端线、两条边线和距对方球篮最近的中线内沿所限定的球场部分组成。

（11）防守队员发生违例，球应判给对方。进攻队员发生违例，球判给对方队员在罚球线的延长部分掷球入界。

（12）当宣判了一起技术犯规时，对方队的教练员指定其球队的任一成员执行罚球。

（13）一名队员已发生 5 次侵人犯规或技术犯规，主裁判员应通知本人并必须立即离开比赛。30 秒内此队员必须被替换。

第六章　足球运动

第一节　足球运动概述

一、足球运动起源及发展简介

足球运动是以脚支配球为主，两个队在同一场地内进行攻守的体育运动项目。它是世界上最受人们喜爱、开展最广泛、影响最大的体育运动项目，被誉为“世界第一运动”。无论是在发达国家，还是在发展中国家；无论是在城市，还是在乡村；足球都有广泛的群众基础。足球的普及程度使它成为一种全球性的语言，人们可以通过足球来交流、互动，增进彼此之间的了解和友谊。

足球这项运动的发展可以追溯到古代文明，其经历了漫长而复杂的变化，最终形成了现在的现代足球运动。古代中国的蹴鞠被认为是足球运动的最早雏形。《战国策》和《史记》等历史文献中均有关于蹴鞠的记载。中世纪的欧洲出现了多种早期形式的足球游戏，当时，人们会在城市广场上玩一种游戏，通常是用一个充气的猪膀胱作为球，这种游戏很快就在欧洲各地流传开来，并发展成为现代足球的雏形。

现代足球的正式规则最早可以追溯到 1848 年，当时制定了足球运动历史上第一部文字形式的规则——《剑桥规则》。这些规则规定了比赛场地、球员人数、比赛时间等基本要素，为现代足球的发展奠定了基础。1863 年 10 月 26 日，英格兰成立了世界上第一所足球协会，即英格兰足球协会（The Football Association，FA）。这个协会统一了足球运动的竞赛规则，推动了足球运动的发展和普及。随后，其他国家也相继成立了各自的足球协会，足球运动逐渐成为全球范围内最受欢迎的体育运动之一。在足球运动的发展过程中，不断涌现出各种战术和技巧，使比赛更加激烈和精彩。同时，足球运动也成为各国之间文化交流的重要载体，增进了各国人民之间的友谊和了解。

二、中国近代足球运动概况

19 世纪 60 年代前后，足球运动在香港逐渐活跃起来，吸引了当地的中国人。19 世纪

80年代，香港学校中的华人学生开始踢足球，随后，一些沿海大城市中的教会学校相继开展了现代足球运动。1908年，香港成立了第一个足球运动组织——南华足球会。在中国共产党领导的革命根据地和解放区，足球运动也得到了一定的发展，曾举行过多次比赛。1940年，陕北革命根据地成立了第一个体育组织——延安体育会。1942年，延安举办了“九一”扩大运动会，足球被列为表演项目。

中华人民共和国成立后，足球运动很快发展起来。1951年，在天津举行了第1届全国足球比赛，参加比赛的有6大行政区和解放军、铁路共8支代表队。比赛后选拔了30多名运动员组成了国家足球集训队，他们是中华人民共和国开展足球运动的骨干力量。

20世纪70年代至80年代中期，我国足球运动逐步恢复。1978年，我国恢复了全国甲、乙级队双循环升降级制的比赛，并逐步建立了各级比赛系统。1979年6月，国家体委在《关于提高我国足球技术水平若干措施的请示》中提出，在群众中，特别是青少年中大力普及足球运动；抓好足球运动的重点地区；迅速组建国家青年足球队等相关激励措施。1980年1月，国家体委、团中央、教育部共同发出了《关于在全国中小学生中积极开展足球运动的联合通知》，提出了把开展足球活动纳入学校体育计划和共青团、少先队体育活动的一项内容，这为在中小学中普及足球运动起到了推动作用。

1992年6月，全国足球工作会议指出，要坚定不移地走职业化路线。1993年，来自甲A的8个新成立的足球俱乐部在广东试行俱乐部杯赛。1994年，中国足球职业联赛正式开始，共有26个俱乐部参加，联赛采用双循环、主客场每周一赛制。2004年，中国足球职业联赛改名为“中国足球协会超级联赛”和“中国足球协会甲级联赛”。首届中国足球协会超级联赛有12支球队参加，此后，参赛队伍逐步扩大到16支球队。

为了强化青少年足球运动的普及和后备人才培养，促进我国足球运动整体水平的提升，2009年4月14日，国家体育总局和教育部联合发布了《关于开展全国青少年校园足球活动的通知》，研制了《全国青少年校园足球活动实施方案》，决定在全国各省会城市和部分足球重点城市启动校园足球活动。2015年2月27日，中央全面深化改革领导小组第十次会议审议通过了《中国足球改革发展总体方案》（以下简称《方案》）。这是中国足球改革与发展的纲领性文件，标志着足球运动的改革已经上升到国家发展战略层面，这也是中国体育史上一个里程碑式的事件。

三、通过足球教学活动我们能获得什么

足球运动是以脚支配球为主，两个队在同一场地内进行攻守的体育运动项目。它是世界上最受人们喜爱、开展最广泛、影响最大的体育运动项目。足球运动不但可以给我们带来身体素质的提升，还能传递给我们以下内容。

1. 爱国情怀与团队精神

通过足球教学，我们可以弘扬爱国主义精神，培养国家荣誉感和集体主义观念。足球是一项团体运动，通过足球可以培养团队协作意识和集体主义精神，让我们明白每个人都是团队中不可或缺的一员，只有团结一致才能取得胜利。

2. 公平竞争与规则意识

足球比赛强调公平竞争、尊重对手、遵守规则，这些都是公民道德教育的重要内容。参与足球运动能够强化参与者的诚信、公正、自律等品质，教导参与者在球场上遵守体育

道德，养成诚实守信和遵纪守法的习惯。

3. 团结协作与沟通交流

足球是一项集体运动，要求队员之间高度默契与配合。团队合作训练，能培养团队协作意识、沟通协调能力和互助互爱精神，这对于提升参与者社交能力和团队合作能力至关重要。

4. 坚强意志与拼搏精神

足球运动中经常会出现令人难忘的比赛场面，从中可以提炼出坚持不懈、顽强拼搏的体育精神，引导我们面对困难时敢于挑战、勇往直前。

5. 身心健康与人格塑造

足球锻炼有助于提升参与者的身体素质，同时倡导积极向上、乐观开朗的生活态度，养成良好的生活习惯和锻炼习惯，助力身心健康的全面发展。

6. 文化传承与国际视野

足球作为一项世界性的运动，其背后蕴藏着丰富的文化内涵。通过足球活动，我们可以学习中外足球文化，开阔视野，加深对不同文化的理解，成为具有全球化意识的新一代。

7. 创新思维与战略意识

足球战术布置、比赛策略调整等环节，可以锻炼参与者的创新思维和战略规划能力，对其未来的学业和职业发展具有长远影响。

四、中国足球发展过程中的重要人物

1. 李惠堂（1905—1979）

李惠堂被誉为“亚洲球王”，是中国近代足球史上最杰出的球员之一。李惠堂以其精湛的球技、高尚的体育道德和对足球事业的贡献而闻名，曾率领中国国家队在远东运动会等国际赛事中取得佳绩。他的足球生涯中共打进近两千球，是中国乃至亚洲足球史上进球最多的球员之一。李惠堂不仅是一位优秀的运动员，还是一位足球教育家和推广者，为中国足球的发展作出了巨大贡献。

2. 容志行

容志行以其高尚的体育道德和精湛的技术著称。容志行是中国足球在 20 世纪 70 年代的标志性人物，曾多次入选国家队，参加亚洲杯、奥运会预选赛等重大赛事。他以良好的控球技术、出色的传球视野和团队精神而深受球迷喜爱，被誉为“志行风格”的代表人物，对中国足球运动的健康发展起到了积极的引领作用。

3. 孙雯

孙雯是中国女子足球的标志性人物。孙雯在 20 世纪 90 年代末至 21 世纪初的女子足坛处于巅峰状态，以其出色的个人技术和出色的得分能力著称。她曾帮助中国女足在 1996 年亚特兰大奥运会上获得银牌，并在 1999 年美国世界杯上获得亚军，个人荣膺该届赛事的金球奖和金靴奖。孙雯的职业生涯中多次获得亚洲足球小姐称号，是世界女子足坛历史上的优秀球员之一。

4. 孙继海

孙继海司职中后卫、边后卫、后腰等多个位置。他是第一位在英超联赛中进球的中国球员，也是中国足球在国际赛场上的一位重要代表。孙继海的职业生涯跨越了多个国家和联赛，他的出色表现为中国足球在国际上赢得了更多的关注和尊重。

南阳师范学院足球运动概况

南阳师范学院现有室外标准化综合塑胶田径场 3 块，人工草皮足球场 1 块、天然草皮足球场 2 块，开设有足球运动专项课程和公共体育（足球）课程，每年定期举办全校性质的足球赛，涵盖五人制、七人制以及十一人制，截至 2023 年，已经连续举办 7 届。

第二节　足球运动的基本技术

一、踢球

踢球是最基本的技术，主要用于传球和射门。踢球的方法一般由助跑、支撑脚站位、踢球腿摆动、脚触球部位和踢球后的随前动作五个环节组成。足球常用技术，详见视频 6-1。

6-1　足球常用技术

（一）脚内侧踢球

1. 技术运用

脚内侧踢球适用于踢定位球、短中距离的传球、近距离的射门、罚点球，直接踢来自不同方向的地滚球、空中球等。

2. 动作要点

踢定位球时，直线助跑，支撑脚踏在球侧约 15 厘米处，膝微屈，踢球腿以髋关节为轴由后向前摆动，屈膝外展，脚尖稍翘，脚底与地面平行，小腿加速前摆，踝关节紧张，用脚内侧踢球的中后部，如图 6-1 所示。

图 6-1　脚内侧踢球

（二）脚背内侧踢球

1. 技术运用

脚背内侧踢球适用于踢定位球（平直球、弧线球）、过顶球、中长传、转身踢球及各种距离的射门。

2. 动作要点

斜线助跑，助跑方向与出球方向约成45°角，支撑脚踏在球侧后方约25厘米处，膝微屈，脚尖指向出球方向，重心稍倾斜于支撑脚一侧，支撑脚着地的同时踢球腿以髋关节为轴，大腿带动小腿由后向前摆动，当膝关节摆至接近球的内侧上方时，小腿加速前摆，脚背绷直，以脚背内侧击球的后中下部，踢球后随球前摆，如图6-2所示。

图6-2 脚背内侧踢球

（三）脚背正面踢球

1. 技术运用

脚背正面踢球适用于踢定位球、空中球、反弹球等。

2. 动作要点

直线助跑，支撑脚踏在球侧方约12厘米处，脚尖正对出球方向，膝微屈，在支撑脚着地的同时，以髋关节为轴，大腿带动小腿由后向前摆，在膝关节摆至球垂直上方的刹那，小腿快速前摆，脚背绷直，脚趾扣紧，以脚背的正面击球的后中部，如图6-3所示。

图6-3 脚背正面踢球

二、接球

运动员有目的地用规则允许的身体有效部位，把运动中的球接停在所需要的位置。比赛中的接球动作大多由移动选位、触球动作、运球支撑、接停球后的跟随移动等环节组成。

（一）脚内侧接球

1. 技术运用

脚内侧接球比较容易掌握，因脚接触球的面积大，容易停稳，也便于改变方向，结合下一个动作，可以用来接停地滚球、反弹球和空中球。

2. 动作要点

（1）脚内侧接停地滚球：正对来球，判断来球的速度和方向，停球腿屈膝外转，迎球脚尖稍翘，触球刹那后撤并用脚内侧接触球，把球控制在需要的位置上。

（2）脚内侧接停反弹球：支撑脚踏在球的落点的侧前方，膝关节弯曲，上体稍前倾并微转，同时接停球脚提起，踝关节放松，用脚内侧对准球的反弹路线，当球落地反弹离地时，用脚内侧推压球的中上部。

（3）脚内侧接停空中球：根据来球的高度，将接停球脚举起前迎，脚内侧对准来球，在脚与球接触的刹那开始后撤，后撤过程中用脚内侧触球，把球控制在需要的位置上。

（二）脚底接球

1. 技术运用

脚底接球技术在比赛中常用于接停地滚球和反弹球。

2. 动作要点

（1）脚底接停地滚球：支撑脚踏在球的侧后方，膝微屈，脚尖正对来球，接停球时脚提起，脚尖翘起（脚跟不得高于球），踝关节放松，用前脚掌触球的中上部。

（2）脚底接停反弹球：支撑脚踏在球落点的侧后方，当球着地一刹那，用前脚掌对准球的反弹路线，触球的中上部。

（三）大腿接球

1. 技术运用

大腿接球技术在比赛中一般适用于高空落球或平行于大腿高度的来球。

2. 动作要点

（1）大腿接高落球：面对来球，将接停球腿抬起，以大腿中部对准下落的球，在大腿与球接触的刹那，大腿迅速撤引挡球，使球落于需要的位置上，如图 6-4 所示。

图 6-4 大腿接高落球

（2）大腿接低平球：面对来球，以大腿中部对准来球，屈膝前迎，在大腿与球接触的刹那，快速后撤挡球，使球落在需要的位置上。

（四）胸部接球

1. 技术运用

胸部接球技术在比赛中接停高球和空中平直球。

2. 动作要点

（1）收胸式接停球：一般接停胸部高度的平直球。接停球时，面对来球两脚开立，两臂张开，上体前倾，在球与胸部接触的刹那，重心快速后移，收胸缓冲来球的力量，使球落在身前。

（2）挺胸式接停球：一般接停高于胸部的高球。正对来球，两臂张开，两腿开立，膝缩屈，收下颚挺胸迎球，在球与胸部接触的刹那，上体稍后仰，同时展腹挺胸使球弹起落于体前。

三、头顶球

比赛中的头顶球由移动、身体摆动、头击球和随前动作四个环节组成。头顶球可分为前额正面头顶球和前额侧面头顶球两种方法，都可以做原地顶球、跳跃顶球、跑动中顶球和鱼跃顶球。

（一）技术运用

头顶球是处理空中球最积极和快速的技术动作，是在比赛中完成传球、射门和抢截球的有效手段。

（二）动作要点

1. 前额正面头顶球

原地头顶球时，正对来球，两脚开立，膝微屈，上体后仰注视来球，当球与身体垂直的刹那，脚用力蹬地，身体迅速向前摆体，颈部收紧甩头，用前额正面顶球的中后部，然后上体随球继续前移。跳起头顶球时，双脚起跳，挺胸展腹，准备顶球时身体成背弓，当球与身体垂直的刹那，快速收腹前屈，并甩头用前额正面将球顶出，顶球后两腿屈膝落地。

2. 前额侧面头顶球

两脚开立，膝微屈，上体和头部向来球方向异侧转动，重心在后脚，头部触球时后脚蹬地，上体向来球方向扭转，同时甩头，当球在同侧肩前上方时，用前额侧面顶球的中后部。

四、运球

运球是运动员在跑动中，用脚连续推拨球、使球处于自己控制范围内的触球动作。运球是运动员个人控制球能力和个人进攻能力的集中体现，在比赛中运球可以调节比赛节奏，摆脱对手，破坏对方的防守阵型，造成以多打少的主动局面，为传球和射门创造有利的机会。

运球时，眼睛要看球，兼顾对手和场上的情况；运球时，跑动步子应小而短促，重心低；运球时，动作不宜太大，始终将球处在自己的控制范围内；运球过人时，要控制好自身的身体重心。

（一）脚背正面运球

放松跑动，上体稍前倾，两臂协调摆动，小步幅跑动，运球脚屈膝提起前摆，脚背绷直，脚尖下指，在着地前用脚背正面推拨球前进。

（二）脚背外侧运球

放松跑动，上体稍前倾，两臂协调摆动，小步幅跑动，运球脚屈膝提起前摆，脚尖稍内转，在着地前用脚背外侧推拨球。

（三）脚背内侧运球

放松跑动，上体稍前倾，两臂协调摆动，小步幅跑动，上体前倾并稍向运动方向转动，运球脚屈膝提起前摆，脚尖稍外转，在着地前用脚背内侧推拨球。

第三节　足球运动的基本战术

一、局部进攻战术

局部进攻战术是两人或两人以上，为创造射门得分机会的默契配合行动，是组成集体进攻战术的基础，是攻方队员在短时间内造成局部地区以多打少局面的战术，起到渗透、突破、控制球、转移进攻点等作用。主要战术有传切配合、二过一配合、交叉掩护配合、三过二配合、转移进攻等，下面主要简单介绍传切配合、二过一配合、转移进攻。

（一）传切配合

传切配合是指控球球员将球传给切到防守球员身后的同队球员的配合方法。传切配合形式有局部传切和长传转移切入。

（二）二过一配合

二过一配合是指在局部区域的两个进攻队员通过两次以上的连续传球配合，越过一个防守队员的默契行动。二过一配合有直传斜插二过一、踢墙式二过一、回传反切二过一等，如图 6-5 所示。

图 6-5　二过一配合

二过一配合时注意以下几个方面。

(1) 在局部地区出现二过一局面的时候，要及时抓住战机。防守人数较多时，要采用一脚出球的方法。

（2）掌握时机，避免越位。控球队员运球逼近防守队员，诱使其上前阻截，为传球创造时机。传球后要快速插上，准备接应。在面对最后一名后卫时，注意启动的时机，避免越位。

（3）前卫、中卫的突然插上。在对方压上进攻丢球后，趁对方立足未稳之时，前卫、中卫突然插上，利用运球突破或与中锋、边锋配合，对对方球门形成威胁。

（4）外围传中争顶抢点射门。当地面传切配合受阻时，通过外围的传中，高大中锋争抢第一点，可直接射门或摆渡给同伴，或是造成对方后卫失误，由临近的同伴抢点射门。

（三）转移进攻

转移进攻是指在一侧进攻不能奏效时改变进攻方向的进攻战术。

转移进攻的方法有边路转中路、中路转边路、左（右）边路转右（左）边路的大范围转移进攻等。

在运用转移进攻战术时，要突然快速，才能使对方来不及调整防守位置，从而乘隙而入，突破防线。在转移进攻时，一般采用中长距离的斜横传球。

总的来说，在比赛中边路进攻和中路进攻必须结合运用，可以以边路进攻为主、中路进攻为辅，也可以以中路进攻为主、边路进攻为辅，并通过不断地转移来改变进攻的线路，从而更好地发挥进攻的威力。

二、局部防守战术

基本的局部防守战术有保护与补位、围抢以及造越位等。

（一）保护与补位

保护是指在同伴紧逼控球的对手时，自己选择有利的位置来保护同伴，防止对手突破的默契行动。补位是指防守队员之间互相协助的防守配合行动。保护与补位是区域防守的基础，保护是补位的前提，两者紧密结合。

在保护的时候选择站位是很关键的，保护时要站在紧逼盯防的同伴的侧后方，一旦同伴被对手突破，能够及时地补位。

在二防二时，一人紧逼有球队员，另一人进行区域防守或紧盯人，一旦同伴被突破，必须进行相互补位。

（二）围抢

围抢是指防守时几名防守队员同时围堵、抢断某局部地区的对方控球队员的默契行动。抢、逼、围是现代足球比赛的一个显著特点，它在防守中增加了局部地区防守的人数，以多防少来提高防守效果。

（1）围抢的时机和条件：在前后场的四个角上或中场的两个边路；对方个人运球较多或短传、横传较多而又缺乏转移球时。

（2）围抢的要求：队员之间行动一致，动作突然，凶狠果断；要有充沛的体能、顽强的意志；先封堵控球队员的前进路线，再从侧面、后面进行围抢。

（三）造越位

造越位是利用比赛规则而设计的一种防守战术。造越位战术能够起到以巧制敌的效果，但是在比赛中不可盲目地使用造越位战术。而且，越位规则在不断修改，越来越有利于进攻。2005 年，国际足联对越位规则的解释是：“在进攻中，处在越位位置的队员只要没触到球，助理裁判就不能举旗。”

在采取造越位战术时，后防线上的队员行动必须统一、默契，还应密切注意对方后插上的队员。

三、全队防守战术

全队防守战术要求发挥集体的力量。对方进攻时，场上的每一个队员都应积极参与防守，并形成一定的防守阵型。全队防守战术包括人盯人防守、区域防守和混合防守。

（一）人盯人防守

人盯人防守是指比赛中由攻转守时，每个防守队员盯住一个进攻队员，封锁对方的进攻路线，控制对手的活动和传控球时机的配合方法。

人盯人防守时分工明确，但是某一点一旦被突破，就会使整个防线出现大漏洞，体力消耗也较大。所以，通常在后场设一名自由中卫，以便随时补防。

（二）区域防守

在防守时，场上队员根据自己的位置分布，每个队员负责防守一个区域，当某一进攻队员跑入本区时，就进行积极防守，限制对方的进攻活动的配合方法，称为区域防守。采取区域防守时，对方可以自由换位，而造成以多打少的局面，所以单纯地采取区域防守是不可取的。

（三）混合防守

混合防守是指人盯人防守和区域防守相结合的防守方法。

在比赛中，通常都是人盯人防守和区域防守相结合。具体来说就是，对有球队员要紧逼盯人，对有球的区域要紧逼盯人，距球远的防守队员可进行区域防守，对特别有威胁的进攻队员可派专人盯防。两个拖后中卫，盯人中卫负责盯防对方的中锋，拖后中卫（自由人）负责保护与补位。距离本方球门越近越要紧逼，特别是在罚球区附近更是不能松动。对对方插入与切入的队员，前卫一定要回防并紧逼盯人，帮助边卫进行人盯人防守。

四、任意球战术

在足球比赛中，任意球战术在整个战术体系中的作用是非常重要的，特别是对方在罚球区附近获得直接任意球时，由脚法精湛的队员主罚，往往能直接破门得分。像英国的贝克汉姆、法国的齐达内、巴西的卡洛斯等，都是罚任意球的高手。

第四节　足球运动的基础规则

一、比赛场地

（一）球场

球场边线长度不得长于 120 米或短于 90 米，球门线的长度不得长于 90 米或短于 45 米。在任何情况下，球场边线的长度必须大于球门线的长度。场地各线宽度不超过 12 厘米。

（二）罚球区

在比赛场地两端距球门柱内侧 16.50 米处的球门线上，向场内各画一条长 16.50 米长的、与球门线垂直的线；一端与球门线相接，另一端画一条连接线与球门线平行。这三条线与球门线范围内的区域称为罚球区。在本方罚球区内，守门员可以用手触球。

（三）球门

球门由两根内沿相距 7.32 米、与两边角旗点相等距离的直立门柱以及一根下沿离地面 2.44 米的水平横梁连接组成。门柱及横梁的宽度、厚度与球门线均应对称相等，不得超过 12 厘米。

（四）角球区

以边线和球门线外沿交点为圆心、1 米为半径，向场内各画一段 1/4 的弧，这个弧内地区称为角球区。

（五）罚球点

在两球门线中点垂直向场内量 11 米处各做一个清晰的标记，称为罚球点。

二、队员人数与装备

一场比赛每队上场队员不得多于 11 名或少于 7 名，其中必须有 1 名守门员。同队队员的着装（包括上衣、短裤和护袜）颜色必须与对方球队和比赛官员的着装颜色有明显区别。双方守门员的着装颜色必须与其他场上队员和比赛官员的着装颜色有明显区别。此外，队员不能佩戴任何可能伤害到自己或别人的佩饰。

三、比赛时间

正式比赛每场为 90 分钟，分上下两个半场，每半场为 45 分钟。除经裁判员同意外，两个半场之间的休息时间不得超过 15 分钟。若比赛须决出胜负，90 分钟内战平，则双方须打加时赛。加时赛共计 30 分钟，分为上下两个半场，每半场为 15 分钟，中间不休息。若加时赛后仍未分出胜负，则进行点球决胜。

四、计胜方法

凡球的整体从门柱间及横梁下越过球门线外沿的垂直面，而进球队未犯规或违规，即进球得分。

五、越位

（一）构成越位的条件

（1）进攻队员处在对方半场。

（2）进攻队员处在球的前面。

（3）进攻队员与对方球门线之间，对方队员不足两人。

（4）进攻队员接队友传球或干扰比赛，获得利益。

上述 4 条缺一不可。

（二）判断越位的时间

判断队员是否处于越位位置的时间是同队队员踢或触及球的一瞬间，而不是该队员接获球时。

（三）越位的判罚

当同队队员踢或触及球的一瞬间，队员处在越位位置，并且裁判员认为该队员有干扰比赛或干扰对方队员的行为，才判罚越位犯规。

（四）不应判罚越位的情况

裁判员认为，队员只是仅仅处在越位位置。如果队员处在越位位置直接接得球门球、角球、界外球和裁判坠球，也不判该队员越位。

六、犯规与不正当行为

（一）直接任意球

队员有下列 10 条中任何一条，应判罚直接任意球。

（1）踢或企图踢对方队员。

（2）绊摔或企图绊摔对方队员。

（3）跳向对方队员。

（4）冲撞对方队员。

（5）打或企图打对方队员。

（6）推对方队员。

（7）在抢截对方队员控制的球时，于触球前触及对方队员。

（8）拉扯对方队员

（9）向对方队员吐唾沫。

（10）故意手球。

（二）间接任意球

队员有下列 7 条中任何一条，应判罚间接任意球。

（1）危险动作。

（2）阻挡对方队员。

（3）阻挡对方守门员发球。

（4）守门员用手控球，在发出球之前持球超过 6 秒、两次持球、接回传球、接队员直接掷入的球。

（5）擅自进、退场。

（6）连踢犯规（角球、开球、点球、球门球、任意球、掷界外球时连踢）。

（7）越位犯规。

（三）警告与罚令出场

队员有下列 7 条中任何一条，将被出示黄牌警告。

（1）犯非体育道德行为。

（2）以语言或行动表示异议。

（3）持续违反规则。

（4）延误比赛重新开始。

（5）当以角球或任意球重新开始比赛时，不退出规定的距离。

（6）未得到裁判员许可进入或重新进入比赛场地。

（7）未得到裁判员许可故意离开比赛场地。

队员有下列 7 条中任何一条，将被出示红牌罚令出场。

（1）严重犯规。

（2）暴力行为。

（3）向对方或其他任何人吐唾沫。

（4）用故意手球破坏对方的进球或明显的进球得分机会。

（5）用犯规破坏对方明显的进球得分机会。

（6）使用无礼、侮辱或辱骂性的语言及动作。

（7）在同一场比赛中受到第二次黄牌警告。

七、任意球

任意球分为直接任意球和间接任意球两种。

（1）直接任意球可以直接踢入对方球门得分。

（2）间接任意球不可直接踢入对方球门得分，除非踢入的球触及了场上的其他队员。

（3）踢任意球时，所有对方队员距球至少 9.15 米，直到比赛恢复。如果球距球门线不足 9.15 米，允许对方队员站在球门线上。

八、罚球点球

在比赛进行中，如果防守队员在本方罚球区内出现可判直接任意球的犯规，应被判罚球点球。

九、掷界外球

（1）比赛中，当球的整体在地面或空中越过边线时即球出界，应由出界前最后触球一方的对方队员用合法的动作将球掷入场内。

（2）若队员不在球出界处掷界外球或掷球违例，裁判员应判由对方在原球出界处掷界外球。

十、球门球

（1）当攻方队员将球的整体由地面或空中踢或触出对方球门外的球门线时，由对方队员踢球门球重新开始比赛。

（2）踢球门球时，当球直接踢出罚球区进入场内时，比赛恢复。

（3）踢球门球后，若球未被直接踢出罚球区或任何队员在罚球区内触及球，应重踢球门球。

十一、角球

（1）当球的整体从空中或地面越过本方球门线，而最后由守方人员触及且并未出现进球时，由攻方队员将球的整体放定在离球出界处较近的角球区内踢角球。

（2）踢角球时，在比赛恢复前，对方队员至少距角球区 9.15 米。

（3）队员踢出角球后，如果球击中门柱或处于场内的裁判员而弹回，该队员补射，应判连踢犯规，进球无效。

第七章 排球运动

第一节 排球运动和中国女排

一、排球运动的起源与发展

排球运动最早源于 1895 年，由美国马萨诸塞州霍利奥克市的基督教青年会干事威廉·G. 摩根发明，后由特哈尔斯戴特博士改名为“Volleyball”，意为“空中飞球”。

排球运动自发明以来迅速传播到世界各地。1896 年，摩根制定了世界上第一个排球竞赛规则，并在斯普林菲尔德专科学校举行了世界上最早的排球赛。此后，排球运动逐渐在全球范围内普及，并发展成为一项重要的国际赛事。

排球运动于 19 世纪末 20 世纪初随着西方文化的渗透而传入中国。文献显示，排球运动于 1905 年传入中国，最初的名字叫“队球”。华南、华东和华北地区最早开展这项活动，如广州南武中学、香港皇仁书院等学校。随着排球运动的普及，它逐渐成为一项广受欢迎的体育活动。

当前，中国排球运动正处于快速发展阶段。随着全民健身计划的深入实施和体育产业的不断发展，排球运动在群众中的普及程度越来越高。同时，中国排球联赛等国内赛事也逐渐成为备受关注的体育盛事。未来，中国排球运动将继续保持快速发展的势头，为全民健身和体育事业的发展作出更大的贡献。

二、中国女排及女排精神

中国女排全称中国国家女子排球队，隶属于中国排球协会，是中国各体育团队中成绩突出的体育团队之一。中国女排曾在 1981 年和 1985 年世界杯、1982 年和 1986 年世锦赛、1984 年洛杉矶奥运会上夺得冠军，创下了世界上首个“五连冠”的纪录。此外，在 2003 年世界杯、2004 年奥运会、2015 年世界杯、2016 年奥运会、2019 年世界杯，中国女排也五次问鼎冠军。中国女排的成功不仅仅体现在技术和战术上，更重要的是在精神和文化层面。《当代》杂志第一次将“女排精神”总结为“自强不息、团结协作、无私奉献、艰苦创业”十六个具有代表性的文字。女排精神，以坚韧不拔、团结协作、勇于拼搏、不畏强手的特质为核心，成为中国女排赢得比赛的重要力量。

郎平：像钢铁一般的坚强

在宁波北仑排球训练基地，郎平的房间里总是堆满了毛绒玩具，队员们感到很惊讶，郎导童心未泯？原来，这是用来垫身体的，晚上睡觉的时候，她得将身体后面的空隙用玩具塞满。

最感同身受的是徐云丽。2015 年徐云丽受伤后，每天在场边负责翻记分牌，当时郎平就坐在她前面。“突然她起身走开了，但过了 5 分钟，她又回来了。”后来才知道，郎导是因为痛得受不了，打了一针封闭。“我当时都蒙了。我们运动员要是打封闭，需要两三天的休息时间，而她不声不响，打完就返回训练场，我看了心里挺难受的。”一旁的郎平却笑意盈盈，“我们年轻的时候，都读过高尔基的《钢铁是怎样炼成的》。我们的口号就是‘一不怕苦、二不怕死’。即便断一条筋，离死还远呢。”郎平说，“我觉得自己幸福多了，赶上了打一针就能止疼的好时代。”她话锋一转，“我打完针不用训练，而运动员每天都在和伤病做斗争。她们才真正诠释了‘钢铁是怎样炼成的’”。

——郎平《讲述金牌背后的故事》

第二节　排球运动的基本技术

排球技术主要由移动步法和击球的动作手法组成。其基本技术分为两大类，即无球技术和有球技术。无球技术分为准备姿势与移动步法两大基本技术，有球技术包括垫球、传球、扣球、发球和拦网五大基本技术。

一、无球技术

（一）准备姿势

准备姿势是排球技术的基础。按照身体重心的高低，准备姿势可分为稍蹲准备姿势、半蹲准备姿势和低蹲准备姿势三种形式，如图 7-1 所示。

图 7-1　准备姿势

（二）移动步法

排球技术中，移动步法是完成其他技术动作的基础。正确地移动可以及时靠近球，保持人与球的关系，以便击球或占据场上有利位置。排球比赛中的移动多数是短距离的，两三步的移动比较多。其技术动作主要包括启动、移动和制动三个环节。移动步法可分为并步、滑步、交叉步、跨步、跑步及其组合步法，跨步如图 7-2 所示。

图 7-2　跨步

二、有球技术

（一）垫球

垫球在排球比赛中用于接发球、接扣球、接拦回球、防守，以及处理各种困难球。接发球是组织一攻的基础，对争取得分、夺回发球权、减少失分具有重要意义。接扣球是组织防守反击的基础，是变被动为主动、稳定情绪、鼓舞士气、促进排球攻防平衡的重要手段。另外，在比赛中，垫球还可以起弥补二传球的不足、辅助进攻的作用。正面双手垫球如图 7-3 所示，正面双手垫球手型和击球部位如图 7-4 所示，详见视频 7-1。

7-1　正面双手垫球

图 7-3　正面双手垫球

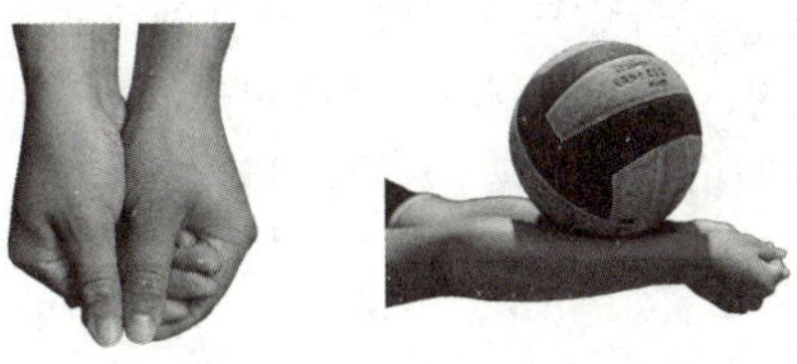

图 7-4　正面双手垫球手型和击球部位

（二）传球

传球是一个精确的技术动作，不仅需要较强的手指、手腕控制和调整球的能力，还需要上下肢的协调配合。传球技术在比赛中的运用主要体现在二传上。二传在组织进攻中一般是第二次击球，故称为二传。二传是从防守转入进攻的桥梁和纽带，二传的好坏直接影响着进攻技术和战术的发挥。二传质量好，可以弥补一传和防守的不足，还可用假动作迷惑对方、牵制对方，达到助攻的目的。有时还可用二传直接吊球，起到出其不意、攻其不备的作用。因此，二传在比赛中的作用是十分重要的。正面双手传球如图 7-5 所示，正面双手传球手型如图 7-6 所示，详见视频 7-2。

7-2　正面双手传球

图 7-5　正面双手传球

图 7-6　正面双手传球手型

（三）扣球

扣球是排球基本技术中攻击性最强的一项技术，它在比赛中占有重要地位，是得分的主要手段，也是进攻中最积极、最有效的武器。扣球是战术配合的最终目的，强有力的、富有战术目的的扣球可使对方难以拦防，从而掌握比赛的主动权。扣球如图 7-7 所示，详见视频 7-3。

7-3　扣球

图 7-7　扣球

（四）发球

发球是队员在发球区用一只手或手臂将自己抛起的球直接击入对方场区的技术动作。发球是排球比赛中的一项重要的进攻技术。攻击性强的发球可以直接得分，也可以破坏对方的接发球，打乱对方进攻节奏，动摇其士气，为本队拦网和防守制造有利条件。发球一旦失误，本方就失一分并失去发球权。

1. 侧面下手发球

以右手发球为例，侧面下手发球如图 7-8 所示，左肩对球网，两脚开立，与肩同宽，两膝微屈，上体稍前倾，保持重心稳定，左手持球置于腹前。发球时，左手将球平稳抛起至胸前高度。抛球的同时，右臂摆至身体右侧后下方，利用右脚蹬地转体的力量，带动右臂向前上方摆动。可选择用全掌、虎口或掌跟等部位，在腹前击球的后下方，力穿球心。击球后，迅速进入场内。侧面下手发球的触球部位如图 7-9 所示，详见视频 7-4。

图 7-8　侧面下手发球

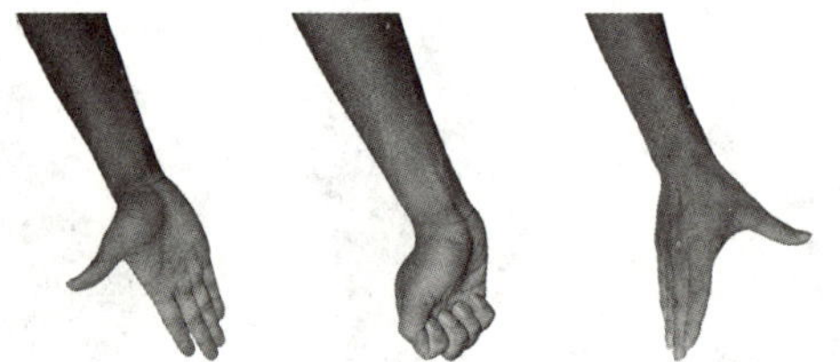

7-4 侧面下手发球

图 7-9 侧面下手发球的触球部位

2. 正面上手发球

以右手发球为例，正面上手发球如图 7-10 所示，面对球网，两脚前后开立，左脚在前，右脚在后，左手托球于体前。发球时，左手将球平稳地向右肩前上方抛起，抛起高度一般为高于头 1 米左右。同时，右臂抬起，屈肘后引，肘与肩平，手指自然张开，拉至耳边。上体稍向右转，挺胸、抬头、展腹。右脚蹬地，使上体向左转动，收腹收胸，带动右臂向前上方快速挥动，全手掌击球的后中下部。击球时，手指自然张开，手腕迅速、主动做推压动作，使击出的球呈上旋飞行。击球后，迅速入场。正面上手发球手型如图 7-11 所示，详见视频 7-5。

图 7-10 正面上手发球

7-5 正面上手发球手型

图 7-11 正面上手发球手型

（五）拦网

拦网是靠近球网队员，将手伸向高于球网处，拦截和阻挡对方来球的一种技术动作。拦网是防守的第一道防线，是反击的重要环节，拦网效果直接影响比赛的胜负。拦网主要分为单人拦网和集体拦网。集体拦网主要指两人拦网或三人拦网。拦网也具有很强的攻击性，可以直接拦死、拦回对方的扣球，能够削弱对方的锐气，动摇对方的信心，给对方造成心理压力。拦网如图 7-12 所示，详见视频 7-6。

7-6 拦网

图 7-12　拦网

第三节　排球运动的基本战术

排球基本战术是指在比赛中根据排球竞赛规则和排球运动的规律、双方的具体情况和临场的变化，合理地运用技术，采取的有组织、有目的和有预见的一种配合行动。排球基本战术可分为个人战术和集体战术两大类。

一、阵容配备

阵容配备的目的是合理地搭配全队的力量，有效地发挥每一个队员的特长和作用。在排球比赛中，常用的阵容配备有以下两种形式。

（一）“四二”配备

“四二”配备由 4 名进攻队员（2 名主攻和 2 名副攻）和 2 名二传队员组成，如图 7-13 所示，队员分别站在对角位置上，保证前后排都有 1 名二传队员、2 名进攻队员，便于组织和位置变换，有助于发挥本队进攻力量。“四二”配备在一般水平的队中采用较多。

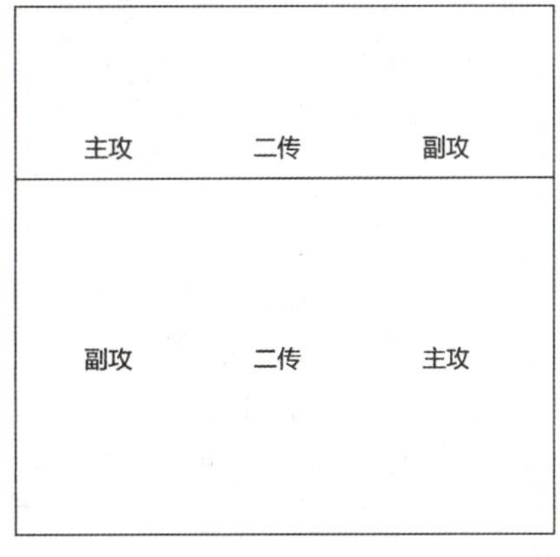

图 7-13　“四二”配备

（二）“五一”配备

“五一”配备由 5 名进攻队员和 1 名二传队员组成。队员站位和分工与“四二”配备相似，主要变化是其中一名二传队员作为接应二传队员，如图 7-14 所示，当二传队员在后排时采用插上进攻的形式。接应二传队员在少数情况下负责二传队员来不及到位时的传球任务，其主要承担进攻任务。“五一”配备的优点是接应二传队员在前排时可以组织前排三点进攻；缺点是当二传队员在前排时，两个进攻点过于暴露，影响前排进攻的威力。

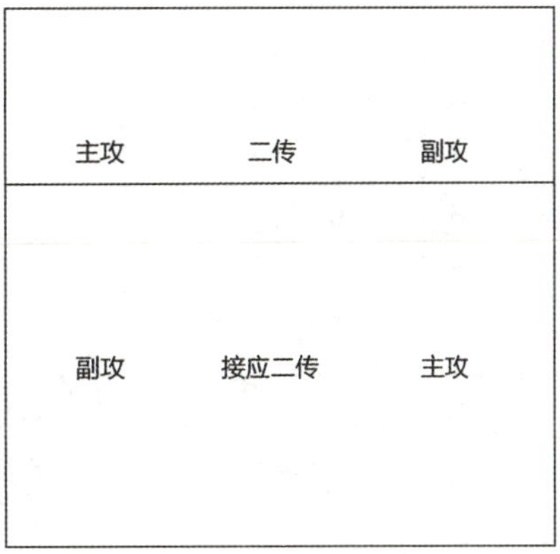

主攻　二传　副攻

副攻　接应二传　主攻

图 7-14　“五一”配备

二、交换位置

为了最大限度地发挥队员的特长，调动一切积极因素，加强攻防力量，以弥补由于队员身体、技术发展不平衡所带来的阵容配备上的缺陷，在规则允许的条件下，可以采取交换场上位置的方法组织战术，即在发球队员击球后，双方队员可以在本场区内任意交换位置。

交换位置的目的是充分发挥每个队员的专长，以取得扬长避短的效果。前排队员换位，主要是为了便于进攻战术的实施和拦网的调整。前、后排队员换位，主要是为了保持前排三点进攻。后排队员换位，主要是为了加强防守后排的重点部位。

三、进攻战术

进攻战术是指接对方来球后，全队组成的有目的、有组织的配合。进攻战术是由一传、二传、扣球三个环节组成的，主要分为进攻阵型和进攻打法两种。

（一）进攻阵型

1. “中二三”进攻阵型

“中二三”进攻阵型是指由 3 号位队员做二传队员，前排 4 号位和 2 号位队员进攻或者后排队员三点进攻的组织形式。这种进攻阵型一传队员向网中间 3 号位垫球比较容易，二传队员距离前排 2 号位、4 号位传球的位置较短，容易传准，有利于组成前排进攻。其中的“三”主要突出后排三点立体进攻，增加了进攻强度，丰富了进攻组织形式，“中二三”进攻阵型如图 7-15 所示。

2. “边二三”进攻阵型

“边二三”进攻阵型是指由 2 号位队员做二传队员，将球传给 3 号位、4 号位队员进攻或后排队员三点进攻的组织形式。其优点是两相邻进攻队员相互掩护，配合后排三点进攻，组织战术更加丰富多样。其缺点是对一传要求较高，尤其 5 号位队员向 2 号位垫球时，由于距离远、角度大，控球难度较大。“边二三”进攻阵型如图 7-16 所示。

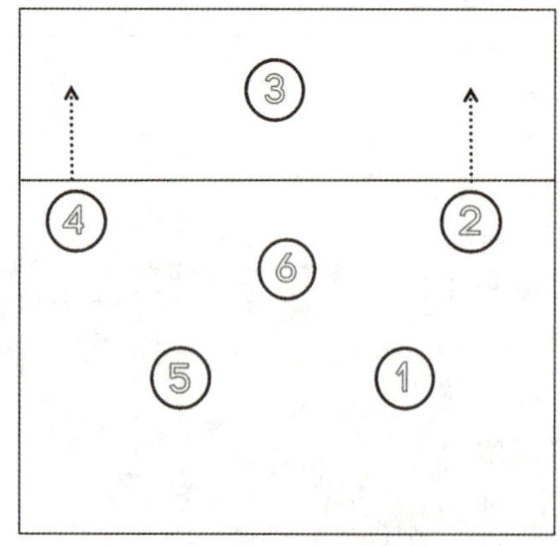

图 7-15 “中二三”进攻阵型

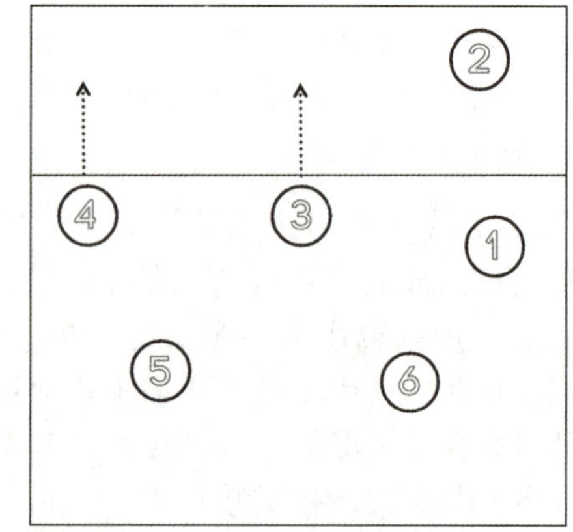

图 7-16 “边二三”进攻阵型

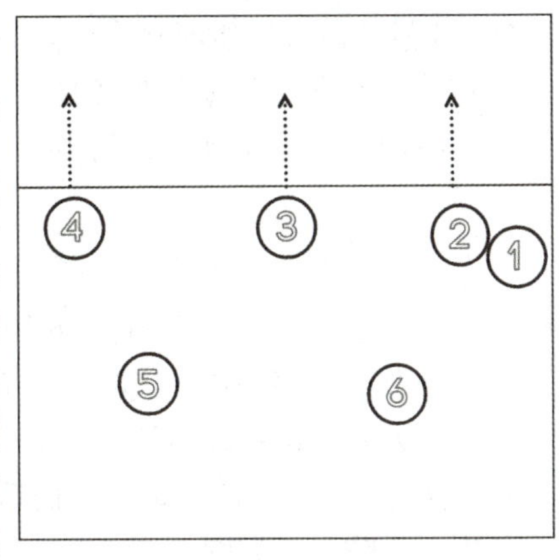

图 7-17　“插三二”进攻阵型

3. “插三二”进攻阵型

“插三二”进攻阵型是指由后排队员上插到前排 2 号位和 3 号位之间做二传队员，前排 4 号位、3 号位、2 号位队员进攻或后排两点进攻的组织形式。“插三二”进攻阵型是现代排球先进战术的主要形式，它是在“中二三”进攻阵型、“边二三”进攻阵型的基础上发展起来的。“中二三”进攻阵型、“边二三”进攻阵型的各种战术都可以在此阵型加以运用。这种阵型进攻点多，战术配合复杂多变，适合技术水平较高的队使用，但对一传及队员间的配合要求较高。“插三二”进攻阵型如图 7-17 所示。

（二）进攻打法

进攻打法是指在排球比赛中，一传队员、二传队员和扣球队员之间实施各种进攻战术配合的方法。其目的是为避开对方的拦网，突破对方的防线，争取主动出击，扩大战果。

1. 强攻

强攻就是在没有快球掩护的情况下，凭借队员个人的身高和弹跳力，利用扣球的力量和个人扣球战术，强行突破对方的防御。

2. 快攻

快攻是在一传到位的基础上，通过扣球队员的快速跑动、互相配合组成各种进攻战术。快攻战术隐蔽性强、变化多，能分散对方的防守，但需要全队协调统一及高水平的二传。

四、防守战术

（一）接发球阵型

常用的接发球阵型是“5 人接发球阵型”，即除 1 名二传队员外（前排或后排），其余 5 名队员参加接发球。这是一种最基本的接发球阵型，常在“中二三”和“边二三”进攻战术中运用，初级水平的球队多采用此阵型。“5 人接发球阵型”包括“W”站位阵型、“M”站位阵型和“一”字站位阵型。

（二）接扣球防守阵型

接扣球防守战术可分为前排拦网、保护球及后排防守等环节。

常用的接发球防守战术主要是双人拦网跟进保护防守。双人拦网防守阵型有“边跟进”防守和“心跟进”防守两种。

1. “边跟进”防守

“边跟进”防守阵型由 1 号位或 5 号位队员跟进防吊球及前区球，又称为“1、5 号位跟进”防守阵型，俗称“马蹄形”防守。目前，国内外强队广泛采用这种防守阵型。

以对方 4 号位进攻为例。由 2 号位和 3 号位队员拦网，1 号位队员跟进到拦网队员身后防吊球及前区球。6 号位队员向右移位补防扣向 1 号区的直线球。5 号位队员防后场 6

号区，4 号位队员后撤防斜线球。“边跟进”防守如图 7-18 所示。

这种阵型主要在对方进攻力量比较强、战术变化较多、吊球较少时采用。这种防守阵型对于防御对方重扣球较为有利，同时便于组织反攻。但球场中间空隙较大，容易形成“心空”。

2. “心跟进”防守

“心跟进”防守阵型也称“6 号位跟进”防守阵型，多在对方扣球能力较强、对方采取扣吊结合为主要进攻形式时，本方为防止“心空”问题所采用的。

以对方 4 号位扣球为例。由 2 号位和 3 号位队员拦网，封住中区，4 号位队员后撤 4 米左右防守，6 号位队员跟至拦网队员身后 3 米附近，1 号位和 5 号位队员防守后场，每人负责一个防区，如图 7-19 所示。

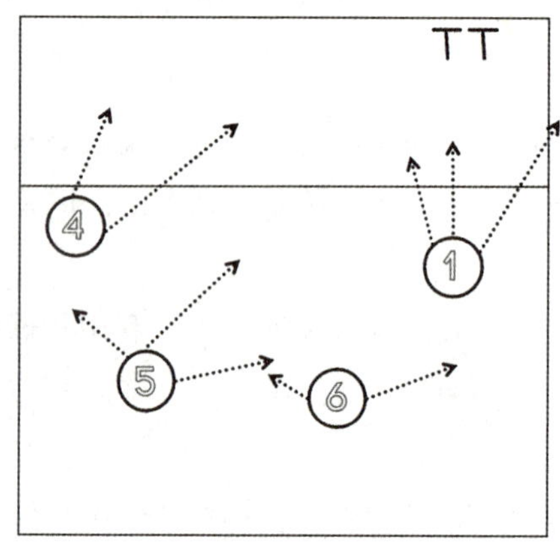

图 7-18 “边跟进”防守

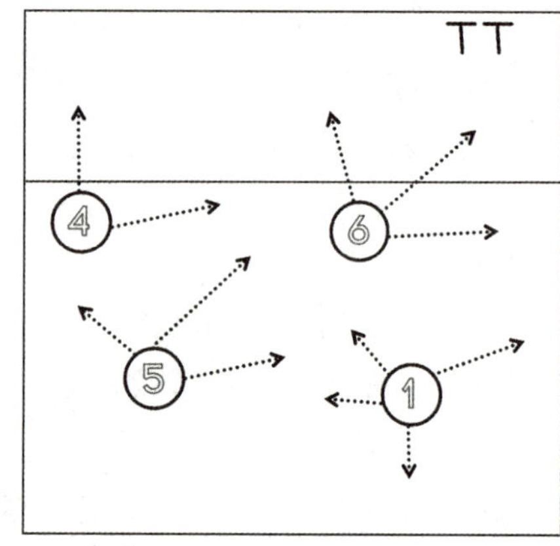

图 7-19 “心跟进”防守

当对方扣球队员经常采用扣吊结合，而本方拦网能力较强时，就可采用这种防守阵型。采用这种防守阵型，可以加强前区的防守能力，有利于防吊球和拦网弹起的球，也便于接应和组织进攻。其缺点是后场后排防守队员之间的空隙较大，后场中央和两侧容易形成空当。

第四节 排球运动的基础规则

一、场地器材

排球比赛场区为长 18 米、宽 9 米的长方形。场地的地面必须平坦。

比赛场地两边的长线称为边线，两端的短线称为端线，在网下连接两条边线中点的线称为中线。中线将场地分为长 9 米、宽 9 米的两个相等的场区。每个场区各有一条离中心线 3 米、长 12.5 米的平行线，这条线被称为进攻线。进攻线前为前场区，进攻线后为后场区。边线两端各有一条长 15 厘米、垂直并距端线 20 厘米的短线延长线，称为发球短线。边线的延长线，连接端线后、与无障碍区的终端形成的区域，称为发球区。

球网为黑色，长 9.5~10 米、宽 1 米。在 9 米处球网的两边各有两条标志带和两根标志杆，杆长 1.8 米。球网高度，成年男子为 2.43 米，成年女子为 2.24 米。

正式排球比赛的用球，由柔软的皮革制成外壳，内装橡胶或类似材料制成的球胆。球应是一色的浅色或国际排球联合会批准的多色球。在一次比赛中所用的球的圆周、重量、气压等都必须是统一的。

二、得一分、胜一局和胜一场

（1）得一分：比赛采用每球得分制，胜一球即得一分。如果是发球方，则得一分并继续发球；如果是接发球方，则得一分的同时获得发球权；如果双方犯规，则判“双方犯规”，不得分，由原发球方重新发球。

（2）胜一局：先得 25 分的同时，超出对方 2 分的队胜一局。当比赛双方比分为 24∶24 时，比赛继续进行至某队领先 2 分（如 26∶24，27∶25）为止。如果 2∶2 平局，决胜局以先得 15 分，并同时超出对方 2 分为胜。当比分为 14∶14 时，比赛继续进行至某队领先 2 分（如 16∶14，17∶15）为止。

（3）胜一场：正式比赛采用五局三胜制。胜三局的队胜一场。

三、比赛方法

（1）正式比赛双方各上场 6 名队员。自左向右排列，前排为 4 号位、3 号位、2 号位，后排为 5 号位、6 号位、1 号位。比赛开始前，教练员将上场队员号码站位表交记录台登记，由第二裁判员检查站位次序，当第一裁判员鸣笛后，不得更改。

（2）比赛开始，由发球方 1 号位队员在发球区内发球，发出的球通过有效过网区直接落于对方场地上，或对方接发球失误，或发球方进攻有效，发球方得一分，并由 1 号位队员继续发球。如果发球失误、违例、犯规或对方进攻有效，对方得一分并获得发球权，由 2 号位队员发球。

（3）在比赛过程中，队员可以用身体任何部分触球，每队允许击球三次（拦网除外），将球通过网的有效区域击入对方场区，每人不能连续触球两次（拦网除外）。比赛应不间断地进行，直至球落地、触及障碍物或某一队员犯规。决胜局重新挑边，比赛中任何一方先得到 8 分时，双方应交换场地，位置不变，比赛继续进行，直至决出胜负。

四、暂停

成死球（球着地）时，教练员或场上队长可向裁判员请求暂停。每局每队可有两次暂停机会，每次暂停时间为 30 秒，教练员可在场外指导。请求暂停的队可以要求提前恢复比赛。

五、换人

只有在死球时，由教练员或场上队长请求，经裁判员允许才准予换人。每局比赛中，每队最多可替换 6 人次，可同时换，也可分开换。每局开始上场的队员只能退出比赛一次，在同一局中，若他/她再次上场比赛，只能替换替他/她上场的那个队员。替补队员每局只能上场比赛一次，可以替换任何一位队员。

六、持球、连击、借助击球

（1）持球是队员没有将球清晰地击出，或触球时有较长的停留造成的犯规。

（2）连击是指一名队员明显地连续两次触球（拦网除外）所造成的犯规。

（3）借助击球是指队员在比赛场地内借助同伴或任何物体的支持进行击球。

七、界内（外）球

（1）球触及比赛场区的地面（包括界线）为界内球。

（2）球接触地面的部分完全在界线以外，触及场外物体、天花板或非比赛人员，触及标志杆、网绳、网柱或球网标志杆以外部分，球的整体或部分从过网区以外过网等，均为界外球。

八、在球网附近犯规

在比赛过程中，任何队员都不得触及球网。

队员的一只（或两只）脚或一只（或两只）手越过中线触及对方场区的同时，身体其余部分还接触中线或置于中线上空是被允许的，不判为犯规。队员身体的任何其他部分都不允许接触对方场区。在不妨碍对方比赛的情况下，允许队员在网下穿越进入对方空间。

九、自由人（后排自由防守队员）

规则规定每队有一名身穿不同颜色比赛服的后排自由防守队员。自由防守队员换人不受裁判及换人次数的限制，换人区域为球队席前的进攻线至端线延长线的无障碍区内。自由人换人后，必须经过一次完整的比赛过程，才能再次换人。

十、后排队员进攻性击球犯规

后排队员在前场区或踏及进攻线，击高于球网上沿的球，并使球的整体由过网区通过球网垂直面进入对方场区或触及对方队员，则为后排队员进攻性击球犯规。

第八章　网球运动

第一节　网球运动概述

一、网球运动起源及其发展历程

网球最早起源于12世纪—13世纪的法国，在当时是一种“掌中游戏”。1873年，英国温菲尔德少校在羽毛球运动的启示下，进一步改进了早期的网球打法，把一般在土地上的活动移到了草地，提出了一套较为接近现代网球的打法。

1877年，全英板球俱乐部在温布尔登举行了第一届草地网球锦标赛，以亨利·琼为首的裁判委员会草拟的比赛规则是现代网球比赛规则的基础，其中的盘制、局制、换位法等规则，沿用至今。同年，首届温布尔登网球公开赛在伦敦西郊温布尔登总部燃起战火，至今已有百余年的历史，是现代网球史上最早的网球比赛。

1878年，网球不仅增加了双打比赛，还开始向外扩散传播。1878年以后，草地网球相继传入加拿大、斯里兰卡、捷克斯洛伐克、瑞典、印度、日本、澳大利亚、南非等国。

1881年，美国草地网球协会成立，并于同年8月31日—9月3日，成功地举办第一届美国草地网球锦标赛。同年，第一届美国网球公开赛在美国罗德岛新港举行。

1891年，第一届法国网球公开赛于巴黎西部罗兰·加洛斯的体育场内举行。

1896年，首届现代奥林匹克运动会在希腊雅典举行。网球是奥运会所举行的八大比赛项目之一，也是唯一的球类比赛项目。同年，网球的男子单打与双打被列为正式比赛项目，后来，由于国际奥委会和国际网球联合会在“业余运动员”问题上有分歧，已经连续进行了7届的奥运会网球比赛项目被取消。

1900年，戴维斯杯网球公开赛在美国波士顿举行，是第一个国际网球团体赛。1905年，澳大利亚网球公开赛在墨尔本开赛，比温布尔登网球公开赛晚28年，是四大网球公开赛中创办最晚的赛事。1913年3月1日，英国、法国、澳大利亚等12个国家的网球协会代表在巴黎召开会议，成立了国际网球联合会，总部设在伦敦。

1984年，在洛杉矶奥运会上，网球重新被列为奥运项目。1988年，在汉城（今首尔）

奥运会上，网球被重新列为正式比赛项目。

19 世纪 90 年代中期，世界网球运动进入重要发展阶段，许多国家和地区相继成立了网球协会，并定期举行比赛。20 世纪初，现代网球正式形成，并很快在欧美盛行起来，成为一项深受广大群众喜爱和观赏的球类运动。

二、我国网球运动发展概况

（一）传入阶段

1885 年前后，网球运动开始传入中国。最初，这一运动主要在上海、广州等大城市的外国传教士和商人之间流行。一些教会学校也开始开展网球运动，这为中国网球的早期发展奠定了基础。

（二）初步发展阶段

1898 年，上海圣约翰书院举行了斯坦豪斯杯赛，这是中国网球史上最早的校内比赛，标志着网球运动在中国有了初步的发展。1906 年，北京、上海等地的多所学校开始举行校际网球赛，这进一步促进了网球在中国的传播和普及。

（三）列为正式比赛项目

1910 年，网球被列为中华全国学校分区运动会的正式比赛项目之一，但只有男子参加。之后的历届运动会均设立了网球项目，这体现了网球运动在中国的发展和普及。

（四）国际交流

1924 年，中国选手邱飞海参加了第 44 届温布尔登网球锦标赛，并进入第二轮。这是中国人首次参加温布尔登网球锦标赛。1938 年，中国选手许承基参加了第 58 届温布尔登网球锦标赛，在男子单打中进入第四轮比赛，这是中国选手在该赛事中取得的最好成绩。

（五）中华人民共和国成立后的发展

中华人民共和国成立后，网球运动在起点低、基础差、交往少的情况下逐渐发展。1953 年，天津首次举办了包括网球在内的四项球类（篮球、排球、网球、羽毛球）运动会。自 1956 年我国开始举办全国网球锦标赛之后，全国网球等级联赛定期举行，并实行升降级制度。

进入 21 世纪后，中国网球运动进入快速发展阶段，我国多次举办大型国际赛事，并培养出了李娜、郑洁等世界级网球选手。

近年来，中国男子网球同样突破壁垒，年轻的中国职业网球运动员张之臻、吴易昺、商竣程等人，在国外职业网球赛场上不断取得新的突破。

三、我国网球职业赛事成绩不断提高

2004 年，征战雅典奥林匹克运动会的中国网球选手李婷和孙甜甜以一场极为完美的胜利，打破了已被欧美选手垄断了一个多世纪的“贵族运动项目”，夺得了网球女双金牌，翻开了中国网球运动的新篇章。

2011 年，李娜在澳大利亚网球公开赛（以下简称“澳网”）上个人第一次打进大满贯单打决赛并夺得亚军；同年，在法国网球公开赛女单比赛中登顶封后；2013 年，在 WTA（国际女子网球协会）年终总决赛中获得亚军。2014 年 1 月 25 日，李娜第三次跻身澳大利亚网球公开赛决赛并最终收获女单冠军。她的成功不仅为中国网球赢得了荣誉和尊重，也为亚洲网球和女子网球带来了巨大的影响。

2020 年 8 月 29 日，郑钦文在国际网联巡回赛科尔德农斯站夺得成人赛首个冠军。2022 年 1 月 14 日，郑钦文闯入澳大利亚网球公开赛女单正赛。之后的 1 月 17 日，澳大利亚网球公开赛女单首轮，首次亮相大满贯正赛并取得开门红。2022 年 5 月 28 日，法国网球公开赛女单第三轮，郑钦文成为继郑洁、李娜和张帅之后第四位闯入法网 16 强的中国金花。

2022 年，中国网球运动员吴易昺首次参加美国网球公开赛，成功取得单打正赛首胜，并且挺进男单 32 强。2023 年中国职业网球运动员张之臻夺得杭州亚运会男子单打冠军。

2023 年 5 月 15 日，WTA1000 罗马站女单第四轮，郑钦文成为自李娜、张帅之后，在罗马晋级八强的中国金花。7 月 24 日，2023 年 WTA250 巴勒莫站女单决赛，郑钦文拿下职业生涯首冠。9 月 29 日，在杭州第 19 届亚运会网球女子单打决赛中，郑钦文以总比分 2∶0 战胜朱琳获得金牌。2024 年 1 月 27 日，2024 年澳大利亚网球公开赛女单决赛，郑钦文获得亚军，创造个人大满贯最佳战绩。

2024 年赛季，中国网球运动员在巡回赛、挑战赛等职业赛事上均取得了不错的成绩，不断超越自我，在职业网球赛场上大放异彩。2024 年，法国网球公开赛中中国职业网球女运动员郑钦文、王欣瑜和男运动员张之臻 3 名选手同时闯入单打第三轮比赛、晋级 32 强。2024 年的温布尔登网球锦标赛中，中国网球运动员有 11 人参加比赛，创造了中国网球征战大满贯赛事的历史记录。

郑钦文：努力的榜样

努力是一种态度，自信是一种力量。2024 年 8 月 3 日，郑钦文获得巴黎奥运会网球女子单打冠军，成为中国首位奥运网球单打冠军。

除了出众的天赋，努力也是郑钦文从小贴在身上的一个“标签”。在起步阶段，带过她的教练评价说，郑钦文身上有着超越同龄人的坚韧与热爱。执教郑钦文的教练里巴表示，从来没有见过像郑钦文这样的球员，真的很努力。“我说早上 7 点开始训练，我在想四五天后她会说累了，但她从没说过，我这辈子从没经历过这种事。”

郑钦文拥有超乎常人的韧性，目标感极强。而她敢于设定远大目标，勇于追梦，也是受到榜样力量的鼓舞，这个榜样就是李娜。李娜的自信、努力传递给了无数网球少年，郑钦文是其中之一。郑钦文说，李娜对自己这一代人是一种启迪，意义非凡：“李娜让我们心中的不可能成为可能，我们中国人是可以拿大满贯冠军的。”

郑钦文曾直言，现在自己想努力成为新一代球员心中的榜样，成为一个专注、优秀的人。如今，郑钦文已成为新一代网球少年心中的榜样。

第二节　网球运动的基本技术

一、握拍法

（一）大陆式握拍法

大陆式握拍法起源于欧洲大陆。如图 8-1 所示，采用大陆式握拍法时，拇指与食指形成 V 字形，虎口朝向拍柄的上平面。由于大陆式握拍法在击球时球拍不用转动，所以在上网截击、切削球、发球和高压球时，使用最方便。

（二）东方式握拍法

东方式握拍法，因其最初广泛使用于美国东部的沙土场地而得名，分为正手和反手两种。正手握拍：拇指和食指形成 V 字形，虎口朝向拍柄的右上斜面，如图 8-2 所示。反手握拍：拇指和食指形成 V 字形，虎口朝向拍柄的左上斜面。东方式握拍法更容易处理低球和击出平击回球。

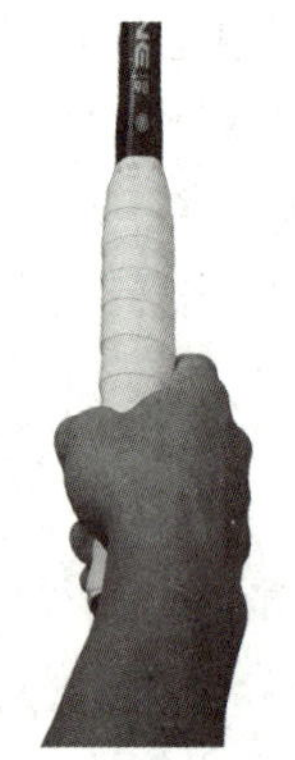

图 8-1　大陆式握拍法

图 8-2　东方式握拍法

（三）西方式握拍法

西方式握拍法是在美国西部加利福尼亚州的水泥硬地球场上发展起来的一种握拍方法，分为正手和反手两种。正手握拍：拇指和食指形成 V 字形，虎口朝向拍柄的右平面，如图 8-3 所示。反手握拍：拇指和食指形成 V 字形，虎口朝向拍柄的左平面。西方式握拍法更容易处理高球和击出上旋回球。

（四）半西方式握拍法

半西方式握拍法是介于东方式握拍法和西方式握拍法之间的一种握拍法，分为正手和反手两种。正手握拍：拇指和食指形成 V 字形，虎口朝向拍柄的右上斜面与右平面之间的交界线，如图 8-4 所示。反手握拍：拇指和食指形成 V 字形，虎口朝向拍柄的左上斜面与左平面之间的交界线。半西方式握拍法更容易处理中等高度的球，能够在打出上旋球的同时打出平击球。

图 8-3　西方式握拍法

图 8-4　半西方式握拍法

（五）双手握拍法

双手握拍法是双手同时握住拍柄的一种握拍法，常见双手反拍，双手正拍比较少见。双手反拍：支配手用大陆式握拍法，非支配手在支配手上方用半西方式握拍法，如图 8-5 所示。

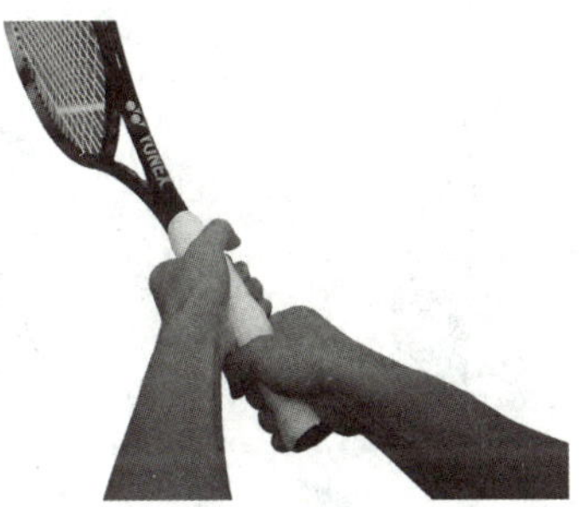

图 8-5　双手握拍法

二、准备、移动与站位

（一）准备姿势

两脚分开，略比肩宽，屈膝降低重心，背部保持直立。在对方触球时进行分腿垫步，两脚脚跟离地 2.5~5 厘米，重心落在前脚掌上，准备向来球方向移动，如图 8-6 所示。

图 8-6　准备姿势

（二）移动

常用的移动步法有侧滑步、交叉步和小碎步。无论采用哪种移动步法，在击球前都应及时、主动。当来球落点较远时，启动要快，步幅从小逐渐加大。当接近球时，再用小碎步调整人与球之间的距离，以适宜的身体姿态从容击球。

（三）开放式站位

两脚左右站立，大致与底线平行。开放式站位适用于左右横向移动击球，击球时能更好地应用身体转动产生的力量，让对手无法准确判断来球的方向和旋转。

（四）关闭式站位

两脚前后站立，大致与底线垂直。关闭式站位适用于前后纵向移动击球，击球时能更好地利用身体前移产生的力量。

三、底线技术

（一）正手击球技术

正手击球技术是网球中最基本的击球技术，如图 8-7 所示。其既是初学者的入门技术，又是比赛中多数运动员用以得分取胜的主要手段。底线正手上旋球击球技术分为四个环节，分别是准备姿势、引拍、击球和随挥，击球点在身体右前方腰部高度。正手击球类型分为。正手上旋球和正手平击球；正手上旋球过网弧度较高，球落地较快反弹高。正手平击球速度快，落地前冲力量大，过网弧度较低，详见视频 8-1。

8-1 正手击球技术

图 8-7 正手击球技术

（二）单手反拍技术

单手反拍技术是通过单手握拍击球，控制活动范围大、击球变化较多、隐秘性较强的一种击球方法，如图 8-8 所示。单手反拍技术对身体力量和手腕的控制都有很高的要求，详见视频 8-2。

8-2 单手反拍技术

图 8-8 单手反拍技术

（三）双手反拍技术

双手反拍技术是指两只手臂共同完成的反手位击球动作，如图 8-9 所示。

双手反拍技术的稳定性要优于单手反拍技术，对于初学者来说也更容易上手。双手反拍技术的握拍方法是“左三右二”，即左手虎口对准球拍放平上平面从左到右数的第三条棱，右手虎口对准第二条棱，球拍握好后拍面向左稍微倾斜。击球技术要领为：“引拍上右脚并探肩，左肩高于右肩，内扣提拉上右肩，完成随挥动作”。双手反拍击球一般击打膝关节高度到正常腰部高度的球，低位击球需要左腿后伸同时降低重心。如果来球弹起高度更低，多采用切削球，削球的左下部完成击球动作。如果反手来球高于肩膀，多后退，待球落到合适位置采用双手反拍击打球技术，或者直接高位截击或挑高球到对方场地二区底线附近完成回击，详见视频 8-3。

8-3　双手反拍技术

图 8-9　双手反拍技术

（四）反拍切削技术

反拍切削技术通常在使用时击球带有下旋，如图 8-10 所示，在网球比赛中能起到暂时过渡、节约体能、改变节奏等作用。反手切削球，采用大陆式握拍，引拍至肩，高球时，切削推挡球的左上部，低球时，则切削推挡球的左下部。根据切削的部位不同，还可以反手切削球的后部到右部，完成侧旋切削球技术，球过网落地后，往对手一区（右边半场）单打线外旋转。

图 8-10　反拍切削技术

（五）正拍切削技术

正拍切削技术，如同反拍切削技术，只不过采用正手大陆式握拍，切削推挡球的右下部。正手切削技术常用于放短球，球拍触球过程中带有明显的 U 形结构，球过网落地后倒旋，或回到我方场地，从而赢得该球得分，如图 8-11 所示。

图 8-11　正拍切削技术

四、发球技术

（一）下手发球技术

8-4　下手发球技术

下手发球技术是将球抛出后在肩以下的位置挥拍击球的技术，如图8-12所示。这种发球技术容易上手，适合初学者。其在高水平比赛中没有成为常规“武器”，而是在某些特定的时刻，如对手站位过于靠后，或者注意力不够集中时，作为突袭的手段，详见视频 8-4。

图 8-12　下手发球技术

（二）上手发球技术

上手发球技术是将球抛出后在头顶位置挥拍击球的技术，如图 8-13 所示。这种发球技术速度快、攻击性强。在高水平网球比赛中，运动员通常会采用上手发球直接得分或夺取场上主动权。

图 8-13　上手发球技术

上手发球技术根据击球的部位不同，又可以细分为上旋发球、侧旋发球和平击发球。一般来讲，一区（右边半场）内角直线大力度发球时，多采用平击发球；二区（左边半场）大外角发球时，多采用上旋发球。发球要有充分的背后拉拍击球动作，上旋发球时的击球方向是从 7 点钟方向到 2 点钟方向，平击发球多击打推送球的后上方，详见视频 8-5。

8-5 上手发球技术

五、网前技术

（一）截击技术

截击技术指在球落地之前将球凌空击打的技术。虽然截击可以从任何地方打，但通常是向前移动，在网前使用。在比赛中，截击技术是一项有效的进攻技术，可有效缩短对手的回球时间，增加回球的压力。正手截击如图 8-14 所示，反手截击如图 8-15 所示，详见视频 8-6。

8-6 正手截击和反手截击

图 8-14 正手截击

图 8-15 反手截击

（二）高压技术

高压技术是指在头上用扣压的动作完成的一种击球方式，如图 8-16 所示。其落点准、力量大，是一项绝对的强攻性技术。根据对方挑过来的球的高度，高压球可分为落地高压球和凌空高压球两种，详见视频 8-7。

8-7 高压技术

图 8-16　高压技术

六、其他技术

（一）放小球技术

放小球技术具有隐蔽性，一般可收到“突然袭击，出其不意”的效果；其动作与切削动作近似，相比之下，其前挥动作更简短，击球通常带有下旋，是一种能有效干扰与牵制对方的有力手段。球落在对方场区发球线以内，反弹时不再向前，才是高质量的放小球。

（二）挑高球技术

挑高球技术通常在处于被动防守时为争取回位时间，或者对手来到了网前，为迫使对手退回后场而使用的一种技术。挑高球可分为防守型与进攻型两种类型。

（三）反弹球技术

反弹球技术是一项由被动变主动的过渡性技术，主要用来回击发球上网，或者在随击球上网途中，来不及打截击球而被迫还击刚从地面弹起的低球。它的击球特点是固定球拍角度，借助球弹起一瞬间的力量进行还击。

第三节　网球运动的基本战术

一、单打战术

（一）发球战术

发球不受对方支配，可通过力量、速度和落点达到得分目的。可针对对方弱点来发球。运用不同的发球方式，制造上网截击的机会。利用风向、阳光等自然条件来发球，给对方制造困难。

第一次发球多采用一区内角大力平击发球，使对方难以抵挡而失误。第二次发球多采用侧旋球和上旋球。

发球站位也应有战术考虑。发第一区时，应尽量接近中点线站位，发直线球逼住对方反拍；发第二区时，可距中点线稍远站位，便于以更大的斜线发至对方反拍区，并扩大自己正拍防守的区域。

(二) 接发球战术

接发球一般处在被动地位，但也应做些战术上的准备，以减少被动，争取主动。

站位：为避免接球时的远距离奔跑，接球站位应选在对方向本人左右发球夹角的分角线上，并站在端线内半米处。这样利于左右回击和上网回击。

接发球技术不是固定的击球动作，可以根据对方发球，采用不同的击球方式，如正反手抽球、切削球、挑高球等。

(三) 上网战术

上网是积极主动的打法。在发球或接发球后冲到离网较近的位置，不等对方回击的球落地，即进行空中截击或高压击球。

上网时机：多用于第一次发球。发急速旋转球后，借球在空中长时间飞行，对方难以回击之机上网截击。

上网站位：尽可能站到距网约 2 米处，近网进攻威胁性大，封网角度小，防守控制面积大，但必须有强力高压球作为保证，否则对方挑高球时便陷于被动。

上网击球：主要采用截击球和高压球，还要根据对方的站位决定击球的方向和落点。

(四) 底线战术

底线战术：底线击球应以进攻性打法为前提，用快速、准确、凶狠的击球取胜。常用的办法有大角度抽击球，使对方左右奔跑；有逼右攻左、逼左攻右，攻击对方的弱点；有大力击直线球，在速度上压制对方等。

底线对打战术分为：对攻战术、对拉战术、侧身攻战术、紧逼战术、防守反击战术。

二、双打战术

双打比赛的站位，一般是正拍技术好的站位靠右侧，反拍技术好的站位靠左侧，最理想的配对是一个右手握拍，一个左手握拍。发球时，发球者站在端线后中线与边线一半处。同伴则站在距网 2~3 米、离边线 3 米处，守住半边场区，伺机截击或高压击球，接发球时，接发球者在可能发到的角度的分角线上，同伴则站在发球线前距网 4~5 米、离边线 3 米处。同伴之间要有默契，一般原则是来球在两人之间，由正拍击球者回击；球在两人之间又是斜线来球时，由距离近的运动员迎击；挑高球落在两人中间，由正拍击球者进行高压击球；对方接发球回击过来的时候，由上网运动员去截击，另一同伴注意补漏。

第四节　网球运动的基础规则

一、场地规则

(一) 球场

球场应为长 23. 77 米、宽 10. 97 米的长方形，按场地性质可以分为草地、硬地、红土、塑胶场地。

（二）球网

网绳或钢丝绳最大直径为 0.8 厘米，网的两端应附着或挂在两个网柱顶端，网柱的高度应使网绳或钢丝绳顶端与地面的垂直距离为 1.07 米，球网中央高度为 0.914 米。场地端线以外至少有 6 米，边线以外至少有 3.66 米。

（三）球场线

球场两端的界线叫端线，两边的界线叫边线。

在距离球网两侧 6.4 米的地方，各画一条与球网平行的线，为发球线。

球网与每一边的发球线和边线组成的场地，再被发球中线分为两个相等的区域，为发球区。

端线宽度为 10 厘米，其他各线宽度为 2.5~5 厘米。

二、发球规则

（一）发球前的规定

发球员在发球前，应站在端线后，中点和边线的假定延长线之间的区域里。发球员应当用手将球向空中任何方向抛起，在球接触地面以前用球拍击球（仅能用一只手的运动员，可用球拍将球抛起）。球拍与球接触时，即算完成球的发送。

（二）发球时的规定

发球员在整个发球动作中，不得通过行走或跑动改变原来站的位置，两脚只准站在规定位置，不得触及其他区域。

（三）发球员的位置

（1）每局开始时，先从右区端线后发球，得 1 分或失 1 分后，应换到左区发球。

（2）发出的球应从网上越过，落到对角的对方发球区前的方格内或其周围的线上。

（四）发球失误

发生下列情况时，视为发球失误：未击中球；发出的球在落地前触及固定物（球网、中心带和网边白布除外）；违反发球站位规定。另外，发球员第一次发球失误后，应在原发球位置上进行第二次发球。

（五）发球无效

发生下列情况时，视为发球无效：发球触网后，仍然落到对方发球区内；发球时，对方接球员未做好接球准备。

（六）交换发球

第一局比赛终了，接发球员成为发球员，发球员成为接发球员。以后每局终了，均依次互相交换，直至比赛结束。

三、比赛规则

（一）交换场地

（1）双方应在每盘的第 1、3、5 等单数局结束后，以及每局结束且双方局数之和为单数时，交换场地。

（2）决胜局比赛中（抢七），双方分数相加每达到 6 分更换一次场地。

（二）失分

发生下列任何一种情况，均判失分：在球第二次着地前，未能还击过网；还击的球触及对方场区界线以外的地面、固定物或其他物件；还击空中球失败；故意用球拍触球超过一次；运动员的身体、球拍在发球期间触及球网；过网击球；抛拍击球；发球双失误；击球时人的身体触网。

在网球单打比赛和双打比赛过程中，场地上多余的球要清除出去，以免对方击球落到我方场地碰到球，导致我方失分。

（三）压线球

落在线上的球都算压线球。

（四）休息时间

（1）分与分之间，捡到球后直至发出，最大时间间隔为 25 秒。

（2）单数局结束交换场地时可休息 90 秒。

（3）每盘结束可休息 120 秒。

（4）每盘的第一局结束后，交换场地时不能休息。

（5）在抢七分比赛中，每次双方分数相加达到 6 分就换场地，换场地时不能休息。

四、双打规则

（一）双打发球次序

每盘第 1 局开始时，由发球方决定由何人先发球，对方则同样在第 2 局开始时，决定由何人先发球，第 3 局由第 1 局发球方的另一球员发球，第 4 局由第 2 局发球方的另一球员发球。以下各局均按此次序发球。下一盘开始之前，可重新选择发球员或接发球员。

（二）双打接发球次序

先接发球的一方，应在第 1 局开始时，决定由何人先接发球，并在这盘单数局由此人继续先接发球。对方同样应在第 2 局开始时，决定由何人接发球，并在这盘双数局由此人继续先接发球。他们的同伴应在每局中轮流接发球。发觉接发球次序错误后，仍按已错误的次序进行，等到下一接发球时再纠正。

（三）双打还击

接发球后，双方应轮流由其中任何一名队员还击。若运动员在其同队队员击球后，再以球拍触球，则判对方得分。

五、计分方法

（一）一局中的记分

1. 常规局中

网球比赛中记分方法采用中世纪古老式记分法，每局就 4 分，采用 15 为基数计算每一分球的得失：胜 1 分为“15”（fifteen），2 分为“30”（thirty），3 分为“40”（forty），平分为“deuce”。“45”改为“40”是为了方便呼报比分发音清晰。

比赛中的记分，常规局报分首先报发球方的分数。

无得分：0。

第一分：15。

第二分：30。

第三分：40。

第四分：局比赛结束，获胜方赢一局。

网球比赛中，若有占先制，40∶40 需再次净胜对手 2 分为赢一局（赢一分者占先，如反复双方占先，直到净胜 2 分为止）。

无占先比赛，在 40∶40 的情况下，谁先赢一分，为胜一局。

2. 平局决胜局中

决胜局使用 0、1、2、3、4 分等来记分。首先赢 7 分并净胜对手 2 分的运动员赢得这局及这一盘。若发生平分，未净胜对手两分，则需直到一方运动员净胜对手两分为止。

决胜局发球轮转方法：首先轮及运动员先发 1 分，随后由对方发 2 分。

此后，每名运动员连续发 2 分直到结束，双打比赛中，两队运动员按照相同顺序进行轮转。

（二）一盘中的记分

一盘比赛记分为“平局决胜制”和“长盘制”，比赛前确定比赛记分方法。

若使用平局决胜局制，则还需声明决胜盘采用“平局决胜制”还是“长盘制”。

1. “长盘制”

先赢 6 局并净胜对手 2 局为赢一盘。

2. “平局决胜制”

先赢 6 局并净胜对手 2 局为赢一盘，局数为 6∶6 时，采用平局决胜局。

（三）一场比赛的记分

可采用三盘两胜制或五盘三胜制。河南省大学生网球锦标赛采用一盘决赛制，平局决胜局进行记分。

（四）遇到下列情况时判对方得 1 分

（1）发球员连续两次发球失误或脚误。

（2）抛拍发球时，连续两次未击打到球。

（3）接球员在发来的球没有着地前，用球拍击球或球触及自己的身体及所穿戴的衣物。

（4）在球第二次落地前，未能还击过网。

（5）还击球触及对方场区界线以外的地面、永久固定物。

（6）在比赛中，击球员故意用球拍拖带，或接住球，或故意用球拍触球超过一次。

（7）“活球”期间，运动员的身体、球拍（不论是否握在手中）或穿戴的其他物件触及球网、网柱、单打支柱、绳，或钢丝绳、中心带、网边白布，或对方场区以内的场地地面。

（8）还击尚未过网的空中球（过网击球）。

（9）除握在手中（不论单手或双手）的球拍外，运动员的身体或穿戴的物体触球。

（10）比赛进行中，运动员故意改变其球拍形状。

（11）运动员发球或回球时，球出界。

第九章 羽毛球运动

第一节 羽毛球运动概述

一、羽毛球运动及其起源

（一）羽毛球的介绍

羽毛球比赛一般在长方形的场地上进行，场地长 13.40 米，单打场地宽 5.18 米，双打场地宽 6.10 米，中间悬挂长 6.10 米、高 1.55 米的球网；羽毛球可由天然材料、人造材料或混合材料制成，有 16 根羽毛固定在球托部，重 4.75~5.50 克。比赛时，运动员隔网站立，用球拍击打羽毛球，运用发球、击球和移动等战术，将球在网上往返对击，以争取球落在对方场地，或使对方击球失误为胜。羽毛球比赛包括男子单打、男子双打、女子单打、女子双打、男女混合双打等，采用 21 分制，三局两胜者为胜方。

羽毛球相关比赛有：世界羽毛球锦标赛（单项比赛，从 1977 年开始，每 2 年举办一次）、羽毛球世界杯、奥运会羽毛球比赛、汤姆斯杯（世界羽毛球男子团体锦标赛）、尤伯杯（世界羽毛球女子团体锦标赛，从 1956 年开始，每 3 年举办一次）、苏迪曼杯（世界羽毛球混合团体锦标赛）、全英锦标赛（非正式传统单项比赛，早在 1899 年开始，每年举办一次）等。

（二）羽毛球的起源

据记载，世界上许多国家和地区早在 2 000 多年前就出现了原始的羽毛球游戏活动，不同国家对这项游戏有不同的叫法。

中国是世界上较早有这项游戏活动的国家之一，据《民族体育集锦》记载，中国在远古时期就有类似羽毛球运动的游戏存在，主要分布在我国西南少数民族地区，其中苗族有一种“打手毽”的游戏，用一些五颜六色的鸡毛捆扎成一束，再将瓜皮剪成圆片，中间钻圆孔，套在鸡毛束上，用手拍打手毽至对方，对方则尽量不使手毽落地，对打时还互相对话或者对唱歌曲。据悉，其他的少数民族进行此项游戏时，还使用小木板击球。

西方的羽毛球运动，据说源于印度。大约 18 世纪，印度浦那城出现了一种直径约 6 厘米的圆形硬纸板，中间插上羽毛，人们手持木拍，隔网将球在空中来回对击。1873 年，在英国格拉斯哥郡的伯明顿镇有一位叫鲍费特的公爵，在庄园里进行了一次类似印度“浦那游戏”的表演。因这项活动极富趣味性，很快就风行开来。此后，这种室内游戏迅速传遍英国，“伯明顿”（Badminton）随即成为羽毛球的英文名字。

现代羽毛球运动诞生在英国。1877 年，第一本羽毛球竞赛规则在英国出版。1893 年，英国成立了世界上第一个羽毛球协会。1899 年，该协会举办了第 1 届全英羽毛球锦标赛。

1934 年，国际羽毛球联合会（IBF）成立，总部设在伦敦。1939 年，国际羽毛球联合会通过了各会员国共同遵守的《羽毛球竞赛规则》。

1978 年，世界羽毛球联合会（WBF）在香港成立。1981 年，国际羽毛球联合会与世界羽毛球联合会正式合并维持原有名称：国际羽毛球联合会（以下简称“国际羽联”）。2006 年 9 月 24 日，国际羽毛球联合会更名为世界羽毛球联合会（BWF），总部由英国迁至马来西亚。

二、我国羽毛球运动的发展概况

（一）20 世纪初至 50 年代：起步阶段

现代羽毛球运动约于 1910 年前传入中国，外国的传教士、商人、军人等留驻我国期间，常把羽毛球活动作为一种强身娱乐的方法。中华人民共和国成立后，体育运动得到了蓬勃发展，羽毛球运动也逐渐成为最爱群众喜爱的运动项目之一。

1953 年夏，由印尼著名球星王文教、陈福寿等人员组成的印尼华侨羽毛球队来访，在北京、上海等地与我国运动员进行了比赛，对方每局多以 15：0 取胜。这使我国羽坛人士大开眼界，找到了差距。后来王文教、陈福寿、黄世明等优秀选手冲破重重阻碍，于 1954 年 6 月毅然回祖国，并带回了先进的羽毛球技术，他们为振兴祖国的羽毛球事业作出了重要贡献，也给我国羽毛球运动的发展增添了无限生机。

1954 年 7 月，中国国家羽毛球集训队成立，经过不断地实践总结和完善，逐步形成了中国羽毛球运动所特有的“快、狠、准、活”技术风格。1956 年，福建省成立了第一支省级羽毛球队，随后，上海、广东、江苏、天津、湖南、湖北等省市先后建队。从此，我国的羽毛球运动走上了健康发展的道路。

（二）20 世纪 60 年代：世界羽坛“无冕之王”

在 1960—1962 年，虽然条件艰苦，但广东、福建、上海、湖南、云南等六个省、市的羽毛球队发愤图强，勤学苦练，坚持走自己发展的道路。

经过多年的摸索与努力，在 1963 年举行的全国羽毛球锦标赛上，新人辈出，我们自己培养出的新秀如梁小牧等初露锋芒；广东队等积极主动、快速进攻的技术风格已经初具雏形，各种打法和流派竞相斗艳。加上先后又有汤仙虎等一批归侨运动员入队参赛，中国羽坛开创了一个崭新的局面。

1963 年 11 月，我国羽毛球队参加了在印尼首都雅加达举行的第一届新兴力量运动会羽毛球比赛，经过角逐，我国选手取得了女子团体和男子单打第一名的好成绩。从此，国际羽毛球界知名人士及报刊舆论对我国羽毛球队刮目相看。

（三）20 世纪 80 年代：独领风骚

1981 年 5 月，随着国际羽联和世界羽联的合并（合并后名称仍叫国际羽联），中国羽协成为国际羽联的成员。从此，中国羽毛球健儿实现了我国运动员多年的夙愿——逐鹿世界羽坛，争夺世界桂冠，为国争光。

1981 年 7 月，在第 1 届世界运动会上（美国洛杉矶），我国运动员陈昌杰、孙志安、姚喜明、刘霞和张爱玲夺取了男子单打、女子单打、男子双打、女子双打等四项的冠军。

1982 年，我国第一次参加了全英羽毛球比赛，张爱玲夺得女子单打冠军，徐蓉、吴健秋夺得女子双打冠军，栾劲勇夺男子单打冠军。同年，中国队第一次参加汤姆斯杯赛，在第一天 1：3 非常不利的情况下，奋力拼搏，最终以 5：4 击败羽坛劲旅印尼队，夺得冠军。接下来，中国队在参加的三次尤伯杯赛中一连三次夺得冠军（1984 年第 10 届、1986 年第 11 届、1988 年第 12 届）

（四）20 世纪 90 年代：勇往直前

20 世纪 90 年代，中国羽毛球队以吴文凯、刘军为代表的快攻型打法轰动世界羽坛。

1995 年，我国第一次夺得了代表男女整体实力的苏迪曼杯，局面开始有了新的转机，同年，叶钊颖夺得世锦赛女单冠军。1996 年，葛菲、顾俊在亚特兰大奥运会夺得了女子双打金牌，实现了奥运会羽毛球项目零的突破，而男子单打也有了新的突破，董炯夺得了一枚宝贵的银牌。

1997—1999 年，我国羽毛球队取得了苏迪曼杯三连冠。

（五）21 世纪：再创辉煌

2000 年的悉尼奥运会上，我国新一代年轻选手打出了士气，张军、高凌勇夺混双冠军，吉新鹏连过数关夺得男单金牌，葛菲、顾俊再次蝉联奥运女双金牌。之后，由龚智超再夺第四枚奥运羽毛球女单金牌。中国女子羽毛球队蝉联尤伯杯冠军，男子队也得了汤姆斯杯亚军。

2004 年，中国羽毛球队员在印尼这个羽毛球王国里，重演了“虎口拔牙”的一幕。中国男子羽毛球队夺回了阔别十二年之久的汤姆斯杯。他们是：林丹、鲍春来、夏煊泽、陈宏、蔡赟/付海峰、桑洋/郑波、陈其遒。

2005 年，在北京举行的苏迪曼杯混合团体赛注定会在羽毛球发展的历史上留下重重的一笔。中国队在此次比赛的前后五场争夺中取得全胜的战绩，成为历史上第一支集羽联“三大杯”（汤姆斯杯、尤伯杯和苏迪曼杯）冠军于一身的国家队，创造了羽毛球运动的新纪元。

2010 年，林丹力挫李宗伟，首夺亚运男单金牌，实现职业生涯中的“全满贯”（获得以下赛事中的冠军：奥运会、世锦赛、全英赛、亚锦赛、全运会、世界杯、亚运会、苏迪曼杯、汤姆斯杯）。

2023 年，苏迪曼杯世界羽毛球混合团体锦标赛决赛在苏州进行，中国队以 3：0 的总比分战胜韩国队，实现苏迪曼杯三连冠！

“欲穷千里目，更上一层楼。”面对当前亚洲羽坛和国际羽坛多强纷争的新格局，我们必须居安思危，坚持不懈，不断开拓，不断创新，才有出路。

南阳师范学院羽毛球运动概况

南阳师范学院现有室内标准化羽毛球场地 4 块，专业教师 2 名，其中副教授 1 人，讲师 1 人。目前，学校开设有羽毛球运动副项课程和公共体育羽毛球课程，组建了羽毛球运动校队。每年开展大学生羽毛球竞赛活动，截至 2023 年年底，已经连续举办 7 届。

南阳师范学院的学子积极参加河南省大学生羽毛球运动，通过艰苦的训练和顽强的拼搏，在 2021—2023 年屡获佳绩，为学校争得了荣誉，详见表 9-1。

表 9-1　2021—2023 年羽毛球运动成绩表

运动员	项目	名次	赛事名称	获得时间
张润	甲组女子单打	第一名	河南省第十届大学生“华光杯”羽毛球锦标赛	2021. 06
马云泰、吕金同	甲组男子双打	第三名	河南省第十届大学生“华光杯”羽毛球锦标赛	2021. 06
张欣羽、杨新奕	甲组女子双打	第三名	河南省第十四届运动会暨河南省第十一届大学生羽毛球锦标赛	2023. 06
陈奕霖、梁欢、张家珲、王亦文	丙组男子团体	第二名	河南省第十四届运动会暨河南省第十一届大学生羽毛球锦标赛	2023. 06

同学们，你是否也为我校羽毛球运动取得的成绩感到自豪呢？如果你也热爱羽毛球运动，是不是也正积极准备着，打算为我校的羽毛球运动出一份力呢？

第二节　羽毛球运动的基本技术

一、基本技术

（一）握拍

握拍是打羽毛球的开始。完成每一个击球动作的握拍方式都会有所不同。从不同的角度击球或击出不同线路的球，均需相应地变换握拍方式。通过调整握拍方式，击球动作会更符合人体解剖学原理，会有利于手腕的灵活转动和手指力量的发挥，符合动作一致性和突变性的需要。因此，学习羽毛球必须重视握拍。握拍分为正手握拍和反手握拍两种。

1. 正手握拍

以右手握拍为例，左手握住球拍的中杆，使拍框与地面垂直；右手虎口对准拍柄和中杆连接处左边的棱线，手掌小鱼际部分靠在拍柄底托处，用近似握手的方法握住拍柄；拇指和食指贴在拍柄两侧的宽面上，其余三指自然握住拍柄，食指与中指自然分开，掌心与拍柄留有空隙，握拍力度适宜，如图 9-1 所示。

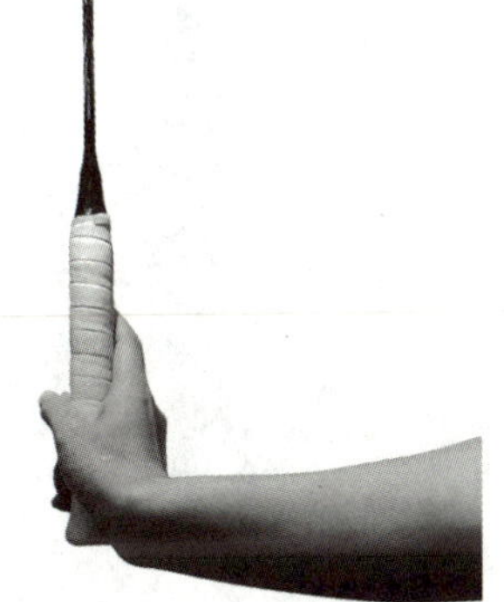

图 9-1　正手握拍

2. 反手握拍

以右手握拍为例，在正手握拍的基础上，拇指上提，紧贴拍柄正侧面，食指往中指、无名指和小指方向收回，食指、中指、无名指和小指并拢，自然握住拍柄，掌心与拍柄间留有空隙，如图 9-2 所示。

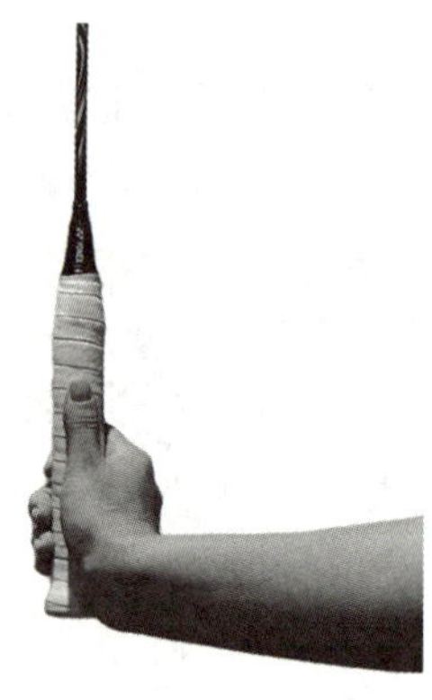

图 9-2　反手握拍

（二）发球

发球不仅是羽毛球技术中一项很重要的基本技术，也是战术的重要组成部分。发球质量的好坏，有时能够直接影响一个比赛回合的主动与被动。在比赛中，不少运动员通过多变的发球来取得比赛主动权。羽毛球发球方式有两种：一种是正手发球，另一种是反手发球。

1. 正手发后场高远球

正手发后场高远球是用正手握拍，以正拍面将球击得又高又远，使球飞行到对方的端线上空后突然改变方向，垂直下落至端线附近的一种发球技术，如图 9-3 所示。

图 9-3　正手发后场高远球

2. 反手发网前球

反手发网前球是用反手握拍，以反拍面击球，使球贴近球网而过，落在对方前发球线附近的一种发球技术，如图 9-4 所示。由于飞行弧度低、飞行距离短，它可以有效地防止对方直接进行强有力的进攻，是单打、双打比赛中较常见的一种发球技术。

图 9-4　反手发网前球

二、进阶技术

（一）后场击球技术

1. 后场正手击高远球

后场正手击高远球是指在后场区用正手握拍，以正拍面将球击出，使球飞行至对方场地端线上空后、垂直下落到端线附近场区内的一种击球方式，如图 9-5 所示。

图 9-5　后场正手击高远球

2. 后场正手吊球

后场正手吊球是在右后场区用正手握拍，以正拍面将对方打来的后场球还击到其网前区域的一种击球方式，如图 9-6 所示。

图 9-6　后场正手吊球

3. 后场反手吊球

后场反手吊球是在反手后场区域用反手握拍，以反拍面将对方打来的后场球还击到其网前区域的一种击球方式，如图 9-7 所示。

图 9-7 后场反手吊球

4. 后场反手击高远球

后场反手击高远球是用反手握拍，以反拍面将球击出，使球飞行至对方后场区域的一种击球方式，如图 9-8 所示。

图 9-8 后场反手击高远球

（二）网前击球技术

1. 正手搓球

正手搓球是用正手握拍，以正拍面将网前位置的来球运用“搓”“切”等动作把球回击到对方网前附近的击球方式，如图 9-9 所示。

图 9-9　正手搓球

2. 反手搓球

反手搓球是用反手握拍，以反拍面将网前位置的来球运用“搓”“切”等动作把球回击到对方网前附近的击球方式，如图 9-10 所示。

图 9-10　反手搓球

3. 抽球

抽球主要包括以下两种：

一是正手抽球。对方击来右后场底线球时，快步向右后场移动到适当位置，最后一步以右脚向球下落的方向跨去，重心落到右脚上。右臂屈肘举拍于右肩上方，击球时，前臂带动腕部发力，闪动挥拍，将球抽向对方，如图 9-11 所示。

图 9-11　正手抽球

二是反手抽球。对方击来左后场底线球时，转身快步向左后场移动到适当位置，最后一步以右脚向球下落的方向跨去，背对球网，重心落到右脚上。右臂屈肘举拍于左肩上方，击球时，以躯干为轴，上臂带动前臂做向后的半圆形挥拍，在手臂即将伸直时，手腕用力向后闪动挥拍击球，如图 9-12 所示。

图 9-12　反手抽球

4. 正手杀球

正手杀球是用正手握拍，以正拍面在右肩前上方将对方击来的球在尽可能高的击球点上把球击压到对方场区内的一种击球方式，如图 9-13 所示。

图 9-13　正手杀球

（三）步法

在一场单打比赛中，每一名运动员都要在各自的场地上不停地移动，如果没有快速、灵活、合理的步法，则很难把对方打到场内各个区域的球击回去。想要把对方打过来的球还击回去，就必须有合理的步法移动作为基础。因此，学习和掌握快速、正确的步法移动是打好羽毛球、全面提高羽毛球技术水平的重要环节。根据场区位置来划分，羽毛球步法大致可分为后场后退步法、前场上网步法和中场两侧移动步法。羽毛球基本步法，详见视频 9-1。

9-1　羽毛球基本步法

1. 后场后退步法

后场后退步法是指从球场中心位置后退到端线的移动步法。后场后退步法是羽毛球步法中最常用，也是难度最大的步法。

2. 前场上网步法

从球场中心位置开始，运用垫步、交叉步、蹬跨步等移动方式向前场区域方向移动接球的步法，称为前场上网步法。前场上网步法可视对方来球方向的不同，分为正手上网步法和反手上网步法。

3. 中场两侧移动步法

中场两侧移动步法主要用于接杀球，可分为中场正手接杀球步法和中场反手接杀球步法两种。

第三节　羽毛球运动的基本战术

一、单打基本战术

（一）逼反手

由于生理结构的限制，大部分运动员后场的反手击球能力要弱于正手击球能力。因为反手击球时进攻性相对较弱，球路也较简单，有的运动员还不能在后场用反手把球打到对方端线，所以一旦发现对方的这个弱点，就要多逼反手。羽毛球单打基本战术，详见视频 9-2。

9-2　羽毛球单打基本战术

（二）平高球压底线

将快速、准确的平高球打到对方后场两角，尽量降低球的飞行高度，但要保证不能被对方中途拦截，把对方紧压在底线，当对方回击半场高球时，就可以通过扣杀进攻。使用平高球压底线时，如果能够与劈吊和劈杀有效配合，将大大增加平高球的进攻威力，从而取得更好的效果。通常来讲，平高球的落点和杀球、吊球的落点拉得越开，效果越好。

（三）拉、吊结合杀球

运用战术把球准确地打到对方场区的四个角上，使对方每次接球都要在场上不停跑动。使用这种战术时，要根据选手的特点，有针对性地采用对应的拉、吊方法。对后退步法慢的可以多打前、后场；对盲目满场跑的可使用重复球和假动作；对灵活性差的应多打对角线，尽量使对方多转身；对后场反手能力弱的，仍通过拉开对方后，再攻其反手位置；对体力不好的，可用多拍拉、吊来消耗其体力，然后战胜对手。

如果能熟练地使用平高球、劈吊和网前搓、推、勾技术，快速拉开对方，伺机突击扣杀，则可以收到更好的效果。

（四）吊、杀上网

先在后场以轻杀、点杀、劈杀配合吊球把球下压，尽量使落点落在场地两边，迫使对方被动回球。对方还击网前球时，迅速上网，以贴网的搓球，或勾对角，或快速平推创造半场扣杀机会；若对方在网前挑高球，则可在其向后退的过程中，把球直接杀向他的身上。

（五）过渡球

首先要明确过渡球的作用，字面上很容易理解，即在处于被动时，通过打过渡球可以有效摆脱对方的控制，为下一拍的反攻积极创造条件，从守势转为进攻，从被动转为主动。被动时，首先要做到争取时间，调整好自己的位置和控制住身体的重心。从网前或后场底线击出高远球是被动时常用的手段。当处于不停地跑动追球的状态时，或身体重心失去控制时，都可以打出高远球，以赢得时间，恢复身体重心，调整自己的处境。然后，运用多变的球路破坏对方的击球计划和节奏。当对方发起吊球、杀上网战术的连续强势进攻时，要把球还击到远离对方的地方，以避免其强势来袭。如果对方吊球或杀球后盲目上网，而自己的位置较好时，则可把球还击到对方底线。

（六）防守反攻

防守反攻战术对那种盲目进攻而体力又差的对手比较奏效。比赛开始时，先以高球诱使对方进攻，在对方只顾进攻而疏于防守时，即可突击进攻，或者在对方体力下降、速度减慢时再发动进攻。这种战术特点是开始固守、乘虚而入、以逸待劳、后发制人。

二、双打战术

双打中每方都有两名队员，两个人的配合使得防守变得更牢固，进攻变得更猛烈，竞争也变得更加激烈。这也对运动员提出了更高的要求。运动员需要具备精湛而全面的技术，良好的攻守能力，快速的反应和应变能力。同时，队员之间要配合默契，做到打法上攻守衔接，站位协调一致，形成牢不可破的防守和强劲有力的进攻，从而击败对手。羽毛球双打战术，详见视频 9-3。

9-3　羽毛球双打战术

双打比赛中，战术是千变万化的。尤其在双方势均力敌、竞争激烈的情况下，进攻和防守随着回球质量的好坏而不断变化。一旦处于主动就应该把握机会，抓住战机进行强攻；当处于被动时，两人应共同努力，调整战术以破坏对方进攻，坚持“积极防守、守中反攻”，避免“消极防守”，寻找机会转守为攻。

（一）攻人战术

攻人战术即攻击人的战术，在双打中常常会用到。一般情况下，双打中配对的选手在技术上会存在一些差距，一个技术水平高点，另一个技术水平差一点。这时就可以采用这种战术，我方集中力量攻击对方技术水平较差的人，当对方另一人跑过来协助时，就会露出空当，可在其仓促接应、立足不稳时进行突击。对付两名水平相当的选手时，也可以采用此战术，集中力量攻击其中一人，给对方造成很大的心理压力，从而导致失误。

（二）攻中路战术

（1）当对方分左右站位进行防守时，把球打在两人的中间。这种战术可以造成守方两人同时抢接球或互让，容易出现失误；限制对手在接杀球时挑大角度高球调动攻方、造成攻方被动；有利于攻方的封网。

（2）当对方前后站位进行防守时，把球下压或轻推在边线半场处。在接发网前球和守中反攻抢网时，常会用到这种战术。对于这种球，守方前场队员拦截不到，后场队员又只能以下手击球放网或挑高球，后场两角便会露出很大空当，这时可以攻击对手的空当或撤退者的追身球。

（三）攻后场战术

攻后场战术常用来对付后场扣杀能力较差的对手，可采用平高球、推平球、挑底线等方法，把对方一人紧逼至底线两角移动。当对方被动还击时，则抓住机会大力扣杀。如另一对手后退支援，即可攻网前空当或打后退者的追身球。

（四）后攻前封战术

后场队员积极大力扣杀创造机会，在对方接杀放网、挑高球或企图反击抽球时，前场队员以扑、搓、勾、推控制网前，或拦截吊球、点球封住前半场，使整个进攻紧凑迅速而又有节奏变化，令对方措手不及，无力抵挡。

第四节　羽毛球运动的基础规则

一、挑边

比赛前，双方应掷挑边器。赢的一方将在先发球或先接发球，以及一个场区或另一个场区中作出选择，输方选择余下的一个场区。

二、计分方法

除非之前有商定，羽毛球比赛通常采用 21 分制，即双方分数先达 21 分者胜，三局两胜。每局中，如果双方达到 20 平，一方需要连续得 2 分才能获胜该局，若双方达成 29 平，一方领先 1 分即算该局取胜。

先得 21 分的一方胜一局。当比分为 20∶20 时，连续得 2 分的一方胜该局，如在 20∶20 这个分数以后没有出现连续得两分的情况，则要一直打下去，若比分到了 29∶29，则先赢得 30 分的一方胜该局。

下一局开始，由这一局的胜方先发球。

三、交换场区

若出现以下三种情况，运动员应交换场区：第一局结束；第三局开始前；第三局中或只进行一局的比赛中，领先的一方得分为 11。

运动员未按规定交换场区，一经发现，在死球时立即交换场区，已得比分有效。

四、发球规定

发球时，任何一方都不允许非法延误发球；发球员和接发球员都必须站在斜对角发球区内发球和接发球，脚不能触及发球区的界线；两脚必须都有一部分与地面接触，不得移动，直至将球发出。

发球员的球拍必须先击中球托，球拍击中球的瞬间，整个球要低于发球员的腰部。击球瞬间，球拍杆应指向下方，从而使整个拍框明显低于发球员的整个握拍手部。

发球开始后，发球员的球拍必须连续向前挥动，直至将球发出，发出的球必须向上飞行过网，如果不受拦截，应落入接发球员的接发球区内。

一旦双方运动员站好位置，发球员的球拍头第一次向前挥动，即发球开始。

发球员须在接发球员准备好后才能发球，如果接发球员已试图接发球，则被认为已做好准备；一旦发球开始，球被发球员的球拍触及或落地，都应视为发球结束。

双打比赛中，发球员和接发球员的同伴在各自的场区内站位不限，但不得阻挡对方发球员或接发球员的视线。

五、重发球

该次发球无效，原发球员重新发球。出现以下情况，应判重发球。

（1）发球时，发球员和接发球员同时违例。

（2）发球员在接发球员未做好准备时发球。

（3）比赛进行中，球托与球的其他部分完全分离。

（4）除发球外，球停在网顶或过网后挂在网上。

（5）裁判员认为比赛被干扰，或教练干扰了对方运动员的比赛。

（6）司线员未看清，裁判员也不能作出决定时。

（7）主裁判员尚未报分，或未报完分，发球员就将球发出。

（8）遇发球方位、顺序错误或接发球方位错误，如果违例的一方获胜，而这一错误又是在下一次发球前发现的，判胜球不算，纠正错误，重新发球。

（9）遇到不可预见的意外情况。

六、单打规定

一局当中，发球员的分数为0或双数时，双方运动员均应在各自的右发球区发球或接发球；发球员的分数为单数时，双方运动员均应在各自的左发球区发球或接发球；球发出后，由发球员和接发球员交替从各自所在场区一边的任何位置击出，直至违例或死球。

接发球员违例或因球触及接发球员场区内的地面而成死球，发球员就得1分，随后，发球员再从另一发球区发球；发球员违例或因球触及发球员场区内的地面而成死球，发球员即失去发球权，对方得1分，随后，接发球员成为发球员。

七、双打规定

（一）每局比赛的发球权传递方法

首先由发球员从右发球区发球，第二次由接发球员的同伴从左发球区发球，然后由首先发球员的同伴发球，接着由首先接发球员发球，再接着由首先发球员发球，以此类推。

一局胜方的任一运动员可在下一局先发球，一局负方的任一运动员可在下一局先接发球。

运动员在比赛中不得有发球、接发球顺序错误，或在一局比赛中连续两次接发球（发球区错误的情况除外）。

（二）发球区和接发球区

一局当中，发球方的分数为0或双数时，发球方均应从右发球区发球。发球方的分数为单数时，发球方均应从左发球区发球。接发球员应是站在发球员斜对角发球区的运动员。发球方每得1分后，原发球员则变换发球区再发球。只有接发球员才能接发球。如果他的同伴去接球或被球触及，则发球方得1分。

自发球被回击后，由发球方的任何一人击球，然后由接发球方的任何一人击球，如此往返，直至死球。

（三）得分

接发球方违例或球触及接发球方场区内的地面而成死球，发球方得 1 分，原发球员换位后继续发球；发球方违例或球触及发球方场区内的地面而成死球，接发球方得 1 分。

八、发球区错误

以下情况为发球区错误：发球或接发球顺序错误；在错误的区域发球或接发球。如果因发球区错误而重发球，则该回合无效，纠正错误重发球；如果发球区错误未被纠正，比赛也应继续进行，并且不改变运动员的新发球区和新发球顺序。

九、违例

（一）发球违例

（1）过 1.15 米：发球时发球员的球拍击中球的瞬间，整个球应低于距场地地面高度 1.15 米。

（2）踩线：发球时，脚踩在发球区四周的线上或线外的地面。

（3）移动：发球时（从球拍第一次向前挥动开始；若抛球在先，挥拍在后，则从抛球开始到球从拍面弹出瞬间为止），发球员的两脚或任何一脚离开地面或移动。

（4）不过网：球没有发过网或从网孔、网下穿过。

（5）错区：发过去的球落在非规定的一个发球区内。

（6）短球：发过去的球落在网与前发球线之间的区域内。

（7）双打比赛中，发过去的球落在双打后发球线之后与端线之前的区域内。

（8）界外：发过去的球落在边线、端线以外的地区。

另外，在发球员和接发球员做好准备姿势后，发球员在发球过程中有任何破坏发球连续性的动作，或发球时、在击球瞬间不是首先击中羽毛球的球托，这些都属违例。

（二）接发球违例

（1）移动：接发球时（从发球者球拍第一次向前挥动开始；若抛球在先，挥拍在后，则从抛球开始到球从拍面弹出瞬间为止），接发球员的两脚或任何一脚离开地面或移动。

（2）踩线：接发球时，接发球队员的脚踩在或踏出发球区四周的任何线上或线外。

（三）击球违例

（1）连击：两次挥拍，即连续击球两次，或同队两名队员先后击球一次。

（2）持球：击球时，球停滞在球拍上，紧接着又有拖带动作。

（3）界外：球的整体落在对方边线或端线以外。

（4）触网：比赛进行中，球拍或队员身体、衣服触及球网或球网的支撑物。

（5）过网：击球时，球拍与球的接触点在对方场区上空（如果击球点在本方上空，球拍可随球过网）。

（6）碰障碍：击出的球碰到障碍物。

（7）不过网：击出的球落在本方场区内或场区外，或从网下击入对方场区。

此外，球在比赛进行中触及天花板、运动员的身体或衣服也属违例。

十、死球

球撞网并挂在网上，或停在网顶；球撞网或网柱后在击球者这一方落向地面；球触及地面；违例或重发球已被宣报。

十一、比赛连续性

每局中，当有一方分数首先到达 11 分时，允许有不超过 60 秒的间歇。每局之间（第一与第二，第二与第三）允许有不超过 120 秒的间歇。

在裁判允许的情况下，比赛中，球员可要求喝水、擦汗或拖地。

第十章　乒乓球运动

第一节　乒乓球运动概述

一、乒乓球运动及其起源

乒乓球运动为球类运动之一，打时有“乒乓”声，故名乒乓球。运动员各站球台一侧，用球拍击球，击法有挡、抽、削、搓、拉等。球须在台上反弹后才能还击过网。以落在对方台面上为有效。比赛以 11 分为一局，采用七局四胜制。比赛分为团体、单打、双打等数种。

最早关于乒乓球运动的文字记载是在 1880 年英国的一家体育器材广告上，当时还不叫“乒乓球”，而是以“高西马”“弗利姆-弗拉姆”等奇特的名称在英国盛行。当地还流传着这样一个有趣的故事：19 世纪末，欧洲盛行网球运动。一天，伦敦的两位青年看过温布尔登网球赛之后，到一家餐厅去吃饭。由于天气非常闷热，两人用雪茄烟盒当扇子来扇风，并且讨论起网球的战术，但双方各抒己见，为了检验谁正确，两人便顺手捡起软木塞酒瓶盖来当球，并将桌子当作球台，在中间拉了一条绳子为网，用雪茄烟盒打球。周围的人对他们的举动感到很诧异，而且觉得非常新奇。这时，不知道是谁脱口喊出了“Table Tennis”，于是这“桌上网球”便为乒乓球命了名，并一直沿用至今。

二、我国乒乓球运动概况

乒乓球运动最早传入中国的时间，大约是在 1904 年。当时的上海四马路大新街有一家文具店，店主王道平老板经常赴海外采购文具，一次他在日本看到乒乓球表演，于是购进了几套乒乓球器材，有球台、球网、球和球拍等，但由于人们对此运动不甚了解，故无人识货。为了推销这些器材，王老板亲自在店内搭起球台进行示范，并向人们讲解。从此，打乒乓球的人日渐增多，中国便开始有了乒乓球活动。

中华人民共和国成立后，即在全国范围内开展了群众性乒乓球运动。20 世纪 50 年代，中国的乒乓球技术水平得到了很大的提高。

根据中国乒乓球协会公布的最新统计数据，自 1959 年中国乒乓球运动员容国团在第 25 届世界乒乓球锦标赛上第一次夺得世界冠军以来，中国乒乓球队近些年取得的成绩令人瞩目。截至 2024 年 3 月，中国乒乓球队有 117 人成为世界冠军，共获得 262 枚金牌，其中奥运会金牌 32 枚，包括 8 个团体冠军、24 个单项冠军；世界乒乓球锦标赛金牌 158 枚，包括 46 个团体冠军、112 个单项冠军（两次跨国配对按 0.5 块金牌计算）；世界杯金牌 72 枚，包括 22 个团体冠军、50 个单项冠军（含 1 个女双冠军）；多次囊括了世界乒乓球锦标赛、奥运会的全部金牌，创造了世界体坛罕见的奇迹。

如今，乒乓球运动在我国深受广大群众喜爱，且成为开展最广泛的体育运动项目之一。这是因为它不仅能锻炼身体、强健体魄、丰富生活、增添乐趣，而且能够展现我国逐步崛起的政治形象。

三、中国乒乓球运动员的领军人物

乒乓球运动作为中国的“国球”，在国人心目中有很重的分量。我国自参加国际乒乓球比赛以来，在乒乓球赛场上不断地涌现出屡屡获奖的标志性领军人物，如容国团、邱钟惠、庄则栋、蔡振华、邓亚萍、刘国梁等。

（一）容国团

容国团出生在香港一个普通的工人家庭，父亲是广东中山县南屏乡（今珠海南屏镇）人。1959 年 3 月，容国团参加在德国多特蒙德举行的第 25 届世界乒乓球锦标赛，他一路过关斩将，冲进决赛。在决赛前夕，容国团向组织发出豪迈誓言：“人生能有几回搏，此时不搏，更待何时？”在 4 月 6 日的决赛中，他夺得了男子单打冠军，成为我国在世界性体育比赛中获得的第一个世界冠军。

学习容国团精神

容国团是我国第一个夺得世界冠军的人，也是第一个团体世界冠军队成员，还带队夺得第一个女团世界冠军，他翻开了中国体育史上具有历史意义的一页。“人生能有几回搏，此时不搏，更待何时？”表达了其爱国、拼搏的精神。容国团精神与中华民族精神具有高度的融合性，其“人生能有几回搏”里的自强不息精神是中华民族精神的生动体现。

（二）邱钟惠

1935 年，邱钟惠出生于云南，她从小便活泼好动，爱跑爱跳，在学校里更是运动场上的活跃分子。除了喜欢打乒乓球，她还喜欢打排球、篮球，也喜欢田径和体操。

中华人民共和国成立之后很长一段时间里，女子竞技体育一直没能取得太突出的成绩。然而，在 1961 年第 26 届世界乒乓球锦标赛上，中国女选手邱钟惠以高超的球技和不服输的精神勇夺冠军。她是我国历史上的第一个女子乒乓球世界冠军。爱国爱党爱人民，追求进步是邱钟惠不变的信仰。从英姿飒爽的巾帼英雄，到含辛茹苦培育栋梁的优秀教练，到孜孜不倦笔耕不辍的体育科研尖兵，再到纵横商海的职场强人，邱钟惠自始至终坚持着自己的理想：为我国的乒乓球事业作出自己应有的贡献。

（三）邓亚萍

在中国，邓亚萍属于具有广泛知名度的人物，如果说乒乓球是中国的国球，那么邓亚萍就是国球之魂。夺得过国内外大赛 150 枚金牌，获得奥运会、世锦赛和世界杯冠军“大满贯”的乒乓球运动员邓亚萍，已成为中国体育史上的一颗璀璨的明珠。她身上焕发出来的自强不息、拼搏向上的精神激励着每一个人。她那勇于拼搏不放弃的精神和报效祖国的民族精神值得我们学习。

南阳师范学院乒乓球运动概况

南阳师范学院现有室内乒乓球场地 1 块，专业乒乓球教师 2 名，其中博士 1 人，硕士 1 人。全校开设有乒乓球运动副项课程和公共体育乒乓球课程。每年定期开展全校乒乓球比赛。学校曾承办 2012 年第 7 届全国农运会乒乓球比赛、2008 年南阳市公仆杯乒乓球比赛等。

南阳师范学院学子积极参加乒乓球运动，曾获得河南省华光杯乒乓球比赛专科甲组男子单打冠军、本科乙组女子单打第四名、本科乙组男子双打第三名等成绩，为学校争得了荣誉。

第二节　乒乓球运动的基本技术

一、握拍法及准备姿势

直拍和横拍两种握拍方法各有千秋，但随着乒乓球技术的发展，逐渐由直拍握拍法占据主流，变成横拍握拍法成为全世界主流。但究竟选择横拍握拍法还是直拍握拍法，需要根据个人特点决定。横拍握拍法简单，动作容易固定，左右都适合进攻发力，成才周期相对较短，但是手腕灵活度偏弱，处理台内球、发球变化及追身球都不如直拍握拍法灵活。相比于横拍握拍法，直拍握拍法的优势是入门容易、出手快，手腕和手指灵活，处理台内球和追身球有优势，但是缺点也很明显，即其护台面积有限，对步法要求高，转拍型时需要食指和拇指不断转换，导致拍型难固定，反手不易发力、威胁小，比赛时易成为劣势。

（一）直拍握拍法

拇指第一指关节压住球拍左肩，食指第二指关节压住球拍右肩，呈钳形；虎口贴于拍柄后面，如图 10-1 所示。

图 10-1　直拍握拍法

（二）横拍握拍法

虎口贴住拍肩，食指自然伸直，斜贴于球拍反面；中指、无名指和小指自然弯曲握住拍柄，拇指在球拍正面贴于中指旁边，如图 10-2 所示。

图 10-2　横拍握拍法

（三）准备姿势

以右手握拍为例，准备姿势如图 10-3 所示：两脚开立，比肩稍宽，两膝微屈，上体略前倾，重心置于两脚之间；下颌稍内收，两眼注视来球；持拍手自然弯曲，置于身体右侧，手腕适当放松。

图 10-3　准备姿势

二、步法

（一）跨步

跨步移动距离比单步移动距离远、速度快，同时重心会降低，因此击球时以借力还击为主。在比赛中，来球离身体稍远，打算借力还击时可用此种步法。

（二）并步

并步移动距离比单步移动距离远、比跨步移动距离近，移动时不腾空，重心起伏小。不同于跨步的是，并步既可借力还击，又可主动发力还击，是比赛中较常用的步法之一。

（三）交叉步

交叉步移动距离和幅度较大，不仅能控制离身体较远的来球，而且能充分利用转体的力量，使击出的球威胁也大，但技术动作难度相对较大。

（四）单步

单步动作简单，移动范围小，移动中重心转换比较平稳，是各种打法都需要运用的常见步法。只要球离身体一步之内，都可以采用此种步法进行还击。

10-1　步法

以上动作，详见视频 10-1。

三、基础技术

（一）平击发球

平击发球的发球速度较慢，略带上旋，是基本的发球技术。一方面，平击发球能让初学者熟悉发球的抛、引和打的过程，是掌握其他复杂发球技术的基础；另一方面，此种发球对方容易回接，便于衔接正手攻球或反手推拨技术的练习。正手平击发球如图 10-4 所示。

图 10-4　正手平击发球

（二）正手攻球

正手攻球站位近，动作小，出手快，借助来球反弹力还击，与落点变化相结合，可为进攻创造条件，是快攻打法用得非常多的技术之一。正手攻球如图 10-5 所示，详见视频 10-2。

10-2　正手攻球

图 10-5　正手攻球

（三）直拍推挡

直拍推挡具有动作小、回球速度快、变化多、稳定性好等特点，因此能较好地控制球的线路和落点。在比赛中，其可通过变化线路和落点控制对手，为进攻创造机会。直拍反手推挡如图 10-6 所示，详见视频 10-3。

10-3 直拍反手推挡

图 10-6 直拍反手推挡

（四）反手拨球

反手拨球站位近、动作小、球速快。对横拍而言，该技术是反手近台常用的基本技术之一，但是缺乏力量和主动进攻性。在比赛中，其可借助来球力量提高球速，为进攻创造机会。横拍反手拨球如图 10-7 所示，详见视频 10-4。

10-4 横拍反手拨球

图 10-7 横拍反手拨球

四、进阶技术

（一）正手发下旋（不转）球

正手发下旋（不转）球发球落点以近网短球为主，兼顾长球。在比赛中，其主要是与用相似动作发出不转球配合使用，通过球的旋转变化直接得分或迷惑对手，为后续进攻创造机会。正手发下旋球如图 10-8 所示，正手发不转球如图 10-9 所示。

图 10-8　正手发下旋球

图 10-9　正手发不转球

需要注意的是，正手发不转球时，触球瞬间，球拍稍后仰或直立，用球拍的上半部分（靠近拍柄部位）触球的中部或中上部，尽量使作用力接近球心；触球后近似把球向前推出，而不是加速摩擦球，这样才能发出不转球。

（二）搓球

搓球种类很多，有快搓、慢搓、摆短和劈长，这里重点介绍慢搓。其余几种搓球是在慢搓基础上变化击球时机、引拍距离和随挥距离，等掌握慢搓后，就能配合自身战术需要掌握不同搓球了。慢搓回球速度较慢，旋转变化多，技术动作容易掌握，是搓球技术中的入门技术。正手搓球如图 10-10 所示，反手搓球如图 10-11 所示，详见视频 10-5。

10-5　搓球

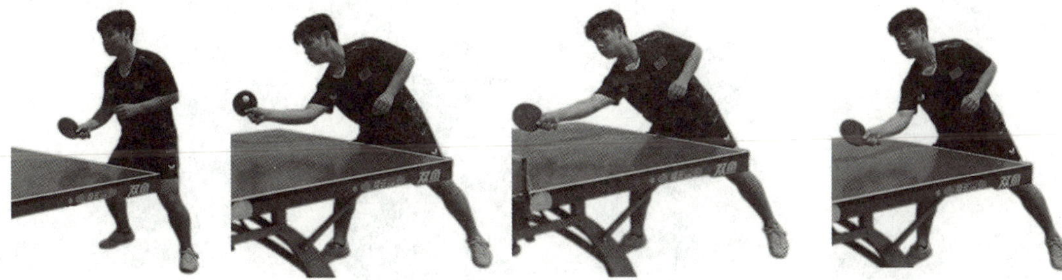

图 10-10　正手搓球

图 10-11　反手搓球

（三）正手杀高球

10-6　正手杀高球

正手杀高球动作大、力量重、威胁大，是应付高球的有效得分技术之一。在比赛中，使用正手杀高球不仅得分概率大，还能在一定程度上提高士气，正手杀高球如图 10-12 所示，详见视频 10-6。

图 10-12　正手杀高球

五、高级技术

（一）正手发左侧上（下）旋球

10-7　正手发左侧上（下）旋球

侧旋球具有混合旋转的性质，是比较常用的发球技术；球落台后会侧拐，易于在旋转和速度方面进行变化组合，可用于迷惑对方或增加对方辨识难度，为自己进攻创造机会。在比赛中，一般以侧下旋为主，配合使用侧上旋发球。在速度变化方面，侧上旋球也可当作奔球来使用，以牵制对手。正手发左侧上旋球如图 10-13 所示，正手发左侧下旋球如图 10-14 所示，详见视频 10-7。

图 10-13　正手发左侧上旋球

图 10-14　正手发左侧下旋球

（二）弧圈球

弧圈球球速快、上旋强，着台后前冲力大，是一种将力量、速度和旋转较好结合的进攻技术。比赛中，它可以控制发球、搓球、削球、推挡及进行对拉弧圈球，是主要得分手段。正手拉弧圈球如图 10-15 所示。

图 10-15　正手拉弧圈球

第三节　乒乓球运动的基本战术

一、乒乓球单打战术应用

（一）发球抢攻战术

发球抢攻战术是我国运动员的主要战术之一。它要求运动员充分发挥“前三板”的进攻力量，实施抢攻得分或发球直接得分。

1. 长、短球结合的发球抢攻战术

以发侧下旋短球为主，配合侧上旋，发球至对方右方（左方）近网处，使对方难以抢攻，为自己抢攻或抢拉创造机会。

2. 旋转、落点变化的发球抢攻战术

以发近网短球为主，可先发转球而后发不转球，或先发不转球后发转球进行抢攻，也可以连发转球与不转短球、突发长球，或连续发转球与不转长球、突发短球，伺机抢攻。

3. 发近身球（底线球）的抢攻战术

10-8 发球抢攻战术

发急下与侧上（下）旋长球至对方左方台面，迫使对方难以侧身回球或回球质量不佳，自己抢先上手进行抢攻；或发侧上（下）旋球长球至对方左方台面，配合奔球到对方右角，伺机抢攻。

以上发球抢攻战术，详见视频 10-8。

（二）接发球战术

接发球所采取的对策属于“前三板”战术运用的范围，它对在整个战局中能否获得主动起主要作用。接发球抢攻战术首先以快打、快拉、快拨、快推等手段回击所有长球，并抢先上手，连续进攻；其次注意运用快搓、摆短等手段回接，使对方难以发力抢攻或抢拉，自己抢先上手主动进攻；最后用“快点”回击各种侧旋、上旋或不转的短球，伺机进攻，争取主动。

（三）对攻战术

对攻战术主要适用于采用快攻类和弧圈类打法的选手。

1. 加、减力推压中路，攻两角，伺机抢攻战术

以加、减力的推挡，压对方中路，伺机攻击两角；运用不同线路的轻、重球，先以轻拉或挡迫使对方靠前回接，再以突击或加力推挡攻击对方相反方向。

2. 压制反手，结合变线，伺机抢攻战术

10-9 对攻战术

先用推挡或反手攻（拉）压住对方反手位，角度要大，迫使对方不能侧身抢位或被动侧身拉球，并连续压反手后快速变直线到对方右边空当，伺机侧身抢攻。

以上对攻战术，详见视频 10-9。

（四）搓攻战术

搓攻战术是进攻型选手的一项辅助战术，主要是利用搓球的旋转和落点变化来控制对方，为进攻创造条件。

1. 搓转球与不转球结合落点变化，伺机抢攻

以转与不转的搓球攻击对方，伺机抢冲、扣杀；以下旋搓球和侧旋搓球击至对方反手位，伺机进行抢、冲或扣杀。

2. 以快搓、摆短为主，结合搓长球至对方反手，伺机抢攻

10-10 搓攻战术

以快搓、摆短至对方中路近网小球，伺机侧身扣杀或冲直线；以转与不转搓球至对方反手位底线长球，使其不容易侧身，伺机抢攻或大角度回球。

以上搓攻战术，详见视频 10-10。

二、乒乓球双打战术应用

（一）乒乓球双打的特点

乒乓球双打时，同队的两名运动员必须轮换击球。与其他球类双打相比，乒乓球双打

具有以下特点：频繁地相互换位，步法移动次数多、范围大，且往往是在移动中击球；必须互相配合，为同伴创造进攻条件。因此，乒乓球双打比赛时要求参赛者有很强的战术意识。

（二）乒乓球的双打配合

乒乓球双打的战术应用，原则上和单打战术一样，只是两人配合时应注意以下几点。

（1）发球时，可以用手势或暗语告诉同伴要发出什么球，以便同伴做好回击的准备。另外，同伴也可主动暗示发球者发什么球，直接为自己下一次发球抢攻或抢拉创造机会。

（2）控制好落点，阻挡对方的攻势，同时迫使对方将球回到自己同伴容易攻击的位置。

（3）紧盯一点杀空位，把对方两人挤在一边，然后杀相反的方向。

（4）交叉打两角，在对方左右移动中突击空当。

（5）以一人抵住对方强手，另一人对付对方的弱手。

（6）同伴发球时，要适应、熟悉对方回球的落点和旋转性能，以便提高发球抢攻的命中率。

第四节　乒乓球运动的基础规则

一、场地器材

（一）球台

球台的上层表面叫作比赛台面，应为与水平面平行的长方形，长 2.74 米、宽 1.525 米，高于地面 76 厘米。比赛台面可用任何材料制成，应具有一定的弹性，即当标准球从离台面 30 厘米高处落至台面时，弹起高度应约为 23 厘米。球台四边应有一条 2 厘米宽的白线。双打时，各台区应由一条 3 毫米宽的白色中线划分为两个相等的“半区”。

（二）球拍

球拍的大小、形状或重量不限，底板至少应有 85%的天然木料。用来击球的拍面应用一层颗粒向外的普通颗粒胶覆盖，连同黏合剂厚度不超过 2 毫米；或用颗粒向内或向外的海绵胶覆盖，连同黏合剂厚度不超过 4 毫米。

（三）球网

球网装置包括球网、悬网绳、网柱及将它们固定在球台上的夹钳部分。

（四）球

乒乓球直径为 40 毫米，重 2.7 克，由赛璐珞或类似的塑料制成，呈白色、黄色或橙色，且无光泽。

二、乒乓球基本比赛规则

（一）发球

（1）发球开始时，球自然地置于不持拍手的手掌上，手掌张开，保持静止。

（2）随后发球员须将球几乎垂直地向上抛起，不得使球旋转，并使球在离开不持拍手的手掌之后上升不少于 16 厘米，球在上升和下降至击球前不应触及任何物体。

（3）当球从抛起的最高点下降时，发球员方可击球，使球首先触及本方台区，然后直接触及接发球员台区。在双打中，球应先后触及发球员和接发球员的右半区。

（4）从发球开始，到球被击出，球要始终在比赛台面的水平面以上和发球员的端线以外；而且从接发球方看，球不能被发球员或其双打同伴的身体或他（她）们所穿戴（带）的任何物品挡住。

（5）球一旦被抛起，发球员的不持拍手及其手臂应立即从球和球网之间的空间移开。球和球网之间的空间由球和球网及其向上的无限延伸来界定。

（6）运动员发球时，有责任让裁判员或副裁判员确信他（她）的发球符合规则的要求，且裁判员或副裁判员均可判定发球不合法。如果裁判员或副裁判员对发球的合法性不确定，在一场比赛中第一次出现时，可以中断比赛并警告发球方。但此后如果该运动员或其双打同伴的发球不是明显合法的，将被判发球违例。

（7）运动员因身体残疾而不能遵守合法发球的某些规定时，可由裁判员酌情放宽执行有关规定。

（二）还击

对方发球或还击后，本方运动员必须击球，使球直接触及对方台区，或触及球网装置后，再触及对方台区。

（三）比赛中的击球次序

（1）在单打中，首先由发球员发球，再由接发球员还击，然后发球员和接发球员交替还击。

（2）在双打中，首先由发球员发球，再由接发球员还击，然后由发球员的同伴还击，再由接发球员的同伴还击，此后，运动员按此次序轮流还击。

（3）在双打中，当配对中至少有一名运动员由于身体残疾而坐轮椅时，首先由发球员发球，接发球员应还击，此后该配对的任何一名运动员均可还击。然而，该配对中，运动员的轮椅及站立运动员脚部的任何部分均不能超越球台中线的假定延长线。如果超越，则裁判员将判对方得 1 分。

（四）重发球

出现下列情况，应判重发球。

（1）发球员发出的球触及球网装置后成为合法发球或被接发球员或其同伴阻挡。

（2）接发球员或其双打同伴未准备好时，球已发出，而且接发球员或其双打同伴没有试图击球。

（3）发生了运动员无法控制的干扰，导致运动员出现未能合法发球、还击等不能遵守规则的情况。

（4）裁判员或副裁判员暂停比赛。

（五）得 1 分

除判重发球外，一个回合出现下列情况，该运动员得 1 分。

（1）对方运动员未能合法发球。

（2）对方运动员未能合法还击。

（3）运动员在发球或还击后，对方运动员在击球前，球触及了除球网装置以外的任何东西。

（4）对方击球后，球没有触及本方台区而越过本方台区或端线。

（5）对方击球后，球穿过球网，或从球网和网柱之间、球网和比赛台面之间通过。

（6）对方阻挡。

（7）对方故意连续 1 次以上击球。

（8）对方用不符合规则要求的拍面击球。

（9）对方运动员或其穿戴（带）的任何东西使比赛台面移动。

（10）对方运动员或其穿戴（带）的任何东西触及球网装置。

（11）对方运动员不持拍手触及比赛台面。

（12）双打时，对方运动员击球次序错误。

（六）一局比赛

在一局比赛中，先得 11 分的一方为胜方；当双方均得到 10 分后，先领先对方 2 分的一方为胜方。

（七）一场比赛

一场比赛由奇数局组成。

第十一章 手球运动

第一节 手球运动概述

一、手球动运及其起源

手球运动是一项融合了篮球与足球特性的团体竞技项目，其自诞生之初便蕴含着深厚的历史与文化底蕴。它的起源可追溯至公元前 8 世纪的古希腊，当时的达官贵人通过抛球游戏来消遣娱乐。然而，真正现代意义上的手球运动起源于 19 世纪的丹麦。1848 年，丹麦体育教师霍尔格·尼尔逊发明了一种用手进行的球类运动，并命名为“手球运动”。这项运动在北欧各国逐渐盛行，成为冬季室内活动的热门选择。随着时间的推移，手球运动逐渐传遍全球，成为一项备受瞩目的国际赛事。

手球运动所蕴含的文化内核丰富而深刻。首先，它体现了平等与参与的精神。在手球场上，无论社会地位、种族、性别，所有运动员都平等地参与比赛，共同追求胜利，这种平等精神在其他社会生活中难以实现。然后，手球运动展现了合作与竞争的关系。作为一项团体运动，手球要求运动员之间紧密合作，共同应对对手的挑战。同时，手球运动本身也是一场激烈的竞争，各运动员在精神、心理、智力、体能、技能等方面展开较量。这种合作与竞争的关系不仅锻炼了运动员的个人能力，也培养了他们的团队协作精神。最后，手球运动还体现了传统与创新的结合。在手球比赛中，虽然有一些规律性的内容存在，如攻守转换、进攻和防守的阶段性等，但创新始终是手球运动的灵魂。比赛结果的不确定性及比赛过程的不确定性使手球运动充满魅力。此外，运动员的创造性成为比赛中的关键因素。

二、我国手球运动概况

20 世纪 50 年代中期，手球运动在广东悄然兴起，以其独特的魅力逐渐吸引了广大民众的关注。历经数十年的磨砺与发展，中国手球逐步走向世界舞台，展现出其独特的竞技实力。然而，面对国际手球水平的不断提升和竞赛格局的深刻变化，中国手球仍需不断创新，砥砺前行。解放军体育学院和北京体育学院等高等学府在中国手球运动的早期普及与推广中发挥了关键作用。这些学府不仅将手球列入教学计划，还积极探索手球的科学训练方法，为培养高水平手球人才奠定了坚实基础。

20 世纪 80 年代初期，中国手球迎来了发展的鼎盛时期。在国际赛场上，中国手球队屡创佳绩，展现了中国手球的竞技实力。然而，随着国际手球水平的快速提升，中国手球逐渐暴露出后备力量不足、技战术水平亟待提升等问题。为应对这些挑战，中国手球界开始积极探索革新之路。在技战术方面，中国手球人积极引进国际先进的训练理念和方法，加强与国际手球强国的交流与合作，不断提升运动员的竞技水平和比赛经验。同时，他们注重后备人才的培养，通过构建完善的青少年培训体系，为中国手球的可持续发展注入新的活力。在赛事体制方面，中国手球人也进行了积极探索。他们推动国内手球赛事的举办和普及，通过举办各级别、各类型的比赛，吸引更多人才关注和参与手球运动。同时，他们还积极参加国际手球赛事，与世界强队同场竞技，锻炼队伍、积累经验。经过不断的努力和创新，中国手球运动取得了显著的进步。然而，我们也必须清醒地认识到，与世界强队相比，中国手球仍存在差距。因此，我们需要继续加强与国际手球强国的交流与合作，不断提升自身的竞技水平和综合实力。

南阳师范学院手球育人之旅

南阳师范学院，这所坐落在文化名城南阳的高等学府，近年来在手球运动领域取得了令人瞩目的成绩。作为河南省唯一一所拥有手球专业队的高校，南阳师范学院通过团队协作与核心价值观的协同，为手球运动的发展注入了新的活力。

（一）团队协作——凝心聚力，共创辉煌

南阳师范学院手球队，自创立伊始，便以团队协作为核心精神，致力于培养队员间的默契配合与团结协作能力。在教练员的悉心指导下，队员们历经日常严格而系统的训练与激烈的比赛交流，逐渐形成了紧密无间的团队氛围。在赛场上，他们携手并进，共同拼搏，每一次出色的表现都为学校赢得了荣誉，充分彰显了团队协作的无穷力量。这种力量不仅源于队员们的个人技艺，更源于他们之间的默契配合与团结协作。为了进一步提升竞技水平，南阳师范学院手球队积极开阔视野，加强与其他省市一线队伍的友好交流与合作。通过与山东、安徽等地的优秀队伍进行互访学习，队员们不仅开阔了竞技视野，还汲取了宝贵的经验和技术，为河南省手球运动的发展注入了新的活力。手球运动在南阳师范学院已超越了体育竞技的范畴，成为展现团队协作精神的璀璨舞台。每一场比赛都是队员们默契配合、共同奋战的精彩演绎。精准的传球、巧妙的跑位和果断的射门，都体现了团队的力量和智慧。这种团队协作精神不仅在手球场上得到了充分体现，更在校园生活的方方面面发挥着积极的影响，促进了学生之间的互助合作与共同进步。

学院党委和体育学院高度重视手球运动的发展，将其视为培养学生团队协作精神的重要途径，不仅关注队员们的训练和比赛情况，还为他们的评优评先开设了绿色通道。这一举措极大地激发了队员们的积极性和进取心，许多优秀球员因此获得了学院级和省级的嘉奖，进一步激发了他们对手球运动的热情。

这一系列举措和努力使南阳师范学院手球队在团队协作方面取得了显著成效。他们不仅为学校争得了荣誉，更为河南省手球运动的发展作出了积极贡献。这种以团队协作为核心的精神将继续在南阳师范学院手球队中传承和发扬，为培养更多具有团队协作精神的优秀人才奠定坚实基础。

展望未来，南阳师范学院手球队将继续深化团队协作，不断提升竞技水平，为学院和国家培养更多具有团队协作精神和卓越竞技能力的优秀人才。

（二）核心价值观——以人为本，追求卓越

南阳师范学院手球队在发展历程中，始终坚守“以人为本，追求卓越”的核心价值观。这一价值观不仅是球队的灵魂，也是推动其不断前进的不竭动力。

在“以人为本”的核心理念指导下，球队高度重视每一位球员的个体发展。球队深知，每位球员都拥有独特的潜能和才华，因而致力于为他们提供一个展示自我、实现价值的舞台。通过个性化的培养方案，球队充分发掘球员的潜能，使他们能够在手球领域得到全面发展。同时，球队还注重培养球员的道德品质和社会责任感，通过言传身教和实践活动，引导他们成为有担当、有情怀的新一代手球人才。

在“追求卓越”的价值观引领下，球队不断挑战自我、突破极限。他们深知，卓越的成绩来源于不懈的努力和持续的创新。因此，球队积极参与各类比赛，通过实战锻炼提升球员的竞技水平。同时，他们还不断探索新的训练方法和理念，引入先进的科技手段，力求在技术上取得更大的突破。这种追求卓越的精神不仅让球队在赛场上屡创佳绩，更为学校赢得了广泛的社会赞誉。

南阳师范学院手球队的成功并非偶然，它的背后是学院核心价值观的支撑。球队在比赛中展现出的诚信、友善、坚韧不拔等品质，正是学院核心价值观的生动体现。手球队员不仅在赛场上奋力拼搏、团结协作，更在日常生活中践行这些价值观，成为学院精神内核的生动诠释。

值得一提的是，2021 年南阳师范学院手球队在全国大学生手球比赛中荣获两项冠军，这一成就充分展现了球队在核心价值观引领下所取得的卓越成果。其中，上场的七名主力队员均为共产党员。同时，两名主力队员荣获“河南省优秀大学毕业生”称号。

南阳师范学院手球队在“以人为本，追求卓越”的核心价值观引领下，取得了显著成绩，并为培养具有高尚品德和卓越才能的新一代手球人才作出了积极贡献。未来，球队将继续秉承这一价值观，不断前行，为学校的体育事业和社会发展贡献更多力量。

（三）协同育人——培育全面发展的手球人

南阳师范学院手球队在发展过程中，注重将团队协作与核心价值观相结合，实现协同育人。球队通过组织各类活动、开展社会实践等方式，让球员们在参与中体验团队合作的力量，感受核心价值观的熏陶。这种协同育人的模式，不仅让球员们在技能上得到提升，更在道德品质、社会责任感等方面得到全面的锻炼。同时，南阳师范学院还积极创建有特色的校本课程体系，将手球运动与学科教育相结合，实现体育与智育的有机融合。这种创新的教育模式，不仅提高了球员们的综合素质，也为手球运动的普及和发展奠定了坚实的基础。

南阳师范学院近年来在手球运动领域取得了显著的成绩，书写了崭新的篇章。手球运动不仅成为学院体育教育的一张闪亮名片，更在团队协作与核心价值观协同育人方面发挥着重要作用。

第二节　手球运动的基本技术

一、移动技术

手球中的移动包括起动、跑、跳、急停、滑步、转身、变向等一系列的脚步动作。它们的动作结构主要由以下肢的踝、膝、髋关节为轴的多种运动动作，加上上肢配合动作而组成。脚步动作都是通过脚前掌蹬地、碾地的用力或全脚掌、脚前掌、脚掌外侧的制动抵地来实现的。脚给地面的作用力是下肢各关节的主动伸展产生的力，通过脚蹬（碾）地面，腰髋协调用力，加大脚对地面的作用力，并利用这种反作用力来克服人体重力和惯性，控制身体的平衡和转移，从而使人体获得多种位移变化。

快速灵活的脚步移动是现代手球运动的基础。在移动过程中，要注意身体重心保持平稳，不能上下起伏，在做急停、变向、转身等动作时，要降低重心，步伐稳健，以提高脚步动作的突然性。

1. 滑步

滑步是为了阻拦对方进攻路线的脚步移动动作。滑步通常分为横滑步、前滑步和后滑步。滑步技术的关键是蹬地、跨步协同一致，重心始终在两腿之间，腰部柔韧有力，控制身体平衡。

2. 跑步

由进攻转入防守时，防守队员为了退回以迅速布防，可运用跑步；其与进攻时的快速跑相似。

3. 攻击步

攻击步是防守队员为了迫使对方停球、运球、射门所用的一种步法。

4. 后撤步

后撤步是防止或阻截持球队员切入的最有效的脚步动作。

后撤步、攻击步结合运用，往往会起到理想的效果。

5. 交叉步

交叉步是防守队员在已经失去防守的正确位置时，为了弥补这一漏洞所采用的脚步动作。交叉步可前交叉也可后交叉，移动灵活，变化方便。

6. 练习方法

（1）根据教师的手势进行滑步、后撤步、交叉步的步伐练习，要求动作反应快。

（2）要求快速变换动作：①后撤步；②交叉步；③横滑步；④前滑步；⑤放松跑。

（3）快速变换动作：前滑步→后撤步→横滑步→交叉步。

（4）脚步综合练习：①变向变速；②后转身；③侧身跑。

二、持球技术

1. 双手持球

动作要领：两手手指自然张开，两拇指相对成“八”字形，用指根以上部位触球的两侧，需要握紧球时，两手手指最后的一个指关节一起用力握球，如图 11-1 所示。

图 11-1　双手持球

2. 单手持球

动作要领：五指自然分开，用指根以上部位接触球，并用五指的最后一个指关节的合力，将球牢牢地握住，如图 11-2 所示。

图 11-2　单手持球

3. 练习方法

（1）手握小橡皮球，连续做手指屈伸动作。
（2）指卧撑练习。
（3）抓放沙球。连续地从地面把沙球抓起再放下，或在空中抓放沙球。
（4）单手将从地面反弹起来的球抓住，再拍下去，连续做抓放球练习。

三、传球

1. 传球技术

单手肩上传球动作要领：传球出手时，右脚蹬地的同时转体带动上臂，前臂迅速挥甩，手腕屈腕前扣，最后通过食指、中指、无名指的弹拨下压动作将球传出，如图 11-3 所示。

2. 练习方法

两人对面传球。距离可短可长，可以采用各种传球方法进行练习。

图 11-3 单手肩上传球

四、运球

1. 直线运球

直线运球多用在快速反击过程中，持球队员无法传球或行进路线上没有防守队员，这时可加快向前移动的速度，采用高运球。运球时，两腿微曲并快速跑动，手用力向前下方推拍球，上体稍前倾；两眼平视，用余光看球；五指自然分开，触球短促有力，使球的落点在身体侧前方，反弹高度在胸腹之间。

2. 练习方法

（1）原地慢运球练习。

（2）原地快运球练习。

（3）原地做向前、后、左、右移动运球练习。

（4）运球往返练习。

五、持球突破技术

1. 持球突破

（1）异侧突破动作要领：右脚掌内侧蹬碾地，向左侧前方做前交叉跨步，上体左转，右肩前探，球置于左侧；左脚紧接着向前跨步，向右转身探肩起跳射门，如图 11-4 所示。

图 11-4 异侧突破动作

（2）同侧突破动作要领：左脚掌内侧蹬碾地，右脚向侧前方跨出一大步，上体右转，球置于体侧或肩上；左脚紧接向前跨步，侧身探肩起跳射门，如图 11-5 所示。

图 11-5　同侧突破动作

2. 练习方法

（1）徒手模仿练习。

（2）持球自抛自接后，做各种突破动作练习。

（3）接球后突破射门练习。

六、射门技术

手球比赛中，射门是得分的唯一手段。一切进攻技术和战术运用的最终目的，都是获取一个射门机会，争取得分。因此，射门技术成为手球运动中最重要、关键的进攻技术。现代手球比赛对抗性很强，队员身体接触频繁，争夺非常激烈。同时，为了不使对方得分，对射门的防守更加严密，动作幅度都较大，导致射门的难度加大，所以，在射门技术上，要相应发展多种射门方式。面对严密的防守，射门者要有上有下、有左有右，具有快速多变的射门技术。

1. 单手肩上射门

左脚积极配合支撑地面，右脚短促有力蹬地，向左转髋，转体，收腹，前移重心，带动手臂向前下方猛烈挥甩，屈腕，食指、中指、无名指扣押拨球，并将身体力量通过指尖集中作用于球体，使球加速离手射向球门，如图 11-6 所示。

图 11-6　单手肩上射门

2. 练习方法

（1）两人一球对传练习。不得用全力，只是体会射门动作方法，即以传代射。多次重复正确动作。

（2）对墙、挡网或球门进行射门练习。要逐步提高掷球动作速度、射门的力量和射门准确性。

七、防守技术

（一）防守基本姿势

动作方法：两脚斜向或平行开立，与肩部同宽，两膝稍屈，脚跟稍提起，身体重心稍前移、降低并落于两脚之间，上体略前倾，抬头，目视对方，两手臂自然屈肘置于体侧，便于随时做出移动和防守动作。

（二）防守持球队员

在手球比赛中，防守队员应该始终保持有利的站位，即站立在持球队员的投掷臂前方与球门的连线上，保持三点一条线。根据持球队员的技术状况和行动意图，决定是顶贴防守还是松动防守。在防守时，应采用两脚前后开立的斜步站立，要向斜前方堵截对手的移动路线。防守队员应两脚包住对手的起跳脚，并用躯干抢先堵截对手的起跳方向，用单手或双手封挡对手的射门路线

（三）防守无球队员

在手球比赛中，防守队员大部分时间防守的是无球队员，无球队员在进攻中虽然不能得分，但他们会寻找有效的攻击位置，一旦抓住时机而到达有利位置，就会对防守构成很大的威胁。所以，掌握防守无球队员的技术是提高个人防守能力的重要环节。防守无球进攻队员时，要根据对方的路线，及时改变和迅速调整防守的位置，堵住其移动路线，不使其顺利地跑到空位上去接球。防守无球队员的原则是：人球兼顾，先推堵、再交接。

（四）练习方法

（1）两人一组，一人徒手做变向起动摆脱对手，另一人积极移动堵截对手，两人互换练习。

（2）两人一组，用1/4场地从中线开始，一人徒手做变向起动，摆脱对手准备接球射门，另一人积极移动堵截对手，并破坏其接球时机阻止其接球，两人互换练习。

（3）三人一组，一人传球，其余两人中一人摆脱接球，另一人防摆脱并破坏接球，三人轮换练习。

（4）连续正面快速顶贴。两人一组相距3米，一人原地做单手肩上引球动作，另一人快速顶贴上去，一手压握对手投掷臂肘关节处，另一手抵在对手另一侧的腰间，胸部贴顶住对手的肩部或体侧，然后退回原位。依次反复连续练习。

（5）一人持球自抛自接做跳步突破，另一人积极移动堵截防守对手，两人互换练习。

八、守门员技术

手球守门员的地位是举足轻重的，他是全队防守的最后一道防线，是全队防守的关键。他的主要任务是不让对方将球射入本方球门，其技术水平发挥得如何，直接影响比赛的胜负和本队的士气。在手球比赛中，一名优秀守门员要有沉着、冷静、机智、勇敢、顽强的意志品质，要全面熟练地掌握各项基本技术，同时还要伺机发动快攻，起到助攻的作用。

（一）基本姿势

基本姿势是守门员为了及时封挡不同方向射向球门的球，保持能随时向任何方向快速移动的姿势。这一基本身体姿势是：正面对球，两脚开立，与肩同宽，两膝微屈，身体重心落在两前脚掌上，上体稍前倾，微微含胸收腹，两臂屈肘张开，肘关节上举过肩，两眼注视来球，注意力集中，如图 11-7 所示。

图 11-7　基本姿势

（二）位置选择

守门员所选位置是封挡射门角度的关键。通常守门员应站在球门线前 0.5~1 米、球和两球门柱连线所形成的夹角的分角线上。守门员应根据球的活动方向与位置，不断移动和调整自己的防守位置。

（三）脚步移动

守门员经常以快速灵活的脚步移动，使自己保持正确的防守位置，或及时封挡球。脚步移动的步伐有并步（小滑步）、滑步、交叉步、蹬跨步、上步、后撤步。

（四）挡球

挡球技术是守门员最主要的防守技术。只有具备熟练的挡球技术，才能有效地破坏掉球速快、角度刁的射门。挡球的原则：首先要快速移动选位和保持正确的基本姿势；其次是封挡对方射向球门的球，尽量不要让对方得分；最后是在挡住球的前提下，尽量使球控制在球门区内或使球出端线，以便于发动快攻。

1. 手臂挡球

手臂挡球分为双手挡球和单手挡球两种。双手挡球的优点是控制面积大，比较好把握；单手挡球的优点是动作灵活、速度快，但控制面积不如双手大。

2. 脚腿挡球

挡腰部以下的来球（如下角球）时，左脚蹬地，右脚稍抬起屈膝向右侧伸直小腿，脚尖外转，脚弓对球，用脚和小腿内侧去挡球。侧跨步时，脚要擦地伸出，脚跟着地，两手臂放体侧，维持身体平衡，如图 11-8 所示。

图 11-8　手臂和腿（劈叉）配合挡下角球

3. 手脚并用挡球

守门员根据来球落点、角度和与射门者的距离等不同情况，可采用手臂和脚腿配合挡球，如图 11-9 所示。

图 11-9　单脚跳起手臂和脚腿配合挡体侧平球

（五）练习方法

1. 滑步练习

原地或站在球门前做左、右滑步移动。注意身体重心要平稳，移动中始终保持准备姿势。

2. 移动练习

原地或站在球门前做左右跨步和上步移动。注意做动作前身体保持正确的防守姿势，两脚不停地弹动，以便于起动。跨步和上步动作要突然、快速。

3. 选位练习

守门员站在球门前，其他五名队员在 6 米线和 9 米线之间站立，左右往返快速转移球，守门员根据球的移动方位进行选位。守门员移动速度要快，要使自己始终保持在正确的位置上。

4. 徒手挡球技术练习

以单脚的侧蹬、侧跳为主，结合身体和手臂的动作，封挡上、中、下三路来球。

第三节　手球运动的基本战术

手球基本战术分为进攻和防守两大部分。

一、进攻战术基础配合

进攻战术基础配合是指比赛中在个人技术运用的基础上，充分发挥几个人的协同作用，以两、三人之间的传接球，穿插跑动而形成的简单有效的配合。有了熟练的基础战术，才能有灵活、多变的全队配合。

进攻中常用的基础配合有传切配合、突分配合、交叉换位和掩护等四种形式，下面简单介绍传切配合和突分配合。

1. 传切配合

传切配合是进攻队员利用传球和切入的简单配合，具体可分为：

（1）一传一切：持球队员传球给同伴后，利用突然起动，摆脱防守队员，切入有利位置接同伴的回传球进行攻击。

（2）空切：持球队员直接将球传给切入跑动的同伴进行攻击。

2. 突分配合

突分配合是进攻持球队员利用个人的突破技术影响、吸引防守队员，给同伴创造进攻机会，并及时将球传给同伴射门的一种简单配合。

二、防守基础配合

手球比赛中，无论防守者采取哪种防守阵型，每个队员都负责看守一个对手。在现代手球进攻技术不断提高的情况下，要求一防一显然是有难度的，这就要求多数队员互相协作防守。

关门配合是临近的两名防守队员协同防止突破的配合方法。

第四节　手球运动的基础规则

一、比赛时间

手球的比赛时间为两个 30 分钟，中间休息时间通常为 10 分钟。如果正常比赛结束时双方打成平局，而竞赛规程又要求必须分出胜负，则在休息 5 分钟后进行决胜期的比赛。决胜期由两个 5 分钟组成，中间休息 1 分钟（双方交换场地）；如果仍是平局，则按照此法再打第二个决胜期；如果还是平局，应该按竞赛规程决出胜方。

二、球队、换人

1. 球队

一个队最多由 14 名队员组成。同时上场队人数不得超过 7 人，场上自始至终有 1 名守门员。在比赛开始时，每队上场人数不得少于 5 人，在比赛进行中，即使球队的场上队员人数减少至 5 人以下，比赛仍可进行，只有裁判员有权决定是否终止比赛，以及何时终止比赛。

2. 换人

只要被替补队员已离开场地，替补队员即可不通过计时员或记录员而随时、重复地进场来参加比赛。所有队员都应该在本方换人区进出场地。在暂停（球队暂停除外）期间，替补区规定同样适用。

三、守门员

1. 守门员允许动作

允许守门员：

（1）在球门区内做防守动作时，用身体的任何部位接触球。

（2）在球门区内持球活动不受场上队员规则的限制，但不允许拖延掷球门球的时间。

（3）不持球而离开球门区并在比赛场区内参加比赛，离开球门区的守门员要遵守场上队员的规则。

（4）如果未能控制住球，可以随球离开球门区并在比赛场区继续触球。

2. 守门员不允许动作

不允许守门员：

（1）在防守时危及对方。

（2）控制球后离开球门区。

（3）掷出球门球后，在球触及其他队员以前，在球门区外再次触球。

（4）在球门区内接触球门区外地面上静止或滚动的球。

（5）将球门区外地面上静止或滚动的球拿进球门区。

（6）持球重新进入球门区。

四、球门区

球门区包括球门区线，只允许守门员进入球门区，场上队员身体的任何部位接触球门区，就被认定为违例。

五、开球

在比赛开始时，开球权可由掷币方式确定。交换场地时，由上半时未开球队掷开球。得分后由失分队开球。开球在比赛中央进行，可掷向任何方向。在鸣哨后三秒钟内必须将球掷出。在球离手前，掷球队员必须保持一脚踏在中线上。在裁判员鸣哨前，进攻队员不得越过中线。

六、边线球

如果球的整体越过边线，或者越过防守队的外球门线，最后触及防守队的场上队员，应判罚边线球。掷边线球时，由球出界前最后触球队的对方执行，裁判员无须鸣哨。

七、球门球

守门员在球门区内控制球或球越过外球门线且最后是由守门员或进攻方触球时，判罚球门球。由守门员从球门区将球掷出球门区线，裁判员无须鸣哨。

八、七米球

（1）队员在场上任何地点犯规，破坏了对方明显的得分机会。

（2）错误的信号、未经允许的人员进入场地而破坏了明显的得分机会。

九、得分

射门之前或射门时，在射门队员本人及本队其他队员没有任何犯规的情况下，使整个球体越过球门线而进入球门，即得一分。比赛中得分多的队为胜方，比赛双方得分相等或均未得分则为平局。

十、任意球

1. 判罚任意球

（1）拥有球权的队犯规而必须剥夺其球权时，例如：随队官员的非体育道德行为，换人违例，守门员犯规，侵区，持球走超过三步或持球超过三秒，两次运球，消极比赛，膝关节以下部位触球，掷开球违例，掷边线球违例，掷任意球违例，掷七米球违例等。

（2）防守队由于犯规而使进攻队丢失球权。

2. 执行任意球

掷任意球时，裁判员通常无须鸣哨，原则上在犯规地点执行。

十一、处罚

1. 警告

（1）警告对于同一名队员不得超过一次，对一个队不得超过三次。

（2）对被判罚过出场两分钟的队员不再给予警告。

（3）对一个队的全体随队官员的警告不得超过一次。

2. 罚出场两分钟

罚出场两分钟是两分钟比赛时间，在该期间受罚队员不得上场比赛，该队场上减员。同一名队员被第三次罚出场两分钟时，应该取消其比赛资格。

第十二章　武术运动

武术是以中华文化为理论基础，以技击方法为基本内容，以套路、格斗、功法为主要运动形式的传统体育。它来源于人们的生活实践、军事战争和社会活动，在中国文化的长期熏陶下，形成了鲜明的民族文化特色。武术具有多彩的形式、丰富的内容、深邃的文化意蕴，具有健身、防身、养性、竞技、娱乐等多方面社会功能，是中华民族的文化精粹。

第一节　武术运动概述

一、中国武术的起源和发展

中国武术源于远古先民的生产劳动，他们在与大自然的生存斗争中，自觉或不自觉地掌握了一些防卫和攻击技能，在对这些攻防技能进行总结和提炼的过程中，逐渐形成武术的雏形。

（一）古代武术的发展

夏朝时期，战火不断，统治者为了加强自己的国力，使军队适应实战的需要，进一步将武术活动引向实用化、规范化发展趋势。夏朝时期的武术活动主要向两方面发展：一是军队的武术活动，二是进行武术活动的学校教育。

武术发展于封建社会时期。秦汉以来，角力、击剑盛行。“宴乐兴舞”的习俗使得手持器械的武舞时常在乐饮酒酣时出现，如《史记·项羽本纪》记载的鸿门宴中“项庄舞剑，意在沛公”，以及《观公孙大娘弟子舞剑器行》中“昔有佳人公孙氏，一舞剑器动四方”，便是这一形式的反映。此外，还有“刀舞”“力舞”等，虽具有娱乐性，但从技术上更接近今天套路形式的运动。唐朝以来，武举制作为选拔和培养军事人才的制度，对武术的发展起到促进作用。裴旻的剑术、李白的诗歌、张旭的草书并称“唐代三绝”，可见武术作为一种文化形式已相当具有影响力。宋元时期，以民间结社的武艺组织为主体的民间练武活动蓬勃兴起，如习枪弄棒的“英略社”、习射练习的“弓箭社”等。由于商业经济活跃，出现了浪迹江湖、习武卖艺为生的“路歧人”，他们不仅有单练，而且还有对练。明清时期是武术大发展时期，流派林立，拳种纷显。拳术有长拳、猴拳、少林拳、内家拳等，同时形成了太极拳、形意拳、八卦掌等主要的拳种。到了近代，武术适应时代的变化，逐步成为中国近代体育的有机组成部分。

名人堂

民族英雄：岳飞

岳飞（1103—1142），相州汤阴（今河南省汤阴县）人。南宋时期抗金名将、军事家、战略家、民族英雄、书法家、诗人，位列南宋“中兴四将”之首。岳飞出生于北宋末年，年少时便展现出过人的军事天赋。他以勇猛善战而闻名，并在北伐中立下赫赫战功。然而，当北宋灭亡、南宋建立后，金朝成为南宋的威胁。岳飞深知金朝的强大实力，他积极主张抗金，并提出“存亡未卜，何以谋安”的战略思路。岳飞被任命为南宋守边将领后，率领岳家军在南方边境与金军展开了多次激烈的战斗。他以出奇制胜的战术和灵活的谋略，屡次打败金军，为南宋保住了一方安宁。他的军队也以严明纪律和高昂士气而闻名，成为南宋军队的中坚力量。

尽管岳飞的一生以悲剧收场，后世对他的评价却是极高的。他被尊奉为“精忠报国”的民族英雄，他的忠诚、智谋和勇气深深地烙印在人们的心中。岳飞的抗金精神和“精忠报国”的思想一直影响着后代，激励着无数后来者为国家和民族的利益而奋斗。

（二）近代武术的发展

近代中国时局动乱，面对西方强势文化的冲击，各种思潮激烈交锋。这一特殊历史时期，中国武术虽然受到了一定程度的负面影响，但在“强种强国”理念的号召下，武术被人们视为“国粹”，誉为“国术”。随着武术越来越受重视，许多城市出现了拳社、武士会等武术组织。其中，1910 年上海成立的精武体育会是当时影响最大、传播最广、维持时间最长的武术组织，其影响远及海内外。在武术运动广泛开展的基础上，国民党政府于 1928 年在南京成立了中央国术馆，各省、市、县也相继成立了地方国术馆。这一官方国术馆组织系统对社会上的武术活动进行积极干预，其决策直接影响当时武术的总体发展。

民国时期，国民开始对新武术运动形式进行新的尝试。1911 年，一批武术名家编辑了一本《中华新武术》教材。《中华新武术》在内容上是以传统武术为素材，形式上以兵式体操为特点，分段分节配以口令，便于团体教学和操练，并在一定程度上体现了循序渐进的教学训练原则，为武术进入学校体育课堂提供了较为可行的形式，并为传统武术的近代化转型做了有益尝试。1918 年 10 月，全国中学校长会议上通过以下决议：“全国中学校一律添习武术。”这标志着武术正式进入学校，成为学校体育课程中的一项内容。

另外，组织各类形式的武术竞赛活动是近代武术的一个显著特点。1923 年 4 月，在上海举办的中华全国武术大会，是中国体育史上和武术史上的第一次单项武术运动会。1924 年举办的第 3 届全运会，首次将武术套路列为表演项目，标志着武术运动开始进入综合性运动会。1928年和1933年由中央国术馆组织举办的两次“国术国考”是近代影响最大的武术比赛。1933年和1935年举办的第五届、第六届全运会，武术都被列为正式竞赛项目。这些竞赛活动使武术竞赛规则从无到有，从简单到细化。至此，人们对武术的观念开始革新，武术理论逐步向科学化方向发展。随着新、旧思潮的交锋和“土洋体育”之争的展开，以及武术进入学校体育课程和运动竞技场，人们对武术的认识逐渐深化，开始从体育观的角度来认识武术。

名人堂

一代宗师：霍元甲

霍元甲（1869—1910），生于天津静海县（今静海区），祖籍河北。清末著名爱国武术家。他的武艺出众，继承家传“秘宗拳”（后被改为“迷踪艺”）绝技，抱着为国雪耻、振奋民族的强烈愿望，在天津和上海先后打败俄、英洋力士，让中国人扬眉吐气。1910年6月1日，霍元甲在上海创办中国精武体操会（后改名精武体育会）。孙中山先生高度赞扬霍元甲“以武保国强种”的胆识和将霍家拳公之于世的高风亮节。1910年9月14日，霍元甲病逝于上海，享年42岁。他的一生虽然短暂，但轰轰烈烈，爱国爱民、保家卫国的英雄事迹，一直流传至今。

（三）20世纪50年代后中国武术的发展

中华人民共和国成立后，武术作为民族传统体育的一部分，受到党和国家的重视。1952年，中央人民政府体育运动委员会成立后，武术被列为推广项目，并设置民族形式体育研究会。1958年，北京成立中国武术协会，形成了较为完善的武术网络组织机构，为武术的发展拓宽了道路。1985年，西安举行了首届国际武术邀请赛，并成立了国际武术联合会筹委会，这是武术发展的历史性的突破。1987年，横滨举行了第一届亚洲武术锦标赛。1990年，武术首次被列入第十一届“亚运会”项目。同年，国际武术联合会（简称国际武联）在北京成立。由国际武联管辖及举办的主要正式比赛有世界武术锦标赛、世界青少年武术锦标赛、世界传统武术锦标赛暨世界传统武术节、世界杯武术散打比赛、世界太极拳健康大会等。1999年，国际武联被吸收为国际奥委会的正式国际体育单项联合会成员，这是武术发展中的又一历史性突破。2008年，在北京奥运会上，武术成为表演项目，初登奥运殿堂。2020年，武术被列为第四届青年奥运会（以下简称“青奥会”）正式比赛项目，首次成为奥林匹克系列运动会正式比赛项目。这标志着武术的发展，又向前迈出了一大步。

武术作为体现我国优秀的民族文化的运动项目，已经成为我国和世界各国人民友好沟通的桥梁。

二、武术运动的特点

（一）重在技击，强调攻防

武术最初作为军事训练手段，与古代军事斗争紧密相连，其技击的特性是显而易见的。在实战中，其目的在于杀伤、限制对方，因此常常以最有效的技击方法，迫使对方失去反抗能力。这些技击术至今仍在军队中被采用。武术作为体育运动，技术上仍不失攻防技击的特性，将技击寓于搏斗与套路运动之中。搏斗运动集中体现了武术攻防格斗的特点，在技术上与实用技击基本上是一致的。但是，从体育观念出发，它受到竞赛规则的制约，以不伤害对方为原则。例如，在散手中，对武术中有些传统的实用技击方法作了限制，而且严格规定了击打部位和保护护具，短兵中使用的器具也作了相应的改变，而推手则是在特殊技术规定下进行竞技对抗的。因此，可以说武术的搏斗运动具有很强的攻防技击性，但又与实用技击有所区别。

套路运动是中国武术一个特有的表现形式，不少动作在技术规格、运动幅度等方面与技击的原型动作有所变化，但是动作方法仍然保留了技击的特性。即使因连接贯串及演练技巧上的需要，穿插了一些不一定具有攻防技击意义的动作，然而就整套技术而言，主要的动作仍然以踢、打、摔、拿、击、刺诸法为主。它的攻防技击特性是通过一招一式来表现的，它的技击方法是极其丰富的，在散手、短兵中不宜采用的技术方法，在套路运动中仍有所体现。

（二）内外合一、形神兼备

武术既究形体规范，又求精神传意。内外合一的整体观，是中国武术的一大特色。所谓内，指心、神、意等心志活动和气息的运行；所谓外，即手眼身步等形体活动。内与外、形与神是相互联系统一的整体。

武术“内外合一，形神兼备”的特点主要通过武术功法和技法来体现，“内练精气神，外练筋骨皮”是各家各派练功的准则。太极拳主张身心合修，要求“以心行气，以气运身”；形意拳讲究“内三合，外三合”；少林拳也要求精、力、气、骨、神内外兼修。此外，武术套路在技术上往往要求把内在精气神与外部形体动作紧密相合、完整一气，做到“心动形随”“形断意连”“势断气连”，以“手眼身法步，精神气力功”八法的变化来锻炼身心。这一特点反映了中国武术作为一种文化形式在长期的历史演进中备受中国古代哲学、医学、美学等方面的渗透和影响，形成了独具民族风格的练功方法和运动形式。

（三）广泛的适应性

武术的练习形式、内容丰富多样，有竞技对抗性的散手、推手、短兵，有适合演练的各种拳术、器械和对练，还有与之相适应的各种练功方法。不同的拳种和器械有不同的动作结构、技术要求、运动风格和运动量，分别适应人们不同年龄、性别、体质的需求，人们可以根据自己的条件和兴趣爱好进行选择。同时，武术对场地、器材的要求较低，俗称“拳打卧牛之地”，练习者可以根据场地的大小，变换练习内容和方式，即使一时没有器械，也可以徒手练功。一般来说，它受时间、季节限制也很小。较之不少体育运动项目，武术具有更为广泛的适应性，其能在民间历久不衰，与这一特点不无关系。

武术是我国学校体育课程中的必修内容，在增强我国青少年学生体质、磨炼意志品质，和增强广大青少年的民族自尊心、自豪感等方面发挥着积极的作用。

南阳师范学院武术运动概况

南阳师范学院在武术课程建设方面，开设有武术专业课程、武术普修课程以及太极拳、健身气功等公共课程。在师资队伍方面，有武术教师5名，其中副教授1人、讲师4人。在第三课堂网络建设方面，在学校网络教学平台中建立了武术理论概述、武术套路视频、武术教学大纲、进度计划、教案、试题库等教学资源。第三课堂的开展，为学生营造了良好的网络学习环境。在武术场地、器材建设方面，学院投入大量资金，建设了体操馆和武术场地，而且校内拥有标准400米塑胶田径场、300米塑胶田径场等，能满足武术课程教学、训练活动的需要。另外，学校还购置了武术专业图书以及大量练功服，以满足武术教学、武术表演、武术竞赛所需。在训练竞赛方面，学校组建了武术套路院队和健身气功院队，每周定期训练与指导，为院队学生取得优异竞赛成绩提供了有力保障。

近几年，南阳师范学院的学子积极参加武术竞赛活动，通过艰苦训练和顽强拼搏，取得了不错的成绩，为学校争得了不少的荣誉。

第二节　武术运动的基本动作

武术基本动作是武术动作中最简单、最基础、最具有代表性的动作，是学习武术技术和提高难度动作的基础，主要包括手型、手法、步型和步法。

一、手型

长拳的手型主要有拳、掌、勾三种，详见视频12-1。

12-1　手型

1. 拳

动作说明：四指并拢，卷握，拇指紧扣于食指和中指的第二个指节。如图12-1所示。

动作要点：拳要握紧，拳面要平，腕要直。

2. 掌

动作说明：四指并拢伸直，拇指弯曲紧扣于虎口处，如图12-2所示。

动作要点：四指并拢，拇指内扣，小指侧靠前。

3. 勾

动作说明：五指第一指节捏拢，屈腕，如图12-3所示。

动作要点：五指捏紧，充分屈腕。

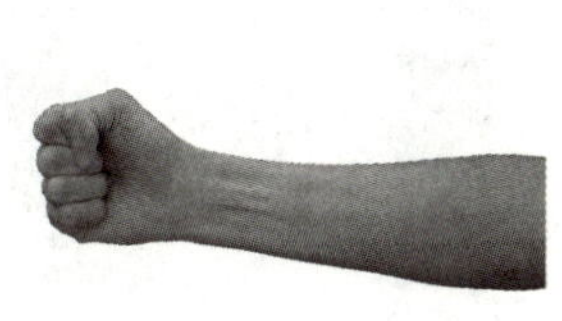
图12-1　拳

图12-2　掌

图12-3　勾

二、手法

1. 冲拳

12-2 手法

预备姿势：两脚左右开立，与肩同宽，两拳抱于腰间，肘尖向后，拳心向上。

动作说明：挺胸、收腹、直腰，右拳从腰间向前猛力冲出，转腰顺肩，在肘关节过腰后，右前臂内旋，力达拳面，高与肩平，同时左肘向后牵拉。练习时左右手可交替进行。冲拳如图 12-4 所示，详见视频 12-2。

动作要点：挺胸、收腹、立身，肩部松沉；拧腰顺肩、前臂内旋连贯顺达；出拳快速有力，要有寸劲。

2. 架拳

预备姿势：与冲拳同。

动作说明：右拳向下、向左、向上，经头前向右上方画弧线架起，拳眼向下，眼视左方。练习时左右手可交替进行。架拳如图 12-5 所示。

动作要点：松肩，微曲肘，前臂内旋；上架拳快速有力，要有寸劲。

3. 推掌

预备姿势：与冲拳同。

动作说明：右拳变掌，前臂内旋，并以掌根为力点向前猛力推击，推击时要转腰、顺肩，臂要伸直，高与肩平，同时左肘向后牵拉，练习时左右可交替进行。推掌如图 12-6 所示。

动作要点：拧腰顺肩，沉腕、立掌；出掌要快速有力，有寸劲。

4. 亮掌

预备姿势：与冲拳同。

动作说明：右拳变掌，经体侧向右、向上画弧，至头部前上方时，抖腕亮掌，臂成弧形；掌心向前，虎口朝下，眼随右手动作转动，亮掌时注视左方，练习时左右可交替进行。亮掌如图 12-7 所示。

动作要点：上架画弧略慢，抖腕要快；亮掌、抖腕、转头同时完成。

图 12-4 冲拳

图 12-5 架拳

图 12-6 推掌

图 12-7 亮掌

三、步型

1. 弓步

动作说明：左脚向前一大步，脚尖微向内扣；左腿屈膝半蹲，使大腿接近水平，小腿垂直；右腿挺膝伸直，脚尖内扣，两腿全脚着地；上体正对前方，眼向前平视，两拳抱于腰间。如图 12–8 所示。

动作要点：前腿弓，后腿绷；挺胸，塌腰，髋下沉。

2. 马步

动作说明：两脚平行开立，约为本人脚长的 3 倍，脚尖正对前方，屈膝半蹲，膝部不超过脚尖，大腿接近水平，全脚着地，重心落于两腿之间，两手抱拳于腰间。马步如图 12–9 所示。

动作要点：挺胸塌腰，脚跟外蹬，身体立身中正，重心居中。

图 12–8　弓步

图 12–9　马步

3. 虚步

动作说明：两脚前后开立，右脚外展 45°，屈膝半蹲，左脚脚跟离地，脚面绷平，脚尖稍内扣，虚点地面，重心落于后腿上；两手叉腰，眼向前平视，左脚在前为左虚步，右脚在前为右虚步。虚步如图 12–10 所示。

动作要点：挺胸，直背，塌腰；前腿虚，后腿实，虚实分明。

4. 仆步

动作说明：两脚左右开立，右腿屈膝全蹲，大腿和小腿靠紧，臀部接近小腿，右脚全脚掌着地，脚尖和膝关节外展；左脚挺直平仆，脚尖里扣，全脚着地；两手抱于腰间，眼向左方平视。仆左腿为左仆步，仆右腿为右仆步。仆步如图 12–11 所示。

动作要点：挺胸，直背，塌腰，沉髋；屈蹲腿全蹲，平仆腿挺膝，两脚掌着地。

5. 歇步

动作说明：两腿交叉，靠拢全蹲，左脚全脚着地，脚尖外展；右脚前脚掌着地，膝部贴近左腿外侧，臀部坐于右腿近脚跟处。两手抱拳于腰间。眼向前方平视。左脚在前为左歇步，右脚在前为右歇步。歇步如图 12–12 所示。

动作要点：挺胸，塌腰；两腿靠拢并贴紧。

以上所有步型，详见视频 12–3。

12–3　步型

图 12-10 虚步

图 12-11 仆步

图 12-12 歇步

四、步法

1. 击步

预备姿势：两脚前后开立，与肩同宽，两手叉腰。

动作说明：上体前倾，后脚离地提起，前脚随即蹬地前纵。在空中时，后脚向前碰击前脚。落地时后脚先落，前脚后落。眼向前平视。击步如图 12-13 所示。

动作要点：起跳前，上体正直，侧对前方；起跳在空中时，上体要保持直立，两脚击碰迅速，下落时，落步也要迅速。

图 12-13 击步

2. 垫步

预备姿势：与击步相同。

动作说明：后脚离地提起，脚掌向前脚处落步，前脚立即以脚掌蹬地向前上跳起，将位置让于后脚，然后屈膝提起向前落步。眼向前平视。如图 12-14 所示。

图 12-14 垫步

动作要点：起跳前，上体正直，侧对前方；不必起跳很高，离地即可，上体要保持直立，两脚击碰迅速；落步要轻盈、迅速。

12-4 步法

以上两种步法，详见视频 12-4。

第三节 武术运动的基本套路

武术套路是以技击动作为主要内容，根据攻守进退、动静疾徐、刚柔虚实等矛盾运动的变化规律创编而成的动作组合。武术的基本套路种类繁多，常见的有长拳、太极拳、南拳、剑术、刀术、枪术、棍术等，每种套路都有其独特的动作和风格，体现了中华武术的博大精深。以下主要介绍其中具有代表性的套路——五步拳与24式简化太极拳。

一、五步拳

五步拳是将武术中最基本的弓步、马步、仆步、虚步、歇步五种步型结合拳、掌、勾三种手型，以及上步、退步等步法和搂手、冲拳、按掌、穿掌、挑掌、架打、盖打等手法组合而成的套路。五步拳动作有预备式、并步抱拳、弓步冲拳、弹踢冲拳、马步架打、歇步盖打、提膝穿掌、仆步穿掌、虚步挑掌、收势等。

（一）预备式：并步抱拳

动作说明：预备式时，身体直立，两脚并拢，两臂自然下垂，两掌轻贴大腿外侧；目视前方；并步抱拳时，两掌握拳，屈肘收抱于腰间，拳心向上，目视前方。预备式与并步抱拳，如图12-15所示。

动作要点：屈肘收抱于腰间时，肘关节向后夹，抱拳与向左甩头要协调一致。

（二）弓步冲拳

动作说明：如图12-16所示，左脚向左迈出一步，成左弓步；左手向左平搂并顺势收至腰间抱拳，右拳向前冲出，拳心朝下，目视前方。

动作要点：弓步右腿挺膝伸直，脚尖内扣，两腿全脚着地，上体要转腰顺肩，力达拳面。

（三）弹踢冲拳

动作说明：如图12-17所示，重心前移，右腿向前弹踢，大腿成水平，同时右拳收回右腰侧；左拳自腰侧向前平拳冲出，高与肩平，力达面拳，目视左拳。

动作要点：左腿支撑腿伸直，右腿弹腿后，挺膝绷脚面，力达脚尖。

图12-15 预备式与并步抱拳

图12-16 弓步冲拳

图12-17 弹踢冲拳

（四）马步架打

动作说明：如图 12-18 所示，右脚脚跟落地，脚尖内扣，上体向左转 90°，两腿屈膝下蹲成马步。同时左拳变掌，屈臂上架，掌心朝上，指尖朝右；右拳自腰侧向右平拳冲出，臂与肩平，头部右转，目视右拳。

动作要点：两腿屈膝成马步，大腿内侧向外撑，膝关节不要超过脚尖。

（五）歇步盖打

动作说明：如图 12-19 所示，身体重心上起，左转约 90°，左脚向右脚后插步，脚前掌着地，同时左掌收至腰侧抱拳，拳心向上，右拳变掌向上经头上方，向前下方盖至胸前，掌外沿向前，目视右掌；上动不停，两腿屈膝全蹲成歇步，同时右掌变拳收回右腰侧，左拳自左腰侧向前平拳冲出，目视左拳。

动作要点：右拳变掌，要经头上向左下盖掌。

（六）提膝穿掌

动作说明：如图 12-20 所示，身体重心上起，右脚尖内扣，右腿挺膝直立，左腿提膝，绷脚尖；右拳变掌，手心向上，经左手背上穿出，左手顺势收至右肩前，目视右掌。

动作要点：支撑腿膝关节伸直，上体要正，眼看右掌。

图 12-18　马步架打　　图 12-19　歇步盖打　　图 12-20　提膝穿掌

（七）仆步穿掌

动作说明：如图 12-21 所示，身体重心上起，右脚尖内扣，右腿挺膝直立，左腿提膝，绷脚尖；右拳变掌，手心向上，经左手背上穿出，左手顺势收至右肩前，目视右掌；左脚落地成仆步，左手掌指朝前沿左腿内侧穿出，目视左掌。

动作要点：提膝时，支撑腿膝关节伸直，上体要正，目视右掌。重心下落成仆步时，膝关节伸直，脚尖内扣，上体微前倾，目视左掌。

（八）虚步挑掌

动作说明：重心前移，左腿屈膝前蹲，右脚蹬地向前，成右虚步。同时左手向前、经上绕至左后方成勾手，略高于肩；右手由后向下、向前经体右侧向上挑掌，略低于肩，目视右手。如图 12-22 所示。

动作要点：重心前移时，由左仆步转换为弓步，左脚尖外展，便于由弓步再转换为右虚步。

（九）收势

动作说明：如图 12-23 所示，接上式，由虚步转为马步时，右脚脚尖内扣成马步击掌、按掌；左脚向右脚靠拢，并步抱拳，目视前方。

动作要点：身体直立，两脚并拢。

以上动作，详见视频 12-5。

12-5　五步拳

图 12-21　仆步穿掌

图 12-22　虚步挑掌

图 12-23　收势

二、24 式简化太极拳简介

24 式简化太极拳也叫简化太极拳，是国家体委（现国家体育总局）于 1956 年组织太极拳专家汲取杨氏太极拳之精华编串而成。尽管它只有 24 个动作，但相比于传统的太极拳套路来讲，其内容更显精练、动作更显规范，并且也能充分体现太极拳的运动特点。

本章将简化太极拳的 24 个动作分为四段。第一部分：起势、左右野马分鬃、白鹤亮翅、左右搂膝拗步、手挥琵琶。第二段：左右倒卷肱、左揽雀尾、右揽雀尾。第三段：单鞭、云手、单鞭、高探马、右蹬脚、双峰贯耳、转身左蹬脚。第四段：左下势独立、右下势独立、左右穿梭、海底针、闪通臂、转身搬拦捶、如封似闭、十字手、收势。

学练 24 式太极拳时，首先要对本套路动作的内容和结构有所了解，如套路中各组动作由哪些基本动作（手型、手法、步型、步法等）组成；其次要对每式的动作名称、动作内容、动作路线都有大概的了解。

三、24 式太极拳动作名称、动作说明及图解

（一）起势至手挥琵琶

此部分动作，详见视频 12-6。

12-6　太极拳第一段

1. 起势

起势：①两脚并拢，身体自然直立；②左脚向左迈一步，与肩同宽。两臂前平举；③掌心向下，高与肩平；④屈膝按掌至腹前，眼平视。起势如图 12-24 所示。

图 12-24　起势

2. 左右野马分鬃

左野马分鬃：①上体微右转，收脚抱球，目视右手；②上体左转，迈步成左弓步，同时左右手随转上体慢慢分开；③左手高与眼平，右手落于右胯旁，目视左手。

右野马分鬃：①上体后坐，重心移至右腿，左脚尖翘起；②上体右转，收脚抱球，目视左手；③上体右转，迈步成右弓步，弓步分手，右手高于眼睛，左手落于左胯旁，指向前，眼看右手。左右野马分鬃如图 12-25 所示。

图 12-25　左右野马分鬃

3. 白鹤亮翅

白鹤亮翅：上体微左转，右脚进半步，胸前抱球，左虚步分手，眼看前方。白鹤亮翅如图 12-26 所示。

图 12-26　白鹤亮翅

4. 左右搂膝拗步

左搂膝拗步：①上体微左转，右手落于上体前，再右转，右手经下摆至右前上方与耳齐平，左手经面前画弧至右胸前，眼看右手；②上体左转，左脚向左前迈出成左弓步，右手屈肘由耳侧向前推出，高与鼻平，左手前搂后按于左胯旁，眼看右手指。

右搂膝拗步：①上体后坐，身体重心移至右腿，左脚脚尖翘起，然后上体左转，收右脚脚尖点地，左手由左后向上平举，右手画弧至左肩前，眼看左手；②弓步推掌，右脚向右前方迈出，脚跟着地，上体微右转，同时左手屈肘回收于左耳侧，手心向前、向里，右手向下、向右划弧至腹前，手心向下，然后左脚蹬地，髋部右转，右腿屈膝成右弓步。左右搂膝拗步如图 12-27 所示。

图 12-27　左右搂膝拗步

5. 手挥琵琶

手挥琵琶：右脚进半步，成左虚步，脚跟着地，左手上挑，高与鼻平，右手收至左肘里侧，两臂微曲，眼看左手。手挥琵琶如图 12-28 所示。

图 12-28　手挥琵琶

（二）左右倒卷肱至右揽雀尾

此部分动作，详见视频 12-7。

1. 左右倒卷肱

右倒卷肱：①上体右转，右手翻掌，手心向上，向下落经腹前向后上划弧平举，肘微屈，头与视线随右手移动；②左手随之翻掌使手心向上，同时眼看右手；③左脚经右脚内侧向后退步，脚前掌先着地，同时右手屈肘折至右耳侧向前推出，掌心均向上；④身体继续左转，左脚慢慢踏实，重心移至左腿，右脚随转上体以脚跟为轴碾正，成右虚步，同时右手经右耳侧向前推出，掌心向内，向前，手指向上；⑤左臂屈肘回收至左肋外侧，手心向上，先看右手。

12-7　太极拳第二段

左倒卷肱：与右倒卷肱相同，唯方向相反。

右倒卷肱：与上左倒卷肱相同。

左倒卷肱：同上右倒卷肱。左右倒卷肱如图 12-29 所示。

图 12-29　左右倒卷肱

2. 左揽雀尾

左揽雀尾：上体微右转，收左脚、右抱球。

掤：左脚向左前方迈步成左弓步，左臂屈成弓形向左掤出，高与肩平，右手落于右胯旁，眼看左前臂。

捋：上体微左转，左手前伸翻掌，掌心向下，右手掌心向上，前伸至左腕下方，两手随上体微右转经腹前向右后上方画弧，右手高与肩平，左手屈于胸前，重心移右，眼看右手。

挤：上体微左转，右手搭于左腕里侧，重心前移成左弓步，同时双手向前挤出，眼看左腕。

按：右手经左腕上方向右画弧与左手齐，两手心向下，分开与肩宽，后坐收掌至胸前，左脚尖翘起，眼看前方，重心前移成左弓步，两手向前上按出，腕高与肩平。左揽雀尾如图 12-30 所示。

图 12-30 左揽雀尾

3. 右揽雀尾

右揽雀尾：上体右转，脚尖里扣，右手向右、向下、向左画弧至左肋前，左手与右手在胸前抱球，重心左移，右脚向左脚靠拢点地，其余与左揽雀尾相同，唯方向相反。右揽雀尾如图 12-31 所示。

图 12-31 右揽雀尾

图 12-31　右揽雀尾（续）

（三）单鞭至转身左蹬脚

此部分动作，详见视频 12-8。

1. 单鞭

12-8　太极拳第三段

单鞭：①身体左转，重心移至左腿，左手随转，上体向左；②右脚内扣，上体继续左转，成左侧弓步，同时左手向左平摆划弧至左侧方，掌心向里，右手向下经腹前再向左上划弧至左肩前，掌心向下，目视右手；③身体右转，重心移向右腿，成右侧弓步，同时右手向右平摆划弧至右侧，手指向上，掌心向外，左手松腕向下，向右划弧至胸前，掌心向上，目视右手；④重心由左移至右腿，左脚收至右脚内侧，同时右掌变勾手，目视勾手方向。上体微左转，左脚迈步成左弓步，推左掌，指与眼平，目视左手。单鞭如图 12-32 所示。

图 12-32　单鞭

2. 云手

云手：①上体后坐，左脚尖翘起，然后上体右转，左脚尖内扣，成右侧弓步，同时右手随上体右转，勾手变掌向右划弧至身上体右侧，掌心向外，左手向左运转下落，经腹前立圆云转至右肩前，掌心向上，目视右手；②上体继续左转，重心移至左腿，右脚收至左脚内侧，成小开立步，同时左手经面前向左划弧至身上体左侧，掌心向内，右手向下经腹前立圆云转至左肩前，掌心斜向内，目视左手方向。云手如图 12-33 所示。

图 12-33　云手

3. 单鞭

单鞭：①上体左转，重心后移至左腿，扣右脚，上体继续左转，成左侧公布，同时左手向左平摆划弧至左侧，手心向里、向下，右手向下经腹前再向左划弧至左肩旁，手心向内，眼看左手；②上体右转，重心移至右腿，成右侧弓步，同时右手向右平摆划弧至右侧，手指向上，掌心向外，左手松腕向下，向右划弧至胸前，掌心向内，目视右手；③重心移至右腿，左脚收至右脚内侧，前脚掌点地，同时右掌变勾手，勾尖向下；④左手划弧至右肩前，眼看右勾手；⑤上体微向左转，左脚向左前方迈出，成为左弓步，同时左手翻掌前推，指与眼平，眼看左手。单鞭如图 12-34 所示。

图 12-34 单鞭

4. 高探马

高探马：右脚进半步，成左虚步，两手心向上，右掌经耳旁前推，手心向前与眼高，左手收至左腰前，手心向上，眼看右手。高探马如图 12-35 所示。

图 12-35 高探马

5. 右蹬脚

右蹬脚：①左手穿掌至右手背，提左脚，迈步成左弓步，同时两手分开自两侧向下画弧合抱于胸前，右手在外，右脚收拢脚尖点地，眼看右方；②两臂分开平撑，手心向外，同时抬右腿蹬右脚，眼看右手。右蹬脚如图 12-36 所示。

图 12-36 右蹬脚

6. 双峰贯耳

双峰贯耳：屈右腿，两手落于右膝两侧，手心向上。右脚前落成弓步，同时两手握拳从两侧前上画弧至脸前，拳眼斜向内（两拳相距 10~20 厘米），眼看右拳。双峰贯耳如图

12-37 所示。

图 12-37 双峰贯耳

7. 转身左蹬脚

转身左蹬脚：①上体左转，扣右脚，两拳变掌由上左右画弧合抱于胸前，左手在外，左脚收至右脚内侧点地，眼看左方；②两臂分开平撑，手心均向外，同时抬左腿蹬左脚，眼看左手。转身左蹬脚如图 12-38 所示。

图 12-38 转身左蹬脚

（四）左下势独立至收势

此部分动作，详见视频 12-9。

1. 左下势独立

12-9 太极拳第四段

左下势独立：①屈左膝，右掌变勾手，左掌向右画弧于右肩前，眼看右手；②右腿屈膝下蹲，左腿向左侧偏后伸成仆步，左手向左下经左腿内侧穿出，眼看左手；③弓腿起身，提右膝，挑右掌指向上，左掌按于左胯旁指向前，眼看右手。左下势独立如图 12-39 所示。

图 12-39　左下势独立

2. 右下势独立

右下势独立：上体左转，右脚落于左脚前点地，同时身上体左转 90°，左手侧平举成勾手，右掌随即向左画弧，立掌于肩前，掌心向左，眼看左勾手。右下势独立如图 12-40 所示。

图 12-40　右下势独立

3. 左右穿梭

左右穿梭：①收脚抱球，上体微向左转，右脚向前落步，身体重心移至左腿，右脚尖点地，同时两掌心相对成抱球状，眼看左前臂；②弓步架推，右脚向右前方迈成弓步，同时右手架于额前，手心斜向上左手向前推，高与鼻平，指向上，眼看左手；③收脚抱球，上体后坐，右脚尖外撇，左脚上步于右脚内侧，脚尖点地，同时两手在右胸前抱球，眼看右前臂。左右穿梭如图 12-41 所示。

图 12-41　左右穿梭

4. 海底针

海底针：右脚上半步成左虚步，同时右手随上体右转，向下、后、上方提，由耳旁斜前下方插掌，指向下，左手向前、下画弧落于胯旁指向前，眼看前下方。海底针如图 12-42 所示。

图 12-42　海底针

5. 闪通臂

闪通臂：上体稍右转，左脚向前迈成左弓步，同时右手经上体前上提至头上，掌心斜向上，左掌向前平推，高与鼻平，眼看左手。闪通臂如图 12-43 所示。

图 12-43　闪通臂

6. 转身搬拦捶

转身搬拦捶：①右后转上体，扣左脚，同时右手随转上体握拳向右下画弧至左肘旁，拳心向下，眼看前方；②右转上体，右拳经前翻转撇出，左手落于左胯旁，同时右脚收回再向前迈出，脚尖外撇，眼看右拳；③重心移至右腿，左脚向前迈步，左手向前拦掌，右拳收回腰旁，眼看左手；④左腿前落成左弓步，同时右手向前打出，高与胸平，左手附于右前臂内侧，眼看右拳。转身搬拦捶如图 12-44 所示。

图 12-44　转身搬拦捶

7. 如封似闭

如封似闭：①左手经右腕下穿出，右拳变掌，两手心向上回收，同时上体后坐，左脚尖翘起，眼看前方；②两手在胸前翻掌，向前推出与肩高，同时重心前移成左弓步，眼平视。如封似闭如图 12-45 所示。

图 12-45　如封似闭

8. 十字手

十字手：①重心右移，扣右脚，上体右转，右手随转上体向右画弧，与左手成两臂侧平举，同时右脚外撇，成右弓步，眼看右手；②重心左移，扣右脚，然后右脚向左回收半步，两脚与肩宽，同时两手向下、上画弧交叉于胸前，右手在外，两掌心向里，眼平视。十字手如图 12-46 所示。

图 12-46　十字手

9. 收势

收势：两手小臂外旋翻掌，手心向下，分手下落，收左脚还原，眼平视。收势如图 12-47 所示。

图 12-47　收势

第十三章 体操运动

第一节 体操运动概述

一、体操运动及其起源

体操一词来源于古希腊语 Gymnasitike。古希腊人将从事锻炼的走、跑、跳、攀登、爬越、舞蹈、军事游戏的内容统称为体操，体操是当时所有运动的总称。这一概念沿用了较长时间。19 世纪，欧美各国相继涌现了一些新的运动项目，并建立起“体育是以身体活动为手段的教育”这一新概念。从 19 世纪末到 20 世纪初，随着体育运动的发展，一些生理学家、医学家和体育学家对体育运动的本质和价值做了深入研究及科学分类，“体育”一词才逐步取代原来“体操”的概念，变为身体运动的总称，而体操也在这一时期从内容和方法上区别于其他的身体运动形式，并形成了自身独立的运动项目和现代的概念。

二、体操的项目特点

（1）具有广泛的群众性。体操包括徒手体操、轻器械体操等 12 个方面的内容，不同的人群可以根据年龄、性别、职业、身体条件、训练水平以及设备条件的不同，因人、因时、因地制宜地从中选择适合自己的项目和动作进行练习，达到增强体质、促进健康和提高运动技术水平的目的。我国基础教育改革以来，中小学体育教师创编的各类课间操深受广大学生的喜爱；面向全国健身爱好者推广的大众健身操、健身舞则成为中老年朋友最爱的健身项目之一。

（2）能全面而有针对性地锻炼身体。体操的内容丰富，可以徒手练习、手持轻器械练习和在器械上练习。完成动作的形式灵活多样，可以倒立、转体、屈伸、支撑、悬垂、滚翻和翻腾等。合理地选择锻炼项目和内容并坚持锻炼，能全面增强人体运动系统、内脏器官和神经系统的功能，促进人体的全面发展。同时，人们可以有针对性地锻炼身体的某些部位或某项素质，如肩关节的灵活性、腿的柔韧性、腰腹部的力量等，都可以通过选用专门的练习进行锻炼，达到提高身体素质的目的。

（3）广泛运用保护与帮助。保护与帮助不仅是一项安全措施，而且是体操教学与训练中特有的教学手段。对一些难度较大的或技术较复杂的动作内容，采用保护与帮助，既可以预防伤害事故的发生，也能加速建立正确的动作技术概念，相互间的保护与帮助还能培养练习者团结互助的良好作风。保护与帮助也是各级学校体育教师必备的教学技能之一。

（4）具有较强的艺术性。体操中包含很多艺术性较强的内容。体操练习不仅要求技术动作准确到位，而且要根据完成动作的技术质量和身体姿态来评定成绩。因此，在体操教学与训练中，无论是单个动作还是成套动作，都要求协调、准确、优美、舒展地完成。广播体操、健美操、啦啦操、女子自由体操等都是在音乐的伴奏下进行的，其将音乐融于动作之中，来展现动作美、形体美、音乐美、服饰美和精神风貌美，充分体现了体操运动健、力、美的艺术魅力。

（5）技术不断创新。创新是体操的生命，没有创新就没有发展，也就没有竞争力。实践表明，在竞技体操技术的发展中，一名优秀运动员除了具备超群的身体和心理素质外，还必须在动作难度、连接、编排和风格等方面有所创新，才能获得比赛的胜利。同样，在其他类体操的创编中，也要求根据不同的目的与任务，有创造性地选编动作，推陈出新，做到新颖而不落俗套，使体操常葆旺盛的生命力。因此，不断创新是体操运动发展的灵魂。

三、我国体操的发展概况

远古时期，人们为了生存，必须与自然做艰苦的斗争，在打猎、捕鱼、采集野果等劳动中，逐渐提高了攀登、爬越、跳跃、走、跑等生活技能，这些可以看作古代体操的萌芽，大量的文物和史料也记载了古代体操的产生和发展历程。

总体来说，我国古代体操可以归纳为两大类：第一类，强筋骨、防疾病的医疗体操。古代中国虽无“体操”一词，却有类似体操的“养生”“导引”“乐舞”“百戏”等健身活动，体现古代体操浓郁的文化性和养生健体的特色。第二类，反映在古代歌舞、戏剧、杂技中和流传于民间的技巧运动。例如，在出土的西汉乐舞杂技陶俑中，有手倒立、后手翻和空翻等动作。

鸦片战争以后，西方的器械体操陆续传入我国，体操被运用到军事训练、学校教育、日常锻炼等活动中。首先传入我国的是德式体操的兵操和器械体操，之后随着洋务运动的发展与对日派出留学生的增多，日本化的德国和瑞典体操陆续传入，此时，随着青年会活动的开展，美国式的德国和瑞典体操也在我国传播。1908 年，上海成立了第一所体操学校，术科教学内容主要有徒手体操、轻器械体操、器械体操和垫上运动。同时，我国关于体操运动的译著和专著也相继问世。由于政治、经济条件的限制，以及战争的影响，20 世纪 50 年代之前的体操运动的发展十分缓慢，只有一些徒手体操、垫上运动、项目不全的简易器械体操在学校和社会上流传。

中华人民共和国成立以后，体操得到蓬勃发展。1951 年 11 月 24 日，国家体委公布了第一套成人广播体操。1953 年 3 月 1 日，中央人民政府发出《关于在政府机关中开展工间操和其他体育运动的通知》。1954 年、1955 年先后公布了第一套少年广播体操和第一套儿童广播体操。70 年来，已经推广多套适合各种不同人群锻炼的广播体操，广播体操的发展极大地推动了学校体育和群众体育的发展，对增强人民体质、促进身心健康和丰富人民文化生活具有深远的意义。此外，体育工作者还深入现场，根据不同工种的劳动特点，创编和推行了各种生产操，如钢铁工人操、纺织女工操、煤矿工人操等，对促进职工健康、提高生产效率起到了良好作用。1954 年，在全国普遍推行了劳卫制，对学校开展体操活动起到了推动作用。1979 年，教育部和国家体委联合颁发试行了《高等学校体育工作暂行规定》和《中小学体育暂行规定》。这两个规定成为学校体育工作的指导性文件，促进了体操在学校体育中的开展。1995 年，随着《全民健身计划纲要》的出台，许多健身、健心、健美、娱乐身心、陶冶情操的体操内容成为群众健身的手段，如基本体操中的广播体操、轻器械体操、医疗保健体操和简易的单杠、双杠、吊环、平衡木、鞍马训练器、肋木架、仰卧起坐平台等器械体操，已成为全民健身的主要内容。

在大众健身体操蓬勃开展的同时，竞技体操的技术和运动成绩也不断提高，逐渐成为我国现代竞技体育的优势项目，为我国的竞技体育事业赢得了荣誉。

1953 年，第一次全国田径、体操、自行车运动会在北京举办。参加竞技体操比赛的运动员共计 67 人，其中男运动员 40 人，女运动员 27 人。此次运动会比赛规模小，项目不全，技术处于发展之中。同年 9 月，苏联国家体操队来华访问表演，带来了当时竞技体操的新技术，这为我国竞技体操的发展打下了基础。从 1955 年开始，我国的竞技体操进入了快速发展期，每年都要举办全国性的比赛，运动员人数迅速增加，技术水平不断提高。1956 年是我国竞技体操发展史上十分重要的一年，主要有三个标志性的事件：一是中国体操协会成立；二是加入了国际体操联合会；三是颁布了体操运动员技术等级制度。1956 年在天津举行的全国体操冠军赛，通过了第一批运动健将等级标准（其中男、女各 8 名），并培养了一批裁判员和教练员，为后来竞技体操的发展和走向世界奠定了基础。

1958 年，我国运动员首次参加世界大型体操比赛，在第 14 届世界体操锦标赛上，男队获得团体第 11 名，女队获得团体第 7 名。1962 年，在第 15 届世界体操锦标赛上，男队跃居团体第 4 名，女队获得团体第 6 名，于烈峰夺得男子鞍马第 3 名，国际体操赛场上第一次升起五星红旗，标志着我国竞技体操进入世界水平。1964 年，我国退出国际体操联合会。1978 年，我国重新恢复在国际体操联合会的合法地位。

1979 年，在第 20 届世界体操锦标赛上，我国运动员重新站在国际体操赛场上，男队获得团体第 5 名，女队获得团体第 4 名。马燕红一鸣惊人，夺得女子高低杠冠军，中华人民共和国国歌又一次在国际体操赛场上奏响，写下了中国竞技体操历史新的篇章。

20 世纪 80 年代，我国的竞技体操历经几代体操工作者的努力拼搏，终于跨进世界竞技体操强国的行列，获得 13 个世界体操锦标赛冠军、6 个奥运会体操冠军和 10 个世界杯赛体操冠军（其中一个并列）。1982 年，李宁在第 6 届世界杯体操赛上一人夺得全能和 5 个单项冠军，开创了竞技体操史上在一届比赛中个人夺取金牌数最多的纪录。1983 年，在第 22 届世界体操锦标赛上，我国体操男队首次战胜苏联队，荣登世界体操团体冠军的领奖台。

20 世纪 90 年代，在体操赛制、规则等发生重大变化的情况下，我国竞技体操运动员奋力拼搏，再创辉煌，先后获得 10 个世界锦标赛冠军、3 个奥运会冠军、2 个世界杯赛冠军、5 个世界杯总决赛冠军和 2 个世界杯单项赛冠军。男子体操队异军突起，先后夺得 1995 年世界锦标赛、1997 年世界锦标赛、1998 年世界杯总决赛、1999 年世界锦标赛的男子团体冠军。

21 世纪，我国竞技体操持续稳定地保持世界领先水平。在 2000 年悉尼奥运会上，男队首次获得奥运会团体冠军，实现体操界同人多年的奥运夙愿。在2006年世界竞技体操锦标赛上，女队首次获得团体冠军。在2008年奥运会上，男队、女队双双获得奥运会团体冠军，并一举夺得9枚金牌，创下我国竞技体操运动新的辉煌。2012年伦敦奥运会上，男子团体成功卫冕冠军。

从体操发展的历程可以看出，我国竞技体操走过了一条坎坷的发展之路，在起点低、基础差的条件下起步，经过几代人的努力，训练水平由低到高、技术发展由弱到强、进步速度由慢到快、运动成绩由差到好，发展成为举世公认的竞技体操强国，拥有了一批以我国运动员名字命名的动作，为世界体操的发展作出了贡献。

四、中国体操代表人物

（一）李宁

李宁出生在广西柳州一个普通的教师家庭。李宁的家庭并非运动世家，当音乐教师的父亲最初想把儿子培养成声乐人才。7岁时，李宁声带损伤，在休养声带过程中迷上体操。1971年，他进入广西体操队。1973年，他获得全国少年体操锦标赛自由体操金牌。1977年，他获得全国青年体操锦标赛自由体操亚军。1980年，李宁获得“运动健将”称号，入选国家体操集训队。1980年，在全国体操锦标赛上，李宁获得自由体操亚军、个人全能季军和吊环季军，这是他首次摘得全国锦标赛奖牌。1981年第十一届世界大学生运动会，李宁独得自由体操、鞍马和吊环三项冠军。1982年，在第六届世界杯体操锦标赛上，李宁获个人全能、自由体操、单杠、吊环、鞍马、跳马6枚金牌，成为中国在一次世界体操比赛中获金牌最多的运动员，开创世界体操史上一人一次比赛夺冠最多的新纪录，他因此被誉为“体操王子”。1982年，在第九届亚运会，李宁获得体操团体、全能、鞍马、吊环四项冠军和双杠亚军。1983年，在第二十二届世界体操锦标赛上，李宁作为主力队员，获得个人跳马亚军和自由体操、吊环季军，同时，中国队首次获得男子团体冠军。

1984年，参加第二十三届奥运会，迎来运动生涯巅峰。这一次，中国体操队在男子团体和全能比赛中失利，未获得金牌，全队因此蒙上了一层阴影。8月4日，奥运会体操比赛进入第6天，在自由体操项目中，李宁获得金牌，共有4个裁判为他打出10分满分；鞍马比赛中，李宁再次得到10分，最终收获金牌；吊环比赛，获得最高分摘得金牌；他成为中国第一个在奥运会上一日夺得三枚金牌的运动员。跳马比赛，李宁获得银牌；全能比赛，获得铜牌。同时，中国男子体操队获得团体银牌。这届奥运会，李宁获得3金2银1铜共6枚奖牌，是该届奥运会中获奖牌最多的选手。

在运动生涯中，李宁先后参加60余次重大国内外比赛，获世界冠军14个，国际国内金牌106枚。他的独创动作“鞍马正交叉转体90度经单环起倒立落下成骑撑”“吊环吊臂前摆上成支撑”“吊环支撑后翻经后悬垂前摆上成支撑”“双杠大回环转体180°成支撑”，分别被国际体联命名为“李宁交叉”“李宁摆上”“李宁正吊”“双杠李宁大回环”。

1999年，国际体育记者协会评选出25名“20世纪最佳运动员”，李宁作为唯一入选的中国运动员，与“球王”贝利、“拳王”阿里、“飞人”乔丹比肩。李宁在获得这项殊荣时说：“20世纪是不平凡的世纪，我们的祖国发生了翻天覆地的变化，而我有幸作为中国体育界的一员向世界证明这种变化，我感到无比的骄傲和自豪！”2000年，李宁入选国际体联体操名人堂，成为中国体操史上第一人。

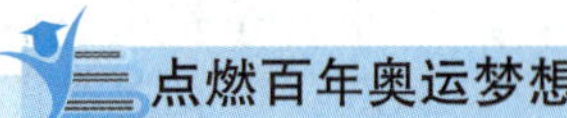

点燃百年奥运梦想

北京奥运会开幕式，在“鸟巢”的中央，李宁高举火炬腾空而起，在体育场上空的“空中跑道”上奔跑起来。与此同时，一幅中国式画卷沿“空中跑道”徐徐展开，“祥云”背景的画卷上呈现出奥运圣火在各地传递的动态影像。“空中飞人”李宁来到主火炬塔旁点燃引线，喷薄的火焰沿火炬塔盘旋而上，滚滚翻涌的奥运圣火，把体育场的上空映照得一片辉煌，全场为之沸腾。这是中国几代体育人和中国13亿人民的共同期望，成功点燃奥运火炬意味着中国的百年奥运梦想终于成真！

鲜有人知，李宁恐高。在“鸟巢”训练时，李宁升上50米的高空腿就发软，前三天都不敢动。一个月清场训练，深更半夜并不算热，可第一趟、第一圈下来，李宁被吓得身上衣服湿透了。为克服恐高，李宁让自己始终保持眼神聚焦，不去看别的地方，把所有的注意力和视线，都紧紧盯住自己伸在前方举着火炬的手。除恐高外，“风”也是一大难题。李宁需要训练在靠近圣火坛点火口的时候拿稳火炬，因为每次都会有风从不同的方向吹过来。对于点燃主火炬，其实很多人都能胜任这个事，落在谁的身上，都是光荣。李宁没有私吞这一份光荣，将它当作所有运动员的光荣。

（二）李小鹏

李小鹏出生在湖南长沙，他遗传了母亲的运动基因，从小就活泼好动，故父母就打算将他送去练体育。1996年2月，15岁的李小鹏入选国家体操队，来到了位于北京天坛公园旁的体操馆，从此开始了体操生涯。1998年5月，参加日本靖江世界杯体操总决赛，李小鹏以9.425分和9.575分的成绩获男子自由体操和男子双杠两项冠军。2000年9月，在悉尼奥运会上，李小鹏率领中国体操男队获得了悉尼奥运会团体冠军，随后以9.825分的成绩获得了男子体操双杠冠军。2008年，在北京第二十九届奥林匹克运动会上，李小鹏团队获得体操男子团体冠军，李小鹏以16.450的成绩荣获双杠冠军。

1997年，16岁的李小鹏参加在瑞士洛桑举行的第三十三届世界体操锦标赛，与队友合作获男子团体冠军；10月，李小鹏参加在上海举行的第八届全运会体操比赛，以9.6分的成绩获男子自由体操冠军；11月，参加在瑞士举行的世界杯体操赛，以9.5分的成绩获男子双杠亚军。第一次参加世锦赛就获得金、银、铜牌“大满贯”的他，被认定为中国体操队的新一代领军人物。

2000年5月，李小鹏参加在武汉举行的全国体操锦标赛，获男子跳马、男子双杠和男子单杠三项第一名。在同年9月的悉尼奥运会上，他与队友杨威、黄旭、邢傲伟、郑李辉和肖俊峰合作，率领中国体操男队获得了第一个奥运会男团冠军；9月25日，他以9.825分的成绩获得了男子体操双杠冠军，迎来了其运动生涯的第一个巅峰。随后的世锦赛等一系列大赛上，李小鹏也很少失手，巅峰状态一直保持到了雅典奥运会。

2005年，在南京举办的中华人民共和国第十届全运会上，李小鹏脚受伤了，在双杠和跳马比赛中脚踝挫伤加重；在随后的世锦赛上，虽收获一枚双杠银牌，但脚踝伤情又一次加剧，踝关节中不仅有游离骨，还有腱鞘炎。在带伤参加完世锦赛后，李小鹏前往美国接受了手术，并因此连续错过了两届世锦赛。

2006年1月，李小鹏动了手术，手术后李小鹏的脚伤也只治好了一半，无法根除。2006年3月底前，李小鹏的训练目标就是忍痛，争取到3月底可以适应疼痛做动作，但在此后的训练比赛中李小鹏的脚将是无时不疼的。年底，李小鹏伤愈复出，并且在世界杯总决赛上以完美的表现获得双杠金牌。随后，获得了世界鞍马的冠军，从而追平了李宁 14 个世界冠军的记录。

克服伤病奋勇夺冠

2007 年春天，刚刚恢复系统训练的李小鹏，在训练中右脚关节受伤，造成粉碎性骨折。为了备战 2008 年奥运会，受伤后的李小鹏只得暂时放缓跳马和自由操的训练，却一直没有放松在主要借助上肢力量来进行的双杠的训练。骨折第三天，李小鹏拄着拐棍拖着打了石膏的脚就来到体操房练上肢，每天白天照样上单双杠，晚上做治疗、做恢复。

2008 年 8 月，北京第二十九届奥林匹克运动会，李小鹏团队获得体操男子团体冠军。随后以 16.450 的成绩，勇夺双杠冠军。从 1997 到 2008 年的 12 年间，李小鹏在国际大赛中共夺得 16 个世界冠军，成为中国体操史上获得冠军最多的运动员。李小鹏这种顽强拼搏、不屈不挠的精神和超越自我、勇于突破的意志品质是我国体育精神的充分体现，他为我国体操事业的发展贡献了积极的力量。

（三）陈一冰

1984 年 12 月 19 日，陈一冰出生于天津一个普通的工人家庭。陈一冰在年幼的时候身体素质很不好，经常生病。为了让他强健体魄，父母在他 5 岁的时候就把他送到了体操馆里学习体操。从此，他便与体操结下不解之缘。

从 1989 年到 1994 年，陈一冰一直在天津业余体操队进行训练。那个时候的他就经常在国家级的体操比赛中崭露头角。1994 年年底，陈一冰进入天津专业体操队。一直到 2000 年，陈一冰屡次因为没有好的比赛成绩陷入自卑与痛苦之中，甚至想放弃体操。然而在 2001 年，一个偶然的机会，陈一冰以代训的方式进入了体操国家队，开始了更为专业更为艰苦的体操训练之路。

2008 年 8 月 18 日，北京奥运会体操比赛进入到第二个单项决赛日的争夺。在首先进行的吊环决赛中，两届世锦赛冠军、中国“吊环王”陈一冰以一套如教科书般的动作得到 16.600 分，为中国代表团赢得本届奥运会上的第 36 块金牌。伦敦奥运会上，作为队长，第一个出场的陈一冰发挥出色，打好了头赛。随后出场的郭伟阳顶住压力，即便出现了两个小分腿，可还是出色地完成了全部动作。最后中国队成功逆转，继北京奥运会之后，蝉联奥运会团体冠军。

寒窗苦练终摘金

竞技体育只讲实力，一批一批的队员在老去，一批一批更加年轻，条件更加优越，更加野心勃勃的新人冒出来。训练总局的体操训练馆里，队员们日复一日、年复一年地刻苦训练，每个人的梦想都是当世界冠军。练体操是很寂寞的，既然选择了体操，就要放弃许多在他人眼里很平常的点滴幸福。但是陈一冰耐得住寂寞，顶得住压力，并没有因为成绩不理想而放弃努力，这种寂寞练就了陈一冰的成熟。在场上，22 岁的陈一冰有着与他的年龄很不相称的老练。陈一冰坚持到 22 岁才拿到世界冠军，需要承受的压力可想而知。

（四）杨威

1980年，杨威出生于湖北省仙桃市，幼时的杨威因先天性营养不足，一直比同龄孩子瘦弱，胳膊长，双腿的长度和力量却不足。1985年，5岁的杨威到仙桃市新生街小学报名上学前班，恰好遇到仙桃市业余体校教练彭友平前来招生，很快杨威因为上肢力量强而被选中。杨威的腿型不好，不被大家所看好，但教练彭友平却坚持自己的看法，对其制定了个性化训练方案。杨威训练时非常自觉，从不迟到早退。有一次，彭友平带领孩子们练习单杠时，不经意间发现铁杠上有斑斑血迹，他翻开杨威紧握的小拳头一看，磨破的两手掌心在流血。杨威的腿型不好，杨威10岁时仍然细胳膊细腿，膝盖骨比较大，两条腿老是伸不直，正看呈X形（俗称“外八字”），侧看呈弓形，倒立时并腿动作一点都不美，彭友平把杨威接到自己的单身宿舍，每天睡觉前，用纱布将杨威的双腿绑上，有时还压上很重的东西，第二天早上起床时，杨威双腿麻木，彭友平为他按摩半小时才能迈步。一番训练后，杨威的水平大有提高。

16岁，杨威入选国家队。1997年，杨威在上海举办的第八届全国运动会体操比赛中获得团体冠军。2000年，在悉尼奥运会上，杨威作为主力成员与队友一起为中国体操队拿下了第一个奥运会男团冠军。2006年、2007年，杨威连续两次获得世锦赛全能冠军，也成为继南斯拉夫运动员佩塔尔·苏米于1926年卫冕世锦赛全能冠军81年之后首位完成这一壮举的运动员。2007年9月，中国体操队参加第四十届德国斯图加特世界体操锦标赛，在男子团体比赛中，杨威与队友以绝对优势蝉联了团体冠军。之后的个人全能比赛，虽然杨威在单杠比赛中出现了重大失误，但还是蝉联了冠军，杨威成为世界体操锦标赛历史上第二位卫冕男子个人全能冠军的选手，也是中国体操史上继李宁和李小双后，第三位两次夺得个人全能冠军的运动员。2008年8月12日，在北京奥运会上，杨威带领中国体操男队在时隔8年后重夺男团金牌。8月14日，在北京奥运会男子体操全能决赛中，杨威以94.575分获得了冠军，时隔12年之后重新为中国获得了男子体操全能金牌。

在中国，与这些体操代表人物同时代的优秀体操运动员有很多。体操运动项目的发展与社会发展的关系密不可分，在我国经济快速增长的同时，我国体操运动的发展也蒸蒸日上。

第二节　体操运动的基本技术与练习方法

一、体操技巧

体操技巧俗称“翻筋斗”，也叫“垫上运动”，是体育课教材中的主要内容之一。技巧内容丰富，动作形式多样、变化多端，它主要包括各种滚翻、手翻、空翻、倒立、平衡等动作，是广大学生非常喜爱又易于开展的运动项目。

体操技巧练习有较高的锻炼价值和实用价值。各种技巧练习对发展人体的力量、灵敏、柔韧、协调等素质，对于提高身体基本活动能力、改善身体机能状况，塑造健美体形，培养意志品质，尤其是提高前庭器官功能和培养自我保护能力等方面有非常重要的作用。体操还是一项对身体姿态和控制能力等有一定要求和艺术表现的运动项目，特别在人类身体活动日益减少和动作日益单调化的今天，技巧练习更加成为人们锻炼不可或缺的重要手段。

体操技巧运动还是其他许多体育运动项目训练的基础内容，或作为训练手段被广泛地运用。练好技巧对提高自我保护能力，促进其他运动项目的学习和训练起着重要的作用。因此，抓好技巧动作的教学与训练具有重要的意义。

（一）前滚翻

1. 动作做法

由蹲撑开始，重心前移，两腿向后下方蹬直离地，同时屈臂、低头、提臀，以头的后部在两手撑地前着地，经后脑、背、腰、臀部依次向前滚动，当背部着地时，迅速收腹屈膝，上体紧跟大腿团身抱腿成蹲立，如图 13-1 所示。

图 13-1　前滚翻

2. 教法提示

（1）原地滚动练习。当前滚至背部着地，腿与地面夹角约 45°时，迅速收腹，上体紧跟大腿团身抱腿。

（2）在垫子下面放斜板，由高处向低处做前滚翻。要求脚先蹬地后屈臂再低头。

（3）适当讲解增加蹬地的初速度、加大转动惯量再缩短半径增加角速度的运动变化的规律，详见视频 13-1。

13-1　前滚翻

3. 学法指导

（1）学习要点：前滚翻动作的完成主要取决于向前滚翻的力量和半径。两脚用力蹬地并充分蹬直，能加大向前滚翻的力量；两腿蹬直以后迅速团身抱紧小腿，能缩小转动半径；加大翻转的角速度，容易完成滚翻动作。

（2）延伸学习：单腿前滚翻；前滚翻分腿起；前滚翻交叉腿起；前滚翻直腿起；双人

前滚翻；等等。

4. 保护与帮助

保护与帮助者单膝跪立在练习者侧前方，用手顺势推其背部，帮助其成蹲立姿势。

5. 练习作用

提高前庭器官机能，培养学生时空方位的判断能力和自我保护的技能；发展其协调性和灵巧性。

（二）后滚翻

1. 动作做法

由蹲撑开始，身体稍前移，接着直臂顶肩、推手低头、拱背团身后滚，依次经臀、腰、背向后滚动，两手迅速屈臂抬肘翻腕置于肩上（掌心向后），当头部着地时，两手用力推地撑起翻转成蹲撑，如图 13-2 所示。

图 13-2　后滚翻

2. 教法提示

（1）两手放在肩上方，练习向后滚动手撑地动作。要求屈臂抬肘，夹肘翻腕置于肩上（掌心向后）。

（2）采用斜面由高向低练习后滚翻。要求团身紧、推撑快。

（3）肩主动后倒，增长转动半径以加大转动惯量，接着快速举腿以缩短转动半径、加快角速度，以顺利翻转完成动作，详见视频 13-2。

13-2　后滚翻

3. 学法指导

（1）学习要点：后滚翻时，颈部受力较大，在练习之前，要充分活动颈部。蹲撑时，重心稍前移，然后向后移动获取速度，后滚时，翻臂及时，团身要紧，身体重心过头部垂直位时，要及时推手。

（2）延伸学习：后滚翻成跪撑接跪跳起；前滚翻两腿交叉转体接后滚翻；后滚翻经单肩成单膝跪撑平衡；后滚翻直腿起；等等。

4. 保护与帮助

保护与帮助者单腿跪立在练习者侧后方，当练习者后滚至头部时，一手托肩，一手推背，助其翻转。

5. 练习作用

提高前庭器官机能，培养学生时空方位的判断能力和自我保护的技能；发展其协调性和灵巧性。

（三）鱼跃前滚翻

1. 动作做法

由半蹲两臂后举姿势开始，两臂前摆，同时两脚蹬地，向前上方跃起，身体腾空时保持含胸、紧腰、梗头，髋关节大于 90°，腿处于臀部水平位。然后两臂前伸撑地、屈臂、低头经后脑着地做前滚翻，如图 13-3 所示。

图 13-3　鱼跃前滚翻

2. 教法提示

（1）半蹲开始，做两臂前摆远撑的前滚翻。要求腿用力蹬地后积极上摆、紧腰。

（2）从高处（30~40 厘米）向下做前滚翻。要求在前方铺一块海绵垫，手撑地后先屈臂再低头做前滚翻，体会两臂撑地的控制力量及技术。

（3）跃过低障碍物的前滚翻，要求空中紧腰、髋关节大于 90°，腿处于水平位（在他人帮助下完成）。待熟练后，可加助跑的鱼跃前滚翻。

（4）由半蹲身体前移腿用力蹬地以形成向前上的起跳角度使身体腾起，进入空中抛物线，当转入手撑地被动屈臂做退让性动作时，再屈体、屈膝来完成动作，详见视频 13-3。

13-3　鱼跃前滚翻

3. 学法指导

（1）学习要点：身体重心稍前移，（重心在支撑面边缘时）两腿积极蹬地跃起，手撑地后，仍保持紧腰，当滚至肩背部着垫再迅速团身，先求腾空，后求远度。

（2）延伸学习：挺身鱼跃前滚翻；鱼跃前滚翻直腿起；等等。

4. 保护与帮助

保护与帮助者站在练习者起跳点的侧方，当练习者跃起腾空时，顺势托其大腿前送。

5. 练习作用

培养学生的勇敢、顽强的意志品质，以及时空感和自我保护的技能；发展学生的协调性和灵巧性。

（四）肩肘倒立

1. 动作做法

由直腿坐姿势开始，上体后倒，两臂在体侧用力压地，接着举腿、翻臀，当脚尖至头部上方时，两腿上伸、髋关节充分伸直，用两手托住腰部成肩肘倒立姿势，如图 13-4 所示。

2. 教法提示

（1）直腿坐，屈体后滚向上做伸髋练习。要求脚尖至头部上方时伸髋，体会伸腿方向。

（2）坐撑后滚动，屈体翻臀，做两臂屈肘撑腰练习。要求夹肘撑腰，以稳定支撑。

（3）由身体的滚动到肩肘倒立，通过快速伸长半径达到制动的目的，因此，制动时应考虑将身体重心控制在支撑面内，详见视频 13-4。

图 13-4　肩肘倒立

3. 学法指导

（1）学习要点：收腹举腿要翻臀，眼睛应注视脚尖，向正上方伸直髋关节。

（2）延伸学习：向前接前滚动团身起立或向前滚动分腿起立；向后可做经单肩后滚翻成单膝跪撑平衡或成跪撑，或经单肩后滚翻胸滚动成俯撑。

13-4　肩肘倒立

4. 保护与帮助

保护与帮助者站在练习者侧方，上提其小腿，必要时可用膝顶其腰背部。

5. 练习作用

培养学生对空间方位的判断能力。

（五）头手倒立

1. 动作做法

由蹲撑姿势开始，手指自然分开在体前撑地，用头的前额上部与两手成等边三角形撑地，身体重心前移，同时提臀，一腿上摆，一脚蹬地，接近倒立时，两腿并拢上伸，身体挺直成头手倒立，如图 13-5 所示。

图 13-5　头手倒立

2. 教法提示

13-5　头手倒立

（1）当头与手支撑成等边三角形后再做倒立。要求始终控制重心在支撑面内。

（2）身体重心应稳定在支撑面内，稍靠向头部，形成一个相对的稳定角，详见视频 13-5。

3. 学法指导

（1）学习要点：初学时，先用头顶部，再回到头的前额用力顶地，两臂内夹用力控制平衡。当倒立失去平衡，身体前翻时应迅速低头、团身做前滚翻。

（2）延伸学习：双脚蹬地头手倒立；分腿慢起头手倒立；屈体慢起头手倒立；等等。

4. 保护与帮助

保护与帮助者握住练习者的腿，帮助控制头手倒立平衡。

5. 练习作用

培养学生空间方位的判断能力和身体的控制能力。

二、跳跃

跳跃动作是体育教学的主要内容。跳跃包括一般跳跃和支撑跳跃两大类。一般跳跃有跳上、跳下、跳越障碍等动作，是支撑跳跃的基础。支撑跳跃由助跑、上板、踏跳、第一腾空、推手、第二腾空、落地七个技术环节组成。其中，第二腾空动作的高、飘、远、美及落地的稳定性是评定整个动作质量的主要环节。从支撑跳跃动作技术结构分析，可分为正腾越、侧腾越和翻转腾越。

支撑跳跃的特点是通过腿和手臂短促有力地作用于器械，使人体在短暂腾空的时间里做出各种不同形式的动作。经常从事跳跃练习，能够全面提高人体运动器官、血液循环器官、呼吸器官及前庭分析器官的功能，对增强下肢、腰腹、肩带肌和上肢肌群的爆发力有明显效果，对发展空间定向判断能力和控制身体平衡能力有积极的影响，对培养练习者勇敢、顽强、果断的意志品质和超越障碍的实用技能有积极的作用。

（一）助跑起跳

1. 动作做法

由助跑开始，眼看器械，上体稍前倾，前脚掌触地，后腿充分蹬直，向前送髋跑动，动作协调，节奏清晰，摆臂均匀，步点准确。上板前最后几步上体自然抬起，两臂后引、摆动腿迅速前摆，蹬地腿积极蹬离地面，与摆动腿并拢，用前脚掌平行向前下方踏上助跳板，两腿积极缓冲，保持梗头、含胸、紧腰，上体稍前倾，同时两臂由后下向前快速摆臂并制动，配合两腿快速蹬板，获得较大的腾起力量，如图 13-6 所示。

图 13-6　助跑起跳

2. 教法提示

（1）助跑摆臂后蹬练习，要求摆臂协调，后蹬腿有力。

（2）三步“单跳双落”练习，要求保持含胸立腰，两臂前摆并至肩水平位即制动。

（3）快速助跑，踏板练习，要求助跑和踏跳之间动作连贯协调，摆臂快速、制动有力。

（4）适当增加助跑初速度，加大踏板的作用力，可获得更大的支撑反作用力，详见视频 13-6。

13-6　助跑起跳

3. 学法指导

（1）学习要点：助跑技术基本与短跑途中跑相似，采用逐渐加速的方法。助跑距离和速度应根据腾越器械、动作类型及个人特点而定。上板时“单跳双落”，双脚起跳，并含胸、梗头、紧腰。

（2）延伸学习：踏板靠墙（或距墙 50~60 厘米）做上板踏跳练习；各种一般跳跃练习；各种支撑跳跃练习。

4. 保护与帮助

保护与帮助者站在跳板前的练习者落点一侧，一手在前，另一手在腰部挡扶。

5. 练习作用

增强学生下肢力量和助跑踏板点的判断能力。

（二）挺身跳（弹跳板）

1. 动作做法

挺身跳，又叫弹跳板。其动作主要为：轻松助跑“单跳双落”上板，两腿向下蹬板，同时两臂积极向前上方摆动，使身体向上高高腾起。紧腰、梗头，接近最高点时挺身亮相，然后控制身体平衡至落地。挺身跳如图 13-7 所示。

图 13-7　挺身跳

2. 教法提示

（1）助跑上板练习，要求动作协调，起跳有力。

（2）垫上练习和由高向低挺身跳下练习，要求身体充分伸展。

（3）弹跳板上连续起跳接挺身下，要求动作连贯，保持身体的准确姿势。

（4）加大踏板的作用力以获得更大的支撑反作用力，有利于增加腾空高度，使身体伸展充分，详见视频 13-7。

13-7　挺身跳

3. 学法指导

（1）学习要点：起跳时紧腰，梗头上顶，两臂积极上摆，腾空将至最高点时充分伸展挺身，落地时屈膝缓冲。

（2）延伸学习：分腿挺身跳；团身跳；跳转 180°；跳转 360°；等等。

4. 保护与帮助

保护与帮助者站在弹跳板前练习者落点一侧，两手前挡后扶，维持其身体平衡，防止练习者跌倒。

5. 练习作用

增强下肢力量，发展学生的空间判断能力和平衡能力。

（三）山羊分腿腾跃

1. 动作做法

有节奏地逐渐加速助跑，单跳双落，积极摆臂踏跳，含胸、紧腰，两臂主动前伸，向下撑山羊并用力快速顶肩推手，同时稍提臀，两腿侧分，有意识下压制动，两臂顺势上举、起肩、抬上体、挺身，接着迅速并腿前伸落地，如图 13-8 所示。

图 13-8　山羊分腿腾跃

2. 教法提示

（1）助跑2~3步踏跳撑山羊分腿接着回落（在他人保护帮助下），要求做顶肩稍提臀侧分腿的山羊支撑动作，分腿支撑直腿，回落至跳板屈膝缓冲。

（2）低山羊练习分腿腾越，要求腿直，推手快速，展体明显。

（3）推手时积极制动腿，使动量传递到上体，利于迅速抬体、挺身，缓冲落地，详见视频13-8。

13-8 山羊分腿腾跃

3. 学法指导

（1）学习要点：起跳后两手迅速前伸，含胸、撑山羊。顶肩推手快速有力，抬上体挺身展体迅速充分。

（2）延伸学习：横马分腿腾越；纵马分腿腾越。

4. 保护与帮助

保护与帮助者站在练习者落地点侧方，一手握其上臂，另一手扶其腰帮助越过山羊；保护与帮助者站在山羊的正前方，当练习者撑山羊时，两手握其臂顶肩并顺势上提，同时后退帮助其完成腾越动作。

5. 练习作用

增强下肢和肩部力量，有利于发展学生的身体控制能力。

三、双杠

在体操范畴下，双杠属于器械体操，是竞技体操项目之一，是技术类体操中的一项重要内容。人们在双杠上可以完成的动作有易有难，变化多端，选择性大，如各种摆动、摆越、滚翻、转体、屈伸等动作，是广大学生十分喜爱的运动项目。

双杠动作的技术结构大致可分为静力性动作和动力性动作两大类，以动力性动作为主。静力性动作有支撑、慢起肩倒立、手倒立等；动力性动作有支撑摆动、挂臂摆动、悬垂摆动、滚翻、转体、屈伸上、后摆上、空翻等。近年来，双杠项目动作难度越来越大，而且新动作越来越多，例如团身后空翻一周半转体180°成挂臂、团身后空翻两周成挂臂、向后大回环屈体后空翻两周成挂臂等动作。

从事双杠运动有很高的锻炼价值，经常进行双杠动作练习，能有效地发展上肢、躯干、肩带肌和腹肌背肌力量，并对身体各部分的控制能力、协调能力和平衡能力等均有积极的促进作用。双杠锻炼可进行单个动作练习，也可以多个动作巧妙地组合在一起进行套路练习，还可以将静力性动作与动力性动作结合，进行合理编排，突出以支撑和摆动为主的双杠练习特征，以达到更好的锻炼效果。双杠动作练习，还能培养学生勇敢、顽强、果断和勇于克服困难、刻苦练习的良好心理品质，达到很好的健心效果。

（一）跳上支撑前摆成外侧坐

1. 动作做法

杠内站立，从内握杠（以右侧坐为例）。跳起成支撑，顺势向前上方摆腿，然后左大腿外侧坐杠，屈小腿向后下伸，右腿向后下方伸直，使左小腿和右腿在后下方平行，左手撑杠，右臂侧举，两眼平视，上体挺直，如图 13-9 所示。

图 13-9　跳上支撑前摆成外侧坐

2. 教法提示

（1）练习跳上支撑两腿前摆，要求两手于体前握杠，跳起直臂支撑，两腿顺势前摆出杠。

（2）在他人帮助下完成跳上支撑前摆成外侧坐，要求两腿出杠后左臂向右顶肩，使重心右移，两腿有控制地落下，臀部坐右杠，详见视频 13-9。

13-9　跳上支撑前摆成外侧坐

3. 学法指导

（1）学习要点：跳起直臂撑杠，两腿至垂直位时用力前摆。

（2）延伸学习：跳上支撑前摆成分腿坐—腿越摆两杠成外侧坐，后腿摆越两杠同时转体 180°成分腿坐；由外侧坐摆越两杠成外侧坐；等等。

4. 保护与帮助

保护与帮助者站在杠外练习者的左侧，前摆时托其腰部，送至外侧坐。

5. 练习作用

发展身体的协调性和良好姿态的控制能力。

（二）杠端跳起成分腿坐—前进一次成分腿坐

1. 动作做法

由杠端站立开始，两手前握杠，跳起撑杠两腿顺势前摆。当两腿出杠面后积极伸髋制动腿并分腿侧摆，大腿靠近两手虎口成分腿坐；由分腿坐开始，推手侧上举立腰，两腿夹杠挺身前倒，两手直臂在肩垂直处撑杠，同时两腿顺势后摆进杠，并腿前摆，当两腿前摆出杠后，主动前伸髋、制动腿、分腿侧摆成分腿坐，如图 13-10 所示。

图 13-10　杠端跳起成分腿坐—前进一次成分腿坐

2. 教法提示

（1）一手扶器械站立，一腿经前摆至侧举，要求腿前举约 90°，接着向侧摆至侧举，始终保持直腿。

（2）由支撑摆动前摆成分腿坐，要求支撑摆动幅度小，制动分腿及时准确。可由帮助者一手扶练习者上臂，另一手扶练习者腰部帮助前摆。

（3）由分腿坐开始，立腰、两腿夹杠挺身前倒撑杠成俯撑，要求身体充分伸展、塌腰、直腿后摆并稍停，以体会后摆进杠时的动作，详见视频 13-10。

13-10　杠端跳起成分腿坐—前进一次成分腿坐

3. 学法指导

（1）学习要点：在杠端跳起分腿坐时，两腿不仅侧分，而且向后划，以大腿根靠近手的虎口；前进时上体前倒的同时，两腿应顺势积极后摆，以利于进杠。

（2）延伸学习：由杠端跳起分腿坐，做多次前进；由分腿坐前进成外侧坐；由分腿坐弹杠前摆进杠成支撑摆动。

4. 保护与帮助

（1）保护与帮助者站在练习者侧面，一手扶其上臂，另一手托其腰部，帮助控制平衡和腿前摆。

（2）两名保护与帮助者分别站于练习者的两侧，两人都一手扶练习者一上臂，另一手顺势托其一大腿帮助进杠。

5. 练习作用

发展学生的上肢力量、协调性和灵巧性。

（三）滚杠

1. 动作做法

由分腿坐开始（以滚右杠为例），两臂侧上举，直体前倒，左手在肩垂直处撑杠顺势屈臂支撑，接着以右手虎口从杠下向内掌心向上靠近左大腿处握杠，同时上体前俯，头至杠下，左腿举起带动髋部向右杠翻滚，以臀部上部压杠经分腿仰卧，接着右腿举起跨越两杠向下压杠，转体带动上体抬起，同时左肘落下右肘翻起经屈臂支撑再用力撑直手臂，上体立起成分腿坐，如图 13-11 所示。

图 13-11　滚杠

2. 教法提示

（1）在垫子上练习，由分腿俯撑举左腿翻转仰撑，接着再举右腿，转体 360°还原成分腿俯撑。要求在翻转时身体始终保持直体分腿，并以脚带动转髋翻转上体，两手依次推撑地。

（2）两手握好杠后，在他人帮助下完成，要求准确掌握两手握杠的方法和位置。

（3）整个动作的完成过程始终处于支撑状态，其关键是由单臂屈臂支撑过渡至另一单臂屈臂支撑，详见视频 13-11。

13-11　滚杠

3. 学法指导

（1）学习要点：两臂依次屈臂支撑，以腿带身体翻转、紧腰、分腿幅度大。

（2）延伸学习：连续做滚杠练习；滚杠成杠下仰卧悬垂。

4. 保护与帮助

保护与帮助者站在练习者的左杠侧，一手扶其左肘，另一手托其右肩帮助完成；或站在练习者右杠侧，两手扶其腿帮助翻转；可由两人一起帮助。

5. 练习作用

提高前庭器官机能，发展学生空间方位的判断能力、协调性和灵巧性。

（四）支撑摆动

1. 动作做法

由支撑开始，举腿送髋前伸，后摆时紧腰夹臀直体自然下落，直臂顶肩，以肩为轴前后摆动。前摆时，身体由后上方保持顶肩直体自然下摆，当身体前摆过垂直位后主动收腹屈髋向前上方用力摆腿，同时两臂用力向后下方撑杠顶肩，并积极拉开肩角、伸髋、送腿，自然伸直身体至最高点；后摆时，身体由前摆至最高点保持顶肩、紧腰、夹臀、直体自然下摆，当身体下摆至杠垂直位时，用力向后上方甩腿加速后摆，并逐渐顶开肩角，保持含胸、紧腰、夹臀，直体上摆到最高点，如图 13-12 所示。

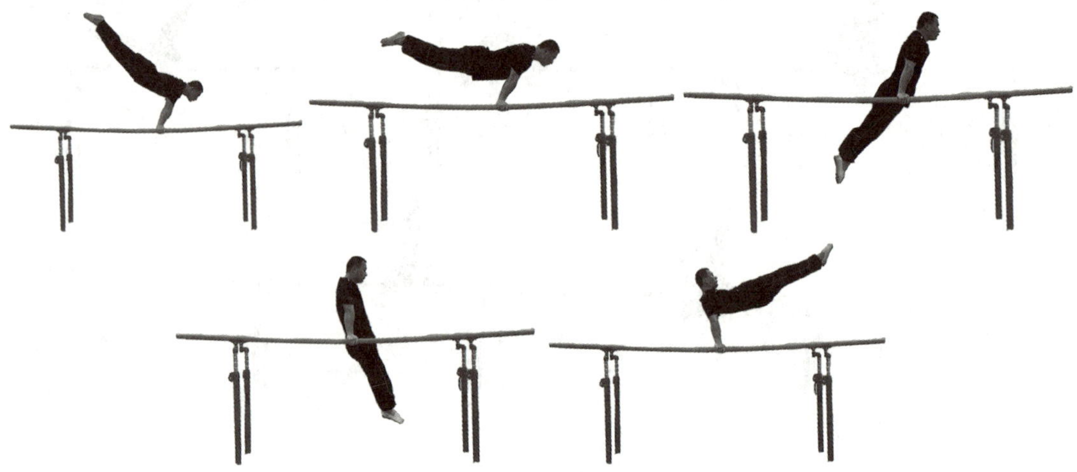

图 13-12　支撑摆动

2. 教法提示

（1）在垫子上练习仰撑，要求直体、含胸、紧腰、夹臀、拉开肩角。

（2）（在他人帮助下）支撑小摆动练习，要求以肩为轴摆动，体会与掌握前摆踢腿和后摆甩腿的用力时机及方向。

（3）应考虑动能与势能的转换及利用动能阶段，详见视频 13-12。

13-12　支撑摆动

3. 学法指导

（1）学习要点：以挺直肘关节用力做支撑，以肩为轴基本保持在支撑点垂直位，支撑摆动在控制好重心的前提下逐渐增大摆动幅度，摆腿前、后用力时机均应尽量控制在垂直位。

（2）延伸学习：支撑两手依次移动；支撑两手同时移动；支撑摆动单腿摆越一杠成支撑；由支撑右手推杠向左转体 180°，右腿摆越左杠，两手依次换握成支撑。

4. 保护与帮助

保护与帮助者站于杠侧，一手扶练习者上臂，帮助其控制支撑，另一手扶其腰部顺势助其前送，或两手扶其上臂助其支撑。

5. 练习作用

发展学生的上肢力量和控制身体动态平衡的能力。

（五）支撑后摆转体 180°成分腿坐

1. 动作做法

支撑后摆过垂直位后，肩稍前移，当腿摆出杠后，以脚尖带动髋部转体 180°成分腿坐，两手依次换握杠，上体转正，如图 13-13 所示。

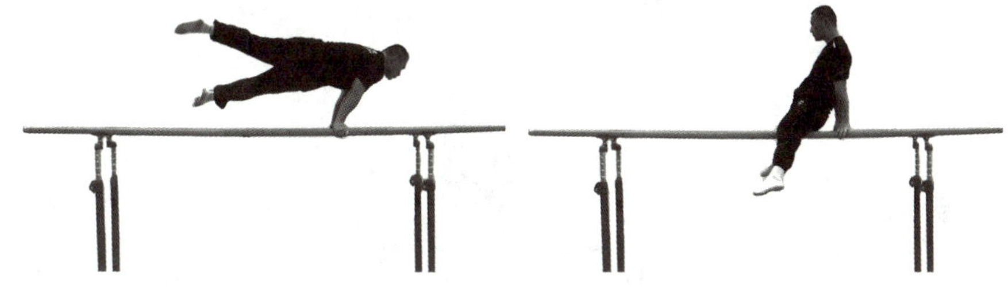

图 13-13　支撑后摆转体 180°成分腿坐

2. 教法提示

（1）在垫子上练习，由俯撑蹬地后摆转体 180°成分腿坐撑，要求腿蹬离地后先转体后分腿，保持直腿分腿、脚背朝上。

（2）支撑后摆转髋练习，要求后摆在极点前以脚尖带动转髋及还原，或在他人帮助下练习。

（3）应考虑身体绕纵轴转体，转动半径越小，越有利于转体，以并腿转体再分腿，详见视频 13-13。

13-13　支撑后摆转体 180°成分腿坐

3. 学法指导

（1）学习要点：后摆时仍保持直体，先转体后分腿，别提臀。

（2）延伸学习：支撑后摆转体 90°成一杠坐；支撑后摆向内转体 90°下。

4. 保护与帮助

（1）保护与帮助者站在练习者转体一侧，左手从杠中扶练习者右髋（远侧），另一手推其左髋，用搓的方法帮助练习者转体成分腿坐。

（2）保护与帮助者站在练习者转体的另一侧，当练习者后摆过垂直位后两手扶其髋部，待其后摆腿出杠后用搓的方法帮助其转体成分腿坐。

5. 练习作用

发展上肢力量、上下肢动作的协调性及灵巧性。

（六）支撑前摆下

1. 动作做法

由支撑后摆开始（以向右侧下为例），当支撑身体前摆过垂直面后，两腿加速向前上方摆起并主动屈髋，重心开始右移；当腿将至最高点时迅速制动腿，并积极向前下方伸髋展体，同时两臂用力顶肩推杠，左手换握右杠右臂侧举，挺身落下，如图 13-14 所示。

图 13-14　支撑前摆下

2. 教法提示

（1）由直立一腿迅速前踢并快速还原练习，要求一腿快速前踢约 90°制动并迅速压大腿还原，直腿绷脚尖，上体保持不动，可一手扶器械练习，两腿交换练习。

（2）利用低杠，练习跳起支撑前摆下，要求跳起支撑迅速踢腿屈髋前摆，接着展髋压大腿挺身落下。

（3）练习支撑摆动，前摆踢腿主动收腹屈髋举腿动作，要求前摆踢腿时主动挺胸、立腰、屈髋举腿（接近 90°），详见视频 13-14。

13-14　支撑前摆下

3. 学法指导

（1）学习要点：身体前摆过垂直面后，两腿加速前摆，主动屈髋，伸髋展体快速有力。

（2）延伸学习：支撑前摆向内转体 90°下；支撑前摆向内转体 180°下；支撑前摆向外转体 90°下；支撑前摆向外转体 180°下。

4. 保护与帮助

保护与帮助者站在练习者下杠一侧，一手扶练习者上臂，另一手托其腰部帮助出杠。

5. 练习作用

发展学生的上肢力量和腹背肌力量。

四、单杠

在体操范畴内，单杠归属于器械体操，是技术类体操中的一项重要内容。单杠动作很多，技术多样，连接多变，包括摆动、摆越、屈伸、回环、腾越、空翻、空翻转体等动作，可单个动作练习，也可将各种动作组成整套练习。经常进行单杠动作练习，可增强人体运动系统、内脏器官和神经系统的功能，促进人体的正常发育和全面发展，特别是提高手臂握力、肩部力量、腰腹肌力量和时空感知觉等，深受青少年的喜爱。

在单杠上完成的引体向上动作，是《国家学生体质健康标准》的测试内容。随着我国《全民健身计划纲要》的实施，单杠也成了“健身路径”的器械之一。人们利用单杠进行各种动作练习活动十分普遍，有效地提高了大众的身体健康指数。体操技术发展的生命力在于不断创新，特别是20世纪80年代以来，单杠技术飞速发展，团身后空翻两周转体360°、直体前空翻抓杠、“飞行”接“飞行”和多次“飞行”连接等难新动作不断涌现，使单杠运动更加精彩夺目、扣人心弦、引人入胜。

（一）翻上成支撑

1. 动作做法（以单足为例）

由站立悬垂开始，上一步屈臂引体，后腿取捷径向后上方摆腿，另一腿蹬地并前腿，腹部尽早靠杠。当上体翻至杠前水平部位时，制动两腿，抬上体挺身，翻腕成支撑，如图13-15所示。

图13-15　翻上成支撑

2. 教法提示

（1）在低单杠练习屈臂引体，要求屈臂引体，使重心靠近垂直位。

（2）在低杠上由屈体俯撑开始，在他人帮助下完成制动两腿、抬上体挺身、翻腕成支撑，要求制动两腿，挺身要协调。

（3）在蹬地处放置助跳板或跳箱盖进行练习，要求屈臂引体及时，摆蹬腿用力协调。身体重心是围绕杠子转半圈上至支撑，因此，做动作时身体重心应尽量靠近杠子，详见视频13-15。

13-15　翻上成支撑

3. 学法指导

（1）学习要点：屈臂引体使身体尽量靠杠，摆蹬腿要快速有力，摆腿方向为后上方。

（2）延伸学习：双腿蹬地摆动翻上；高单杠悬垂摆动翻上。

4. 保护与帮助

保护与帮助者站在杠前侧方，均一手托其腰，另一手托其肩，当腹部靠杠时，换成一手托其肩，另一手托其腿。

5. 练习作用

增强上肢和腰腹肌力量，发展学生的时空感觉判断能力。

（二）支撑单腿摆越成骑撑及还原

1. 动作做法

由支撑开始（以右腿摆越为例），右臂顶杠，上体左移，右腿向前摆越时右手推开杠摆越过杠，同时上体抬起；还原时，右手推离杠，上体左移靠紧支撑臂，右腿经侧后摆，上体前倾，右手迅速撑杠成支撑，如图 13-16 所示。

图 13-16　支撑单腿摆越成骑撑及还原

2. 教法提示

（1）站立，手持体操棍于腹前，做单腿向前摆越及还原的模仿练习，要求上体动作准确。

（2）在鞍马上练习，支撑单腿摆越成骑撑及还原，要求控制好重心。

（3）在他人帮助下，在低单杠上进行完整动作的练习，要求“三直一大”（腿直、臂直、上体直、分腿大）的正确骑撑姿势。做动作时，应有推手移重心的半个摆动动作，详见视频 13-16。

13-16　支撑单腿摆越成骑撑及还原

3. 学法指导

（1）学习要点：右臂顶杠，上体左移，右腿向前摆越时，应待腿向侧高摆后再推手摆越过杠，上体应及时抬起至直立。

（2）延伸学习：支撑单腿摆越成骑撑及还原熟练掌握后可换另一腿做；由支撑单腿依次摆越成后撑并还原。

4. 保护与帮助

保护与帮助者站在杠前摆越腿的侧方，一手扶其上臂，一手托其摆动腿，摆越后及时扶其腿，帮助其稳定成骑撑和支撑。

5. 练习作用

增强学生的上肢和腰腹肌力量。

（三）骑撑后腿摆越转体 180°成支撑

1. 动作做法

由右腿骑撑开始，右手离身体约 10 厘米处反握杠，左臂顶杠，身体重心移向右臂，上体积极向右后方倒体，同时展髋，左腿后举，以头和上体带动转体，左腿摆越杠转体 180°成支撑，如图 13-17 所示。

图 13-17 骑撑后腿摆越转体 180°成支撑

2. 教法提示

（1）在横马上做骑撑，后腿向前摆越转体 180°成支撑，要求身体重心移向右臂，上体积极向右后方倒体。

（2）在别人的帮助下，在低单杠上进行完整动作练习，要求练习者大胆向侧后倒上体，边转体边展髋。

（3）练习者在杠上做半个侧滚动，其重心应始终保持在杠上，详见视频 13-17。

13-17 骑撑后腿摆越转体 180°成支撑

3. 学法指导

（1）学习要点：身体重心移向右臂，上体积极倒向右后方；以头和上体带动转体，转体时要展髋、紧腰、制动前腿。

（2）延伸学习：骑撑后腿摆越转体 180°成骑撑。

4. 保护与帮助

（1）保护与帮助者站在杠前练习者的正前方，两手托握其前脚，帮助其转体成支撑。

（2）保护与帮助者站在杠后转体方向的同侧，一手扶支撑臂，另一手从杠下托住练习者的前腿，助其转体成支撑。

5. 练习作用

增强上肢和腰腹肌力量，发展学生的空间感觉判断能力和平衡控制能力。

（四）骑撑后倒挂膝上

1. 动作做法

由右腿骑撑开始，直臂撑杠将身体提起，左腿后举，身体后移，前腿屈膝勾杠，上体后倒前摆。当前摆腿接近杠前水平时，制动摆动腿。当身体回摆，臀部过杠下垂直部位后，摆动腿加速后摆，屈膝腿压杠，同时两臂快速压杠直臂撑起上体抬起，前腿前伸抬上体成骑撑。骑撑后倒挂膝上，如图 13-18 所示。

图 13-18　骑撑后倒挂膝上

2. 教法提示

（1）由前后分腿站立开始，两手裆下握体操棍，练习后腿后举向后跨，同时两手将棍推至前腿膝部，前腿屈膝，上体直立成弓箭步，要求弓箭步大。

（2）练习骑撑后倒挂膝摆动，要求前摆腿接近杠前水平时，积极制动摆动腿，回摆时肩部靠近握点。

（3）在他人帮助下，做挂膝摆动上成骑撑，要求前摆至最高点回摆时保持紧腰、含胸，摆动腿至杠前下约 30°时用力加速后摆，并摆过垂直位。

（4）重心远离转轴，其摆动幅度大，以利于完成动作，详见视频 13-18。

13-18　骑撑后倒挂膝上

3. 学法指导

（1）学习要点：前摆时肩部放松，非挂膝腿向水平方向伸，回摆时肩部靠近握点；摆动腿至杠前下约 30°时加速后摆，再两臂用力压杠。

（2）延伸学习：可学习骑撑后倒挂膝回环一周和骑撑后倒挂膝回环一周半。

4. 保护与帮助

保护与帮助者站在杠前，当练习者摆动腿一侧时，先一手托膝帮助其身体重心后移，左腿后举。当练习者挂膝前摆时，一手扶其肩，一手扶其摆动腿的膝部，助其往前上方摆腿送髋。回摆挂膝上时，换一手托其背，另一手拨其大腿，成骑撑时迅速换成一手扶其肩，一手扶其腿，以防前倒。

5. 练习作用

增强上肢和腰腹肌力量，发展学生的空间感觉判断能力和协调用力能力。

（五）支撑后摆下

1. 动作做法

由支撑开始，当两腿前摆时低头含胸拱背上体稍前倾。两腿后摆过杠下垂直面后，加速向后上方摆起，直臂顶肩撑杠，肩部保持在杠上垂直位。当后摆接近最高点时，两腿制动下压，猛推杠，同时抬上体挺身下。支撑后摆下如图 13-19 所示。

图 13-19 支撑后摆下

2. 教法提示

（1）在低单杠上由两人帮助，练习后摆成俯撑，要求两腿后摆时肩稍后移，直臂顶肩撑杠。

（2）做手不推离单杠的支撑后摆下，要求掌握两腿过杠垂直位后加速用力向后上方摆起的时机。

（3）在他人帮助下，直接练习支撑后摆下，要求两腿后摆有力，推杠猛，挺身充分。

（4）制动腿利于增大推手的作用力，详见视频 13-19。

13-19 支撑后摆下

3. 学法指导

（1）学习要点：肩部要保持在杠上垂直面，直臂顶肩撑杠；当后摆接近最高点时，两腿制动下压。

（2）延伸学习：支撑后摆转体 90°或 180°下；高单杠上后摆下；悬垂摆动后摆下。

4. 保护与帮助

保护与帮助者站在杠后一侧，一手扶练习者的上肩，一手顺势向后方托其大腿，助其后摆。落地时，一手扶其上臂，一手扶其背。

5. 练习作用

增强学生的上肢和腰腹肌力量。

下 篇

特色运动篇

第十四章 瑜伽运动

第一节　瑜伽运动概述

一、瑜伽简介

（一）什么是瑜伽

“瑜伽”二字是梵文的音译，意思是自我和原始动因的结合或一致。从广义讲，瑜伽是哲学，它蕴藏着人生许多哲理，让人们了解生命的真谛，让自己驾驭自己。从狭义讲，瑜伽是一种精神和肉体结合的运动，它通过优雅、舒缓的动作，配合呼吸，调节神经、内分泌等系统，发挥人体的潜在能力，消除因紧张、忧虑造成的失眠、头痛等亚健康状态，让人的身体维持在最佳状态。

（二）瑜伽的起源

瑜伽的起源最早可以追溯到 5 000 多年前的古印度喜马拉雅山麓。古印度瑜伽修行者在大自然中修炼身心时，无意中发现各种动物与植物天生具有治疗、放松、睡眠和保持清醒的方法，于是根据对动物姿势的观察、模仿并亲自体验，创立出一系列有益身心的锻炼系统，也就是瑜伽。

（三）瑜伽的发展

现代学者将瑜伽的发展大致分为 4 个时期，分别是前古典时期、古典时期、后古典时期和现代瑜伽。现在一般讲瑜伽，是指练功方法，用来增进人们的身体、心智和精神的健康。当然，练功方法中也包含有哲学指导思想，二者不可分割。瑜伽发展到今天，已经从印度传至欧美、亚太、非洲等，成为世界广泛传播的一项身心锻炼修习法，因为对心理的减压以及对生理的保健等作用而备受推崇，同时不断演变出各式瑜伽分支，以及一些瑜伽管理科学。

（四）瑜伽练习的注意事项

随着瑜伽的普及，我们需要注意一些关键的事项，以确保瑜伽练习安全和有效。

（1）热身准备：在开始瑜伽练习之前，必须进行充分的热身。一般的热身包括深呼吸、伸展和轻柔的身体运动。

（2）选择合适的环境：瑜伽需要在安静、宽敞和平坦的地方练习；空气的流通也是很重要的，应确保室内空气清新。

（3）穿着适当：选择舒适、透气的瑜伽服，避免穿过紧或不合适的衣物，有助于练习。

（4）呼吸控制：瑜伽的关键之一，很顺畅的呼吸可以帮助我们放松身心，增加氧气供应。不要屏住呼吸。

（5）动作的适应性：注意自己的身体状况和能力，逐渐适应和提高自己的瑜伽实践，切勿急于求成。

（6）避免过度伸张：瑜伽是为了提高身体的柔韧性，保持适度的舒适程度，不要过度拉伸或扭曲身体。

（7）正确的体位：保持正确的姿势和姿态，有助于达到更好的效果，并防止身体受伤。

（8）坚持练习：瑜伽练习是一个需要坚持和耐心的过程，不要中途放弃，任何一次练习都有助于提高。

（9）注意身体练习：瑜伽练习过程中，如果感到身体不适或者疼痛，应及时停止练习，并咨询专业人士的意见。

（10）练习结束的放松：在瑜伽练习结束后，进行一段时间的放松有助于身心的恢复和平衡，可以选择冥想、深呼吸或伸展放松。

二、瑜伽呼吸方法

呼吸是生命的特征之一，瑜伽的精髓是由呼吸来控制身体的放松、稳定、平衡状态，以达到身心合一的境界。正确的瑜伽练习必须先从呼吸的练习开始，而不是先从体位法开始。下面介绍最基本的呼吸法。

注意：瑜伽呼吸一般只有鼻腔参与活动，只有在某些特殊情况和要求下才有口腔参与活动。每一次吸气时，应将空气缓慢而深长地吸入；呼气时则如蚕吐丝一样细而悠长，尽量将体内的气完全排除。

（一）胸式呼吸

吸入的空气局限于胸腔区域，气息较浅。此种呼吸法适宜做针对性较强的动作。具体做法是：首先，将意识力集中于肺部，缓缓吸气，感觉自己的肋骨向外扩张，空气充满胸腔，保持腹部的平坦；然后，缓缓呼气放松胸腔，将体内的气呼出。

（二）腹式呼吸

吸入的空气局限于腹腔区域，气息较深。具体做法是：将意识力更多地集中于腹部，缓缓吸气，感觉腹部被空气充分膨胀，向前推出，胸腔保持不动；之后缓缓呼气，腹部慢慢凹陷，将体内的气呼出。

（三）胸腹式呼吸

胸腹式呼吸又称为自然完全的呼吸，能给身体提供最充足的氧气，并使血液得到净化。此呼吸法可将体内的气最为充分地排出，能增进内脏器官的机能和体内循环，防止呼吸道的感染。具体做法是：首先，缓缓将空气吸入，感觉到膈的下降使腹部完全鼓起；然后，肋骨向外扩张到最开的状态，肺部则继续吸入空气；最后，温和地收紧腹部，腹部慢慢凹陷，感觉肚脐贴向后背，将气完全呼尽。

（四）瑜伽呼吸与体位动作配合的原理

瑜伽的体位练习是配合呼吸的韵律围绕脊柱伸展身体完成各种姿势。方法上强调“动静结合”，练习过程中将人的神、形、气（精神、形体、气息）能动地结合，外练习筋、骨、皮，内养精、气、神，与我国传统的武术气功与导引术有相通之处。

三、瑜伽运动的育人主旨

习近平总书记在全国高校思想政治工作会议上强调：要坚持把立德树人作为中心环节，把思想政治工作贯穿教育教学全过程，实现全程育人、全方位育人，努力开创我国高等教育事业发展新局面。瑜伽作为高校课程的重要组成部分，深受学生喜爱，其出发点和落脚点是促进学生的全面发展，这与学校教育的目标同向同行，不可分割。

德育层面，瑜伽运动中的礼仪等可以培养学生良好的纪律意识和团队精神，从而引导学生树立正确的价值观。

智育层面，瑜伽运动独特的礼仪文化和其冥想过程，使人们更加注重细节，从而提高专注力。

体育层面，通过瑜伽练习，结合学生身体形态发育的特点，可以使学生身体素质得到全面的发展，为其终身从事体育活动奠定坚实的基础。

美育方面，在瑜伽运动中，各个动作都要求舒展大方，使身体得到均衡发展，能够培养学生体会美、展示美、创造美的能力。

第二节　瑜伽运动的体位法与基础规则

一、瑜伽的基本动作

远古的时候，瑜伽修行者在大自然中仔细观察动物的习性，模仿动物的典型姿态，创造出了瑜伽体位法。在瑜伽中，许多姿势被冠以动物名称，像猫式、鱼式、狮子式、眼镜蛇式等。印度瑜伽先哲帕坦伽利在《瑜伽经》中将其定义为“将身体置于一种平稳、安静、舒适的姿势”，意思是在舒适的动作上维持一段时间。

瑜伽姿势的每个伸展动作都是配合呼吸来完成的。瑜伽的体位法是运用各种独特的动作和姿势，刺激和动用平时不使用的肌肉，通过调整姿势，让人变得更加健康，同时矫正已经出现异常的身体姿态和骨骼。在缓慢的动作中，让身体保持放松和做深沉的呼吸，使血液能很自然地携带大量氧气并吸收。同时，借由一些扭转、弯曲、伸展的静态动作及动作之间的止息时间，起到松弛神经、伸展肌肉、强化身体的作用。

练习各种体式，不仅能使你身体更敏捷、匀称，还能改善耐力，提高生命的活力。

1. 束角式

体式简介：

束角式是一个帮助髋部打开的坐立练习，涉及髋关节三个方向的运动，其正面和侧面分别如图 14-1、图 14-2 所示。

图 14-1　束角式正面

图 14-2　束角式侧面

动作要领：

（1）山式坐姿，弯曲双膝，双脚脚掌相对，脚的外侧靠地板，脚后跟靠近会阴处。

（2）吸气，脊柱向上延伸，双脚脚掌相对，协同坐骨发力，能够给予更多力量使大腿外旋，使膝盖沉向地面。呼气，双手抓住脚踝，上身折叠向前向下，将手肘抵住大腿内侧，大腿肌肉外旋，双膝下沉，感觉膝盖去向地面。

（3）吸气，再次脊柱伸展，坐骨推向地板，脊柱向前上延展，双肩下沉；呼气，以髋关节为轴，上身继续向前向下直至额头触地，双肘平放于地面或压放在双腿上，坐骨下沉，双腿肌肉外旋，双膝向下，随着每一次呼气，身体变得更富弹性；吸气，伸直双腿，身体还原到初始坐姿。

注意事项：

（1）前屈时不是每个人都能达到额头触碰地板，停留在合适自己的位置，必要的时候可以利用辅具。

（2）保持脊柱延长，胸腔提起，身体向前屈，保持背部平直。

（3）在前屈的过程中，坐骨稳稳扎根，臀部不要上抬。大腿外侧向下沉，大腿内侧伸展外旋，并收紧向骨盆。

功效：

加强骨盆和腹部区域的血液循环，促进肾脏的健康，缓解坐骨神经痛。帮助纠正月经周期不规则，促使卵巢正常的发挥功能，并能促进膀胱、前列腺的健康。

2. 摩天式

体式简介：

摩天式是常见的瑜伽体式，也是印度传统瑜伽中的经典体式之一，如图 14-3 所示。

动作要领：

（1）山式站姿，双腿分开，与髋同宽。吸气，双臂经体侧打开向上，十指在头顶上方交握，翻掌，掌心向上。双肩下沉，脊柱延展，下颌微收，尾骨内收，目视前方。呼气，身体保持姿态，将双脚跟踮起，重心移至前半个脚掌，稳定向下压实垫子。髌骨上提，大小腿肌肉收紧向内旋转，尾骨内卷腹部收紧。手臂、脊柱持续向上伸展。胸骨上提，胸腔打开，颈部、眉心深处放松，腋窝放松，肩膀下沉。如果可以的话，可以尝试将脚后跟提得更高，让身体得到完全向上的伸展，或者将视线看向手掌的方向，提高平衡的难度。

（2）保持几组自然呼吸。吸气，落下双手，落下双脚后跟，还原身体。

注意事项：

练习时，需要找到双脚大、小脚趾用力下踩的感觉。收紧腿部肌肉力量，腹部收紧上提；骨盆中正，避免塌腰翘臀，双肩保持下沉，感受颈部后侧拉伸，掌根向上推，拉伸手臂，身体竖直向上。目光凝视一点，有助于保持身体稳定。

功效：

伸展脊柱，促进肩、背部血液循环，有助于缓解疲劳；双手上举的动作能增强手臂肌肉力量，美化手臂线条；垫脚动作能塑造挺翘的臀部曲线，还能锻炼到脚部和踝关节，使关节更灵活，增强人体平衡能力。

图 14-3 摩天式

3. 树式

体式简介：

树式是一个基础的单腿站立平衡体式，也是一个标志性的平衡体式，如图 14-4 所示。

动作要领：

（1）山式站姿。

（2）弯曲右膝，右手握住右脚踝，将右脚置于左大腿内侧，足跟靠近会阴，重心转移到左脚。右髋外展，右膝向外打开，脚心抵住左大腿内侧，脚趾向下。保持髋部朝向正前方。吸气，双手合掌于胸前，稳定身体；呼气，双掌沿身体中线向上推送，伸展至头顶上方，上臂夹于耳侧，肩膀下沉，凝视前方。

（3）保持几组呼吸，合掌回到胸前，右脚有控制地解开，双臂落回体侧，还原身体。做反方向练习。

注意事项：

（1）右脚掌置于左大腿根部，右大腿肌肉外旋，骨盆保持中正，身体在同一平面。髋、膝、踝呈一条直线。脊柱充分向上伸展，双肩下沉，双手手臂向上延伸，带动身体向上，头部保持在双臂之间。

图 14-4 树式

（2）练习时双腿同时发力，支撑腿侧的髋关节不要向外推出，身体保持竖直向上。

功效：

增强身体的稳定性，提高平衡能力；加强腿部、胸部和背部的肌肉力量与肌肉耐力；缓解肩部不适，让髋关节、踝关节得到放松，强壮足弓；修饰双臂和背部的线条，对久坐形成的不良体态有很好的纠正作用。

4. 侧角伸展式

体式简介：

侧角伸展式又称侧伸展三角式，它是战士二式和三角伸展式相结合的体式，所以它是一个伸展和力量相结合的体式，同时，它也是一个开髋和扭转相结合的体式。

动作要领：

（1）山式站姿，双脚分开约两肩半宽或一条腿的长度，右脚向右转 90°，左脚内收约 30°。

（2）吸气，双臂侧平举感觉手臂向身体两侧延伸；呼气，屈右膝，使右膝位于右踝关节的正上方，不要超过脚尖。躯干向右后侧延伸弯曲，右手掌置于右脚外侧地面，右腋窝抵住右膝盖外侧，旋转上半身的左侧向天花板，左臂伸展与躯干成一线，左掌心向下。头部转动，眼睛看向上方。如图 14-5 所示。

（3）保持几组呼吸。吸气，身体回正。蹬直右膝，收脚还原。做反方向练习，如图 14-6 所示。

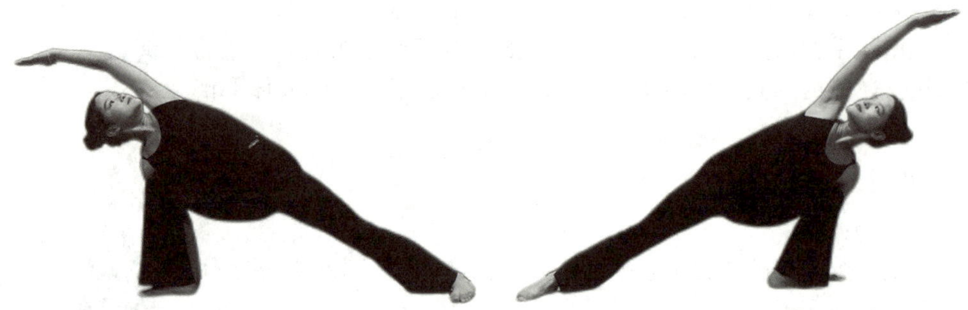

图 14-5　侧角伸展式（向右）　　图 14-6　侧角伸展式（向左）

注意事项：

（1）弯曲腿，大小腿夹角呈 90°，膝盖朝向脚尖方向。上臂与身体、伸直腿呈一条直线，脚外侧踩实地面。

（2）如果练习者颈部有问题，头部可以向下，眼睛看向地板。

功效：

增强髋、膝、踝关节稳定性及腿部力量；延展脊柱，伸展胸腔、腹股沟、腿部内侧和后侧、侧腰及手臂肌群，增强肌肉耐力，修饰身体侧面的线条；刺激腹内器官，促进消化和排泄功能。

5. 四肢支撑式

体式简介：

四肢支撑式是瑜伽常见的力量、耐力练习体式，如图 14-7 所示。体式练习的基础是尊重身体、尊重呼吸。这一体式是经典套路上犬式、下犬式中间的串联部分。

动作要领：

（1）吸气，双手落于右脚两侧；呼气，右脚向后，呈斜板式。吸气，颈部沿脊柱方向自然延展，面部向下。

（2）呼气，屈肘向下，直至上臂与地面平行。

注意事项：

（1）在斜板式未完全掌握前不建议练习此体式。练习时手指分开，手掌下压。身体下落时，肩部稍高于或与肘部齐平，不可塌陷。

（2）有意识地拉长整条脊柱，使其保持在一条直线上，腰、腹、腿部收紧，尾骨向下向内收。

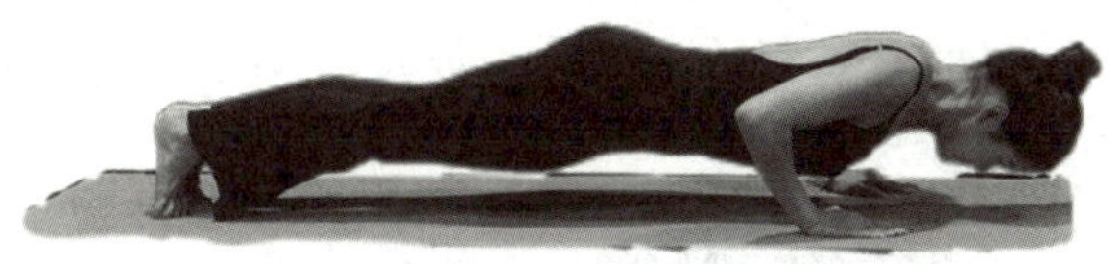

图 14-7　四肢支撑式

功效：

锻炼上肢、腰部、胸部及腹部肌肉，增强肌肉力量及弹性，提高人体静力性和动力性力量素质；发展人体的平衡性和支撑能力，坚实骨骼，牢固韧带，加速血液循环，提高运动能力。

6. 蝗虫式

体式简介：

蝗虫式是模仿蝗虫伏在地上时的姿势而来，如图 14-8 所示。它是一个比较柔和地加强腰背力量的体式。

图 14-8　蝗虫式

动作要领：

俯卧，依次延伸双腿向后，收紧小腿、大腿、臀部肌肉，拉长腹股沟，拉长两侧腰和脊柱，下颌点地。双腿并拢伸直，脚背贴地，两臂向后伸直，双手掌心向下。呼气的同时抬起头、胸，双腿升离地面，肚脐和耻骨区域着地。双臂自然地随身体抬起，肩胛骨内收，掌心相对，手指并拢向后伸展。收缩臀部，面部向前。自然呼吸，用腹部保持平衡，将双腿始终并拢、绷直。呼气，身体有控制地放落，放低双腿和躯干，俯卧于地，放松。

注意事项：

（1）主动让大腿内侧收紧伸展向上，小腿外侧保持向中线，下背部需要足够的力量去向后伸展双腿，不要盲目地把双腿抬高。

（2）收着下巴抬头，保持颈部后侧延展，胸腔上提，髋外侧下压地，尾骨内卷，避免挤压腰椎。感受双腿、臀肌、整个背部肌肉的收紧，双腿尽可能地向上抬高，大腿肌肉内旋，脚尖向后延伸。腿部抬起时，注意髋部不要离开垫子，肩部远离耳朵。

功效：

加强血液循环，消除大腿、髋部、腰部、腹部和臀部多余脂肪；增强臀部、背部力量；挤压骨盆，释放骨盆压力，缓解便秘，加强消化，对消化系统、排泄系统问题有帮助；增强脊柱区域的血流供应，滋养脊柱神经，增强下背部与腰部范围的肌肉力量，消除腰骶部疼痛，让脊柱变得更富弹性，改善椎间盘错位、突出和坐骨神经痛。

7. 桥式

体式简介：

桥式又称肩桥式，是瑜伽经典后弯体式，如图 14-9 所示。在这个体式中，整个身体形成拱形，两端用肩部和脚支撑。

图 14-9　桥式

动作要领：

（1）仰卧，屈双膝，双脚分开与髋同宽，足跟抵住臀部。掌心向下，放于体侧。

（2）呼气时，抬起臀部、背部，上提胸腔贴近下颌。双手在臀部下方十指交握，手腕下压地面。保持几组呼吸，吸气时保持，呼气时胸椎、腰椎、尾椎逐节回落，同时解开双手放回身体两侧。

注意事项：

（1）脚掌踩实地面，双膝与髋同宽，膝盖、脚趾指向正前方，小腿垂直地面。

（2）大腿肌肉稍向内旋，避免夹臀。

（3）双肩后展，均匀压实地面，避免颈椎压力过大。后脑勺平贴地面，进入体式后不可左右移动。

功效：

紧实大腿及臀部肌肉，伸展腹部，缓解背部不适；强健肺部和胸部；增加大脑供血量，有助于释放压力，进而减轻抑郁、焦虑、疲劳、头痛等。

8. 眼镜蛇式

体式简介：

这个体式需要脸朝下俯卧在地面上然后上半身向上抬起，头部尽量向后，如同一条抬起身子的蛇，如图 14-10 所示。

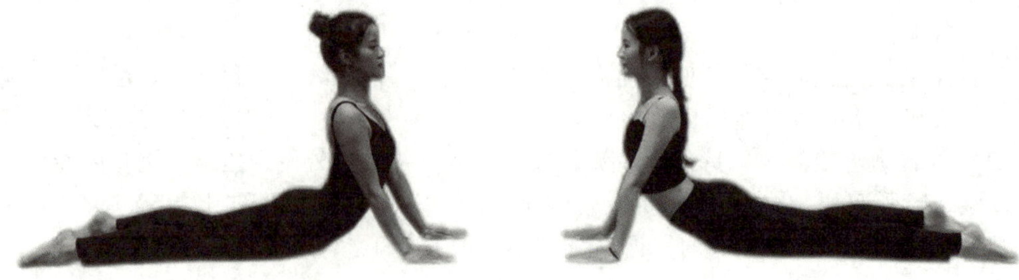

图 14-10　眼镜蛇式

动作要领：

（1）吸气，俯卧在瑜伽垫上，双手在身体两侧，双腿分开与骨盆同宽，脚尖朝后；呼气，脚背下压，将双手放到双肩的下方，转肩向后，肩胛收向后背。

（2）吸气，双手推垫面，上背部发力，依次将上腹部、胸部、头部向上抬高，眼看前方；呼气，双肩下沉，耻骨向下。保持 5~8 个呼吸。呼气，屈手肘，上半身慢慢向下，额头点垫子，双手放回身体两侧，还原俯卧于垫上的初始动作。

注意事项：

（1）意识集中在呼吸与动作的配合以及腰部的受力点上。身体向上抬离地面时吸气，动作保持时自然呼吸。

（2）腰椎间盘突出以及强直性脊柱炎患者不宜练习此体式。

功效：

伸展颈部肩部胸部肌肉；缓解骨盆后倾，滋养脊柱；扩展胸部。

9. 牛面式

体式简介：

牛面式上半身动作形似英雄式，都是双手于后背上下相扣，其动作正面和侧面分别如图 14-11、图 14-12 所示。因此，它也同样拥有伸展手臂、放松肩颈、拉伸背阔肌和扩张胸部的功效。

图 14-11 牛面式（正面）

图 14-12 牛面式（侧面）

动作要领：

（1）腰背挺直坐于地上，双腿交叠，右大腿压在左大腿上，双臂自然垂于体侧；吸气，左臂高举过头，肘关节正对后脑勺，指尖朝下。弯曲右肘，指尖朝上，双手于右肩附近十指相扣。呼气，双肩放松，自然下沉。双眼平视前方，保持 5~8 个呼吸。

（2）吸气，双手解开，双手放在躯干两侧；呼气，双腿解开，双腿依次伸直，双手压实臀部两侧垫面，脚掌回勾，回到山式坐姿。

注意事项：

双腿交叠时，务必使双脚脚背贴地，且双膝膝盖在一条直线上。

功效：

增强脊椎的柔韧性，保持脊椎的弹性和健康；拉伸腹部肌肉，按摩腹部器官；缓解轻度的背痛，消除疲劳，提升精力。

10. 扭脊式

体式简介：

扭脊式是一个难度适中的脊柱扭转练习体式，能够充分地活动脊椎及背部肌群，拉伸内脏器官，强健脊柱，如图 14-13 所示。

图 14-13　扭脊式

动作要领：

山式坐姿准备。吸气，屈左膝，置于右膝外侧，脚尖与右膝成一直线，左脚掌踩实垫面；呼气，屈右膝，右腿置于左臀外侧，右脚贴靠左臀。吸气，右手臂经外侧向上延伸，身体向左侧扭转，右腋窝抵住左膝外侧，右手抓住左脚掌（踝）；呼气，左手掌置于臀部正后侧，背部伸展，脊柱垂直垫面，转头，目视后方。保持 5~8 个呼吸。回到山式坐姿。

注意事项：

重心放在手部和脚部；由脊椎的底端开始扭转伸展，就像一根螺旋上升的藤蔓一样。注意腹部器官和肌肉的伸展。

功效：

提高脊椎和髋部的柔韧性；按摩腹部器官，促进消化与排泄；缓解轻度的背痛，预防驼背和腰部风湿痛等问题。

11. 下犬式

体式简介：

下犬式是瑜伽体式之一，是常见的瑜伽体式，如图 14-14 所示。

图 14-14　下犬式

动作要领：

（1）金刚坐姿准备。俯身向前向下，手臂伸直，双手分开与肩同宽，十个手指大大张开，虎口压实垫子，脚掌回勾，脚掌踩实垫子。吸气，抬臀勾脚，大腿收紧，双手臂用力，双肩展开，将臀部推到最高点，拉长腿后侧；呼气，脚后跟用力向下踩，保持双脚内侧平行。脊柱延展，腹部放柔软，眼睛看向肚脐方向，保持均匀的呼吸。保持 5~8 个呼吸。

（2）呼气，屈双膝跪垫，脚背伸展，绷脚背压实垫面；吸气，手臂肩颈放松；呼气，臀部带躯干向后，臀部坐于脚跟上，回到金刚坐姿。

注意事项：

（1）大臂外旋、小臂内旋，食指根部及虎口向下用力压实垫面。肩膀放松远离耳朵，肩胛骨向两侧伸展；背部放平，让脊柱朝着头顶百会穴方向延伸。

（2）腹泻、腕管综合征、高血压或低血糖、头痛患者或处于生理期的女性，不宜练习。

功效：

增强手臂、腿部、躯干的力量；拉伸背部和腿部后侧肌群；锻炼腰背肌肉，强化背部力量；矫正不良体态；改善头部血液循环，缓解疲劳。

12. 鸟王式

体式简介：

这个体式的梵语名是“Garudasana”，意思是“鹰”，也是“众鸟之王”的意思，如图 14-15 所示。

图 14-15　鸟王式

动作要领：

（1）山式站姿准备。屈双膝，将重心移到左脚。吸气，抬右膝向上，将右腿从左腿上方绕过缠住左腿，脚趾勾住左脚脚踝内侧；呼气，核心收紧，重心稳定。吸气，双手打开侧平举，左手在上，右手在下，双手屈肘，小手臂缠绕，掌心相合，大拇指指向鼻尖。吸气，将手臂抬高，与肩同齐，手肘对抗；呼气，双肩下沉，让大拇指远离前额，双眼目视前方。保持 5~8 个呼吸。

（2）呼气，双臂双手解开，双手落回躯干两侧，双腿双脚解开；吸气，脚落回垫面，双腿伸直，回到山式站姿。

注意事项：

（1）双肩放松下沉，肩胛内收下沉。右髋向后，左髋向前，保持髋部稳定。

（2）卷尾骨，收腹部，保持腰椎的正常生理曲度。左脚四个点均匀向下踩实，双腿不断向内侧收紧靠拢，核心收紧，保持身体稳定，臀部向后移，膝盖后推，双腿发力，减轻膝盖压力。

功效：

灵活髋、踝、膝关节，强化肌内力量；协调手、肩关节，提高平衡能力和专注力；帮助稳定骨盆，有助于产后修复；缓解肩背部僵硬疼痛；强健脚踝，预防腿抽筋；增强性器官和肾脏血液供给；美化臀部线条，修饰双腿；消除手臂后侧多余脂肪。

13. 舞蹈式

体式简介：

舞蹈式又称站立拉弓式，是一个平衡姿势，也是一个优美而充满活力的体式，其侧面和正面分别如图 14-16、图 14-17 所示。练习时我们需要保持身体自然的伸展、头脑的专注，其精神意义在于启发智慧与美。

动作要领：

山式站姿，弯曲左膝向后，左手抓握左脚踝贴向臀部，双膝并拢，保持平衡。吸气，右臂抬起向上伸展至右耳侧，胸腔上提，延展脊柱。左手将左脚向后拉至与右膝平行，尾骨内收，右腿伸直。呼气，上半身从髋关节处稍向前倾，左肩旋肩向后，左手拉住左脚踝，抬起左腿向后伸展。保持髋关节高度不变，胸腔后展，脊柱伸展，右手向前上方伸展，目视手指方向。保持几组呼吸。呼气，双臂还原，左腿回落。做反方向练习。

注意事项：

（1）支撑腿伸直，垂直于地面，髌骨上提，膝盖不要超伸，脚趾张开，向下踩实地面。抬高的腿尽量靠近身体内侧延展，不要向外打开。肋骨、髋部不可外翻，两腿大腿肌肉内旋，后伸腿大腿平行于地面；胸腔打开，脊柱向上伸展；手从外侧抓紧脚踝，手脚对抗，向后向上发力。

（2）下背部和膝关节有伤者不建议练习。

图 14-16　舞蹈式侧面

图 14-17　舞蹈式正面

功效：

提高平衡能力与专注力；锻炼双臂的韧性，收紧松弛的肌肉，使手臂线条优美；强化肩部、背部、髋部与腿部力量；舒展大腿、腹股沟和腹部，内收臀部，塑造臀部曲线；打开胸腔，增强呼吸，增加肺容量；拉伸脊椎，打开双肩，矫正驼背等不良体态。

14. 战士三式

体式简介：

战士三式是比战士二式更为强烈的后续体式，如图 14-18 所示。这一体式传达的是和谐、均衡与力量。

图 14-18　战士三式

动作要领：

山式站姿准备。双脚并拢，重心保持在身体中位，双手扶髋，微屈膝。吸气，将重心调整到右脚上，撤左脚向后一大步，左腿自然伸直，脚尖点地；保持核心稳定，左腿向后向上提高至脚尖与臀部同一高度，左脚脚背绷直，左腿收紧，伸直。吸气，脊柱保持延展，呼气，保持躯干稳定，双手上举至大臂来到双耳两侧，双手掌心相对，保持双手、背部、臀部及左腿在同一直线上。双眼目视瑜伽垫，保持 5～8 个呼气。呼气，双腿伸直，双手落回躯干两侧，回到山式站姿。

注意事项：

大腿肌肉收紧上提，背肌发力，双肩展开，大臂收紧上提，大臂与躯干在一条直线上；保持骨盆中正。

功效：

提升练习者觉知以及耐心；消除腹部多余脂肪，提高消化系统能力；强健脚踝和腿、肩膀和背部肌肉；提高平衡感，改善体态。

15. 婴儿式

体式简介：

婴儿式是瑜伽体式中的一种姿势，其侧面和正面分别如图 14-19、图 14-20 所示。在练习过后弯及其他激烈体式之后，婴儿式是一个非常合适的反向姿势，它也是休息时的最佳放松法。

图 14-19　婴儿式（侧面）

图 14-20　婴儿式（正面）

动作要领：

跪坐在垫子上，双脚大拇指叠放在一起，双手轻轻放在大腿前侧，肩部打开，微微下沉。吸气，双手放于双脚两侧，掌心向上，背部平直；呼气，髋部屈曲，上身自尾椎开始，一节一节往前方放松落下，直至腹部贴于大腿，胸部落于膝盖，额头贴向地面，或将头转向另一侧并贴地。闭上双眼，放松面部肌肉，放松身体，均匀地呼吸。

注意事项：

模仿胎儿在母体中的姿势，膝盖蜷缩在身子下面。用腿支撑，让人感觉舒适放松。背部平直，上半身下落时，脊柱一节节地落下，由下至上逐步放松，臀部保持坐在双脚脚跟上不要离开。这一体式也可作为后展体式的恢复放松姿势。

功效：

缓解头痛、颈痛及胸痛；十分有助于舒缓骨盆、髋部和下背部；放松全身，缓解身体疲劳，减轻精神压力，是十分有效的休息体式。

二、瑜伽技术规则

（一）竞赛性质

全国健身瑜伽公开赛。

（二）竞赛项目

（1）单人项目：男单、女单。

（2）双人项目：女双、混双（不限年龄）。

（3）集体项目：5~9 人（不限年龄、不分性别）。

（三）竞赛组别

（1）社会组（满 16 周岁，健身瑜伽练习者、从业人员）。

（2）院校组（在校学生持学生证，应届毕业生）。

（3）段位组（须持中国健身瑜伽段位证书，四段及以上满 16 周岁，四段以下年龄不限，不分性别）。

（四）竞赛办法

（1）比赛执行体育总局社体中心、全国健身瑜伽指导委员会审定的《健身瑜伽竞赛规则与裁判法（试行）》和《健身瑜伽体位标准（试行）》（以下简称《体位标准》）。

（2）根据报名人数进行预赛、复赛和决赛。单人及双人项目参赛人数超过 16 名（对）须先进行预赛，超过 8 名不足 16 名（对）［包含 16 名（对）］进行复赛，8 名（对）或不足 8 名（对）直接进入决赛。

（五）竞赛体式规定

（1）预赛：规定体式在《体位标准》3、4 级中选取，5 个类别（前屈、后展、扭转、平衡、倒置）中各选取 1 个体式，共 5 个体式；自选体式在《体位标准》第 3~9 级体式中自行选取，前屈、后展类各 1 个，共 2 个体式。

（2）复赛：规定体式在《体位标准》5、6 级中选取。5 个类别（前屈、后展、扭转、平衡、倒置）中各选取 1 个体式，共 5 个体式；自选体式在《体位标准》第 3~9 级体式中自行选取，平衡、倒置类各 1 个，共 2 个体式。

（3）决赛：单人、双人决赛只进行自编套路的比赛。

（六）集体项目

集体项目只进行自编套路的比赛。

（七）段位赛组

段位赛组只进行段位规定套路比赛（符合相应的考段要求），内容为体育总局社体中心发布的 2023 年健身瑜伽推广套路。

（八）淘汰制度

预赛实行淘汰制，复赛、决赛实行评分制，采用 10 分制，体式质量分值 7 分、展示水平分值 3 分。

（九）自编套路的要求

（1）自编套路体式在《体位标准》中选取，动作至少包含前屈、后展、扭转、平衡、倒置 5 个类别，并合理编排套路。

（2）单人自编套路竞演时间为 120±5 秒。

（3）双人和集体自编套路竞演时间为 180±5 秒。

（4）编排与音乐契合，有艺术美感，发型整齐、妆容自然且贴合主题。

（5）双人、集体项目自编套路须含有肢体连接的体式，运动员配合默契、情感交流自然，且开始和结束须有固定造型。

（6）集体项目至少有 3 次队形变换。

（十）比赛音乐

（1）预赛、复赛环节和规定套路比赛采用大会音乐。

（2）决赛自编套路音乐可自行选择，音乐应符合社会主义核心价值观，可有歌词，不得有含宗教色彩的内容。

第十五章 健美操运动

第一节 健美操运动概述

一、关于健美操的概念

健美操是在音乐的伴奏下，以身体练习为基本手段、以有氧运动为基础，达到增进健康、塑造形体和娱乐目的的一项体育运动。它体现了人体在力量、柔韧、协调、节奏感、审美及表现力等诸多方面的综合能力。

健美操可以分为竞技健美操、健身健美操（或大众健美操）和表演健美操三大类。竞技健美操是在音乐伴奏下，通过难度动作的完成，展示运动员连续表演复杂和高强度动作的能力。成套动作必须通过所有动作、音乐和表现的融合体现创造性。竞技健美操项目包括男子单人操、女子单人操、混合双人操、三人操（男三/女三/混合三人）、六人操。健身健美操的目的在于增进健康。健身健美操的动作简单，实用性强，音乐速度可控制，且为了保证一定的运动负荷和锻炼的全面性，动作多重复并均以对称的形式出现。健身健美操按练习形式可分为徒手健美操、器械健美操和特殊场地健美操三大类。表演健美操是根据所参加的表演的目的预先设计、创编和排练的成套健美操，人数不限，时间不等。表演健美操更注重表演的效果。

二、健美操的起源与发展

健美操起源于1968年，最早为由美国太空总署医生库帕（Cooper）为太空人设计的体能训练内容，并于20世纪80年代初风靡全球。美国的影视明星简·方达以自己的健身经验，现身说法撰写了一本关于健美操的书籍《简·方达健美操》，该书在出版以后立刻获得世界广泛的关注。人们逐渐意识到，健美操是一项具有强大生命力和潜在商业价值的运动。一些热衷于健美操运动的人分别发起并成立各类健美操社团，使健美操成为一项有组织的体育运动。健美操不仅在美、英、法等发达国家迅速发展，在发展中国家也开始得到不同程度的发展，有的国家甚至把健美操列入学校体育教学大纲。亚洲的日本、新加坡等国家也纷纷建立起了健美操活动中心和健身俱乐部，开始将健美操作为主要健身方式之一，也因此，世界范围内掀起了一股“健美操热”。

三、我国健美操的发展情况

健美操运动于20世纪80年代传入我国，当时由于我国的改革开放刚刚开始，人们对于国外的一些新鲜事物的接受度还比较低，对健美操运动的健身、娱乐功能还没有足够的认识。为此，1981年1月4日的《中国青年报》发表了陆保钟、牛乾元的特约稿《人体美的追求》；1982年2月，中国青年出版社出版的《美，怎样才算美》一书，刊登了陈德星编制的“女青年健美操”和牛乾元编制的“男青年哑铃健美操”。追求人体健与美的“健美操”一词迅速被广大体育工作者所采用。1983年人民体育出版社《健与美》杂志创刊；中央电视台播放了《减肥体操》，并在北京体育学院（现为北京体育大学）师生中传授。我国报刊、电视台对人体健与美和健美操的一系列宣传，强化了人们对健美操运动的认识，就此拉开了我国健美操运动发展的序幕。

1984年，北京体育学院成立了健美操研究组，随后创编并推广了“青年韵律操”等六套健美操，编写出版了我国第一部《健美操试用教材》，并正式在北京体育学院本科生中开设了健美操选修课。此后，全国许多高等院校将健美操列入教学大纲，使健美操运动在各高校得到广泛开展，由此扩大了健美操运动的社会影响，并使这一新兴运动项目的开展向社会延伸。1987年我国第一家健美操健身中心“利生健康城”成立。健美操新颖的锻炼方式、良好的健身效果很快被人们接受，吸引了大批健身爱好者。随后，在北京、广州、上海等大城市开办了许多健美操俱乐部。

与此同时，以增进健康为主要目的的健身健美操比赛活动的开展，对健身健美操的普及起到了积极的推动作用。1992年，中国健美操协会正式成立。之后，全国多数行业系统也先后成立了有关的组织并举办健美操的活动。中华全国总工会也与国家体委的有关部门合作组织开展健美操的活动。随后，各个省市也相继成立了地区性的健美操组织，使我国对健美操的项目管理更加规范。1997年，健美操项目归属体操运动管理中心管理，各省市体育局也明确了各自健美操项目的管理部门。中国健美操协会陆续推出《健美操指导员专业技术等级制度（试行）》《全国健美操大众锻炼标准（试行）办法》《全国健美操大众锻炼标准（第一套）》《全国健美操大众锻炼标准（第二套）》《全国健美操大众锻炼标准（第三套）》。1999年，中国健美操协会设立了大众健身委员会，对我国健身健美操项目的管理更加具体。此后，每年组织多次健美操指导员培训班，为健美操俱乐部和学校培养了大量的健美操教练。这些举措对我国健身健美操的普及与提高都具有重大的意义。

四、中国健美操名将

（一）马华

马华（1959—2001），从事大众健身操事业15年，是中国最早的大众健身操教练员之一。马华作为“中国健美第一人”，1985 年开始涉足健身操行业，1989 年考取了国家级健美裁判员等级，并在 20 世纪 90 年代，通过中央电视台“健美 5 分钟”栏目，使大众健身操在群众中得到了迅速和广泛的普及。

英姿长存，精神长存

当马华于 2001 年 2 月患上白血病时，她正参加央视体育频道《早安中国》栏目一个“减肥追踪纪实”系列片的拍摄工作，拍摄期间，她实在坚持不住了，就趁休息时间悄悄吃上几片药。难以置信的是，她还坚持每周为俱乐部学员上 3 节课。2 月 18 日，马华参与《减肥追踪》节目第一阶段的最后一次制作。中央电视台《早安中国》制片人阮伟至今对当时的情况记忆犹新：“当时马华正在发烧，她的腿上、身上已经青一块紫一块了，但我们并不知道她的病情。那天很冷，我们能看出来她很难受。可是当她到场上时，她又成为我们所熟悉的马华了。现在看来，当时她已经患病，可她仍旧竭力去完美地完成工作。”

（二）孟宪君

孟宪君，1958 年生于大连，是患有小儿麻痹症的健美操教练，现为北京体育大学健美操老师，国内资深的健美操教练，中国健美操协会技术委员会副主任，曾多次荣获全国最佳教练员称号。他桃李满天下，有近 30 名学生获得各类比赛冠军。

坚忍不拔，挑战不可能

这个走起路来颇有些吃力、让学生第一印象打个问号的孟宪君是如何成为健美操教练的？他又是如何培养出这么多的健美操冠军的呢？这还得从他小时候不幸的遭遇说起。

孟宪君出生刚刚七八个月，不幸便降临在了他的头上，他因患小儿麻痹后遗症而左腿残疾。孟宪君从小就喜欢音乐、舞蹈和表演，腿部的残疾成了他最大的障碍。可是，孟宪君并没有因此放弃他喜欢的音乐，他学会了弹奏钢琴。经过长时间的努力，孟宪君被空军政治歌舞团录用成舞蹈伴奏。一次偶然的机会听说北京体育大学需要一名音乐伴奏，他毅然决然地来到北京体育大学。孟宪君音乐和舞蹈的功底使他对体操动作有了独特的理解，小时候的表演天分又使他能够把动作表达到位，广受学生欢迎。1886 年，国内兴起了健美操热，到 1887 年就要举办第一届全国健美操大赛，由孟宪君和几位老师带领的北京体育大学健美操队在第一届的全国比赛中囊括所有冠军，而在第二年的比赛中，孟老师又带队斩获佳绩。自此孟宪君在业内声名鹊起，成了健美操界最强劲的一个音符。

（三）敖金平

敖金平，1981 年出生于中国，中国职业健美操运动员，“中国健美操第一人”。2000 年获健美操国家级健将，2004 年获健美操国际级运动健将。他为中国健美操拿到了世界健美操锦标赛上第一枚金牌，实现了历史性的突破；从 2000 年，他几乎拿到了所有的全国各类健美操比赛的男单冠军和 11 项世界冠军。他作为中国健美操运动员唯一的代表成为北京奥运会火炬手。

千锤百炼，方得始终

专业的健美操选手一般都有体操、武术等体育运动的基础，但敖金平完全是“白手起家”练起健美操，所以，要想取得成功，更加不容易。在国家队训练期间，敖金平不得不从劈叉和托马斯等基础动作开始练起。休息时间，敖金平也从不正常地坐在板凳上，而是采取劈叉的姿势坐在地上。

2005 年，敖金平随中国健美操队夺得了世界运动会集体 6 人操冠军。2006 年年初，敖金平在苦练集体项目的同时，开始利用业余时间加练单人项目。功夫不负苦心人，在当年 6 月举行的世界健美操锦标赛中，敖金平凭借出色的艺术表现力和近乎完美的完成能力，一举获得男子单人冠军，实现了中国在世界健美操锦标赛上金牌“零的突破”。接着，他又和队友斩获集体 6 人操冠军。随着年龄的增长，敖金平逐渐淡出世界大赛，致力于健美操运动的推广和湖北省健美操水平的提高。

南阳师范学院健美操运动概况

南阳师范学院体育学院开设有专业健美操和大众健美操的相关课程，每年组织卧龙文化艺术节健美操、街舞大赛。南阳师范学院健美操社团创办于 2005 年 9 月，如今已经走过了十几个春秋。

第二节　健美操的基本动作与基础规则

一、健美操基本动作

健美操基本动作是健美操的核心，是各种动作产生和发展的基础，在编排动作时可以在基本动作的基础上进行变化，从而形成一个相对复杂的动作组合。通过基本动作练习我们可以形成正确的基本姿态，体会动作的用力和内在感觉，掌握整个动作韵律，建立正确的动作技术概念。同时通过加强身体基本姿态的塑造，真正达到塑形健体的目的。基本动作内容主要包括下肢动作、上肢动作和躯干动作。本节只介绍传统有氧健美操的基本动作和技术。

（一）下肢动作

健美操的下肢动作以基本步伐为主，它是进行健美操练习的主要手段。所有步伐可按冲击力分为三种：无冲击步伐，指两脚始终接触地面，身体重心在两脚之间，没有腾空的动作；低冲击步伐，指有一脚始终接触地面的动作；高冲击步伐，指有一瞬间双脚同时离开地面的动作，有腾空动作。低冲击步伐同时也可以做成高冲击步伐。

1. 无冲击步伐

无冲击步伐包括半蹲、弹动、弓步、箭步蹲、提踵等，如图 15-1 所示。详见视频 15-1。

15-1　无冲击步伐

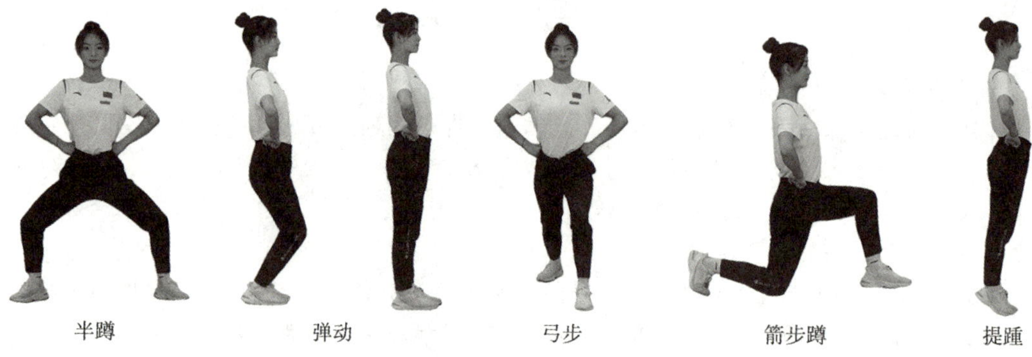

图 15-1　无冲击步伐

2. 低冲击步伐

低冲击步伐主要有以下几种，详见视频 15-2。

（1）踏步类：此类动作两脚依次抬起，交替落地，在下落时膝、踝关节有弹性地缓冲。

①踏步：两腿原地依次抬起，依次落地。技术要点：下落时，踝、膝、髋关节依次有弹性地缓冲。踏步如图 15-2 所示。

图 15-2　踏步

15-2　低冲击步伐

②一字步：4 拍节，一脚向前迈一步，另一脚并于前脚，然后依次还原。技术要点：向前迈步时，先脚跟着地，再过渡到全脚掌；前后均要有并腿过程；每一拍节动作膝关节始终有弹性地缓冲。一字步如图 15-3 所示。

图 15-3　一字步

③V 字步：4 拍节，以右脚为例，右脚向右前方迈一步，左脚随之向左前方迈一步，起点与两脚成 V 字形，然后依次退回原位。技术要点：迈步时，先脚跟着地，注意屈膝缓冲，重心在两脚之间。V 字步如图 15-4 所示。

图 15-4　V 字步

④曼步（曼巴步）：4 拍节，以右脚为例，右脚向前迈出，屈膝，重心随之前移，另一脚稍抬起，然后原地落下；或向后撤一步，重心后移，另一脚稍抬起，然后原地落下。技术要点：两脚始终保持交替落地，重心随动作前后移动，但始终在两脚之间。曼步如图 15-5 所示。

图 15-5　曼步

（2）迈步类：此类动作是指一脚先迈出一步，移重心到该腿，另一脚用脚跟或脚尖点地，或做并步，或做吸腿、屈腿、踢腿等动作。

①并步：2 拍节，一脚迈出，另一脚随之并拢屈膝点地。技术要点：迈出脚落地时注意屈膝缓冲，两膝始终保持弹动，动作幅度和力度可随风格而定。并步如图 15-6 所示。

②迈步吸腿：2 拍节，一脚迈出一步，另一腿屈膝抬起至水平。技术要点：迈出脚落地时注意屈膝缓冲。迈步吸腿如图 15-7 所示。

③迈步后屈腿：2 拍节，一脚迈出一步，另一腿后屈。技术要点：迈出脚落地时注意屈膝缓冲和移动重心，支撑腿稍屈膝，后屈腿的脚跟靠近臀部。迈步后屈腿如图 15-8 所示。

④侧交叉步：4 拍节，一腿向侧迈出，另一侧在其后交叉，随之再向侧迈一步，另一

脚并拢，屈膝点地。技术要点：第一步脚跟先落地，身体重心快速随着脚步移动，保持膝、踝关节的弹动。侧交叉步如图 15-9 所示。

图 15-6　并步

图 15-7　迈步吸腿

图 15-8　迈步后屈腿

图 15-9　侧交叉步

（3）点地类：此类动作是一腿稍屈膝站立，另一腿伸出，用脚尖或脚跟做点地动作，然后还原到并腿姿势。

①脚尖点地：2 拍节，一腿稍屈膝站立，另一腿伸出，脚尖点地，然后还原到并腿姿势。可做向侧、向前和向后的脚尖点地。技术要点：支撑腿随动作有弹性地屈伸。脚尖点地如图 15-10 所示。

图 15-10　脚尖点地

②脚跟点地：2 拍节，一腿稍屈膝站立，另一腿伸出，脚跟点地，然后还原到并腿姿势。可做向前和向侧的脚跟点地。技术要点：支撑腿随动作有弹性地屈伸。脚跟点地如图 15-11 所示。

（4）抬腿类：一腿站立，另一腿直腿或屈腿向上抬起。

①吸腿：2 拍节，一腿支撑地面，另一腿屈膝抬起，落下还原。技术要点：支撑腿保持屈膝弹动，上体保持正直。吸腿如图 15-12 所示。

图 15-11 脚跟点地　　图 15-12 吸腿

②踢腿：2 拍节，一腿稍屈膝站立，另一腿弹踢，然后还原。技术要点：保持支撑腿及身体稳定。踢腿如图 15-13 所示。

③摆腿：2 拍节，一腿稍屈膝站立，另一腿做摆踢。技术要点：摆起腿伸直时要有控制。摆腿如图 15-14 所示。

图 15-13 踢腿　　图 15-14 摆腿

3. 高冲击步伐

低冲击步伐都可以高冲击步伐的形式完成。下面只介绍典型和例外动作，详见视频 15-3。

15-3 高冲击步伐

（1）弹踢腿（跳）：2 拍节，一腿站立（跳起），另一腿先向后屈，再向前方弹踢，还原。技术要点：腿弹出时要有控制，保持上体正直。弹踢腿（跳）如图 15-15 所示。

（2）分腿跳：1 拍节，分腿站立屈膝半蹲，向上跳起，分腿落地屈膝缓冲。技术要点：屈膝半蹲时，大、小腿夹角不小于 90°。分腿跳如图 15-16 所示。

图 15-15　弹踢腿（跳）　　图 15-16　分腿跳

（3）开合跳：4 拍节，由并腿跳起，落地成开立，再向上跳起，并腿落地。技术要点：膝关节沿脚尖方向屈，夹角不小于 90°，脚跟有落地过程。开合跳如图 15-17 所示。

图 15-17　开合跳

（4）弓步跳：单拍节，由并腿跳起，落地成弓步，再还原。技术要点：收腹立腰，重心在两脚之间。弓步跳如图 15-18 所示。

图 15-18　弓步跳

（二）上肢动作

上肢动作主要包括上肢的各种动作和手型。上肢的动作主要有臂的各个方向的举、屈伸、摆动、上提、下拉、绕和绕环、交叉，屈臂的摆动、胸前推、肩上推及冲拳等动作。常用的动作主要有以下四种，详见视频15-4。

15-4　上肢动作

1. 屈臂摆动

屈肘同时或依次前后摆动，肩部放松。屈臂摆动如图 15-19 所示。

2. 上提

臂由下举提至胸前或体侧，还原。上提如图 15-20 所示。

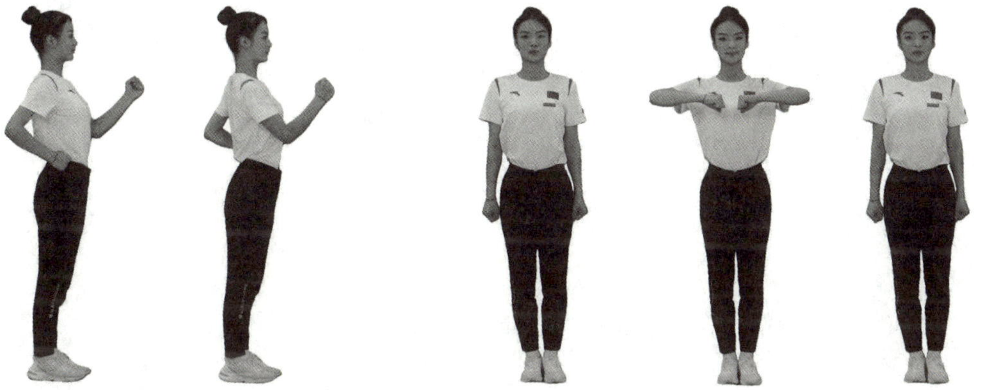

图 15-19　屈臂摆动　　图 15-20　上提

3. 屈臂胸前推

立掌，屈臂由肩部向前推。屈臂胸前推如图 15-21 所示。

4. 冲拳

屈臂握拳，由腰间冲至某个位置。冲拳如图 15-22 所示。

图 15-21　屈臂胸前推

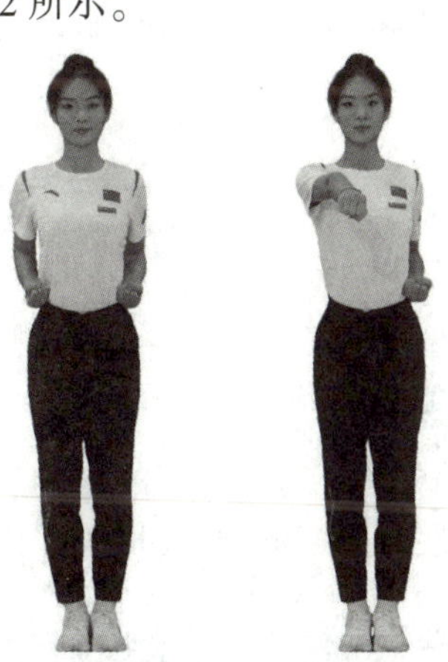

图 15-22　冲拳

手型是手臂动作的延伸和表现，运用得好，会使健美操动作舒展，使动作更加丰富，更具有感染力。健美操中的手型主要有以下三种，详见视频 15-5。

15-5　手型

1. 掌型

五指伸直并拢或五指伸直张开。主要有并掌、花掌、开掌、立掌等。掌型如图 15-23 所示。

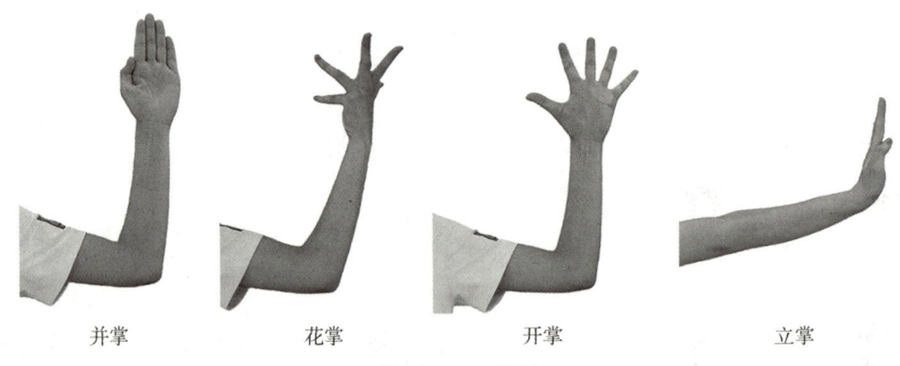

图 15-23　掌型

2. 指型

主要有一指、剑指、响指。指型如图 15-24 所示。

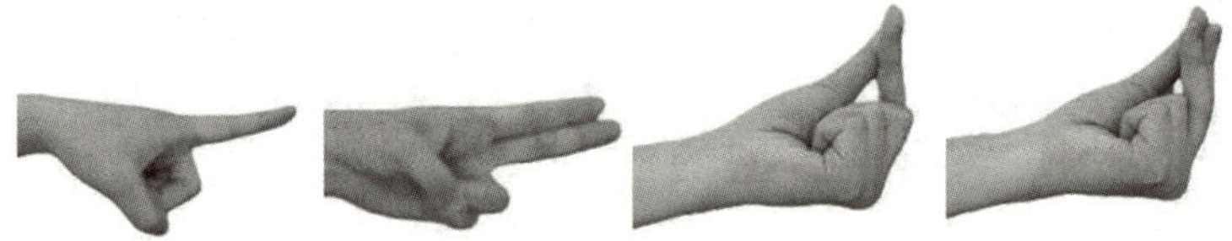

图 15-24　指型

3. 拳型

握拳，拇指在外，大拇指贴于食指和中指的第二指节处。拳型如图 15-25 所示。

图 15-25　拳型

（三）躯干动作

躯干动作主要有胸背部的含胸、展胸、俯卧撑以及提肩和沉肩等，腰腹部的屈腰、屈髋和转腰动作等，详见视频 15-6。

15-6　躯干动作

二、健身健美操技术规则

（一）竞赛性质与种类

全国健美操锦标赛、全国健美操联赛、全国健美操冠军赛、全国体育大会健美操比赛及各类普及健美操比赛。

（二）运动员年龄与分组

（1）儿童组：7~12 岁（小学组）。
（2）少年组：13~17 岁（中学组）。
（3）青年组：18~34 岁。
（4）中年组：35~49 岁。
（5）老年组：50 岁以上。

（三）竞赛内容、成套动作时间和音乐

1. 竞赛内容

（1）自选套路：指各种符合竞赛规则及规程要求的成套动作。
（2）规定动作：指《全国健美操大众锻炼标准》中的动作。

2. 成套动作时间

（1）计时由第一个可听到的声音开始（不包括提示音），到最后一个可听到的声音结束。
（2）根据不同的比赛内容规定比赛时间。

3. 音乐

参赛队自备比赛音乐，并将音乐录制在高质量 CD 光盘的第一曲。

（四）比赛场地与设备

赛台高 80~100 厘米，赛台为不小于 12 米×12 米的地板或地毯。

（五）比赛服饰

大众健美操比赛着健身服或运动式休闲服和运动鞋，服装上可有亮片等装饰物。不准戴任何首饰和手表。女运动员的头发必须梳系于后，发不遮脸，允许化淡妆。

（六）比赛计分及名次评定

1. 比赛打分

比赛项目分为得分项目（最后艺术分和最后完成分）和减分项目（裁判长减分和视线减分）两部分，最后得分计算公式为：最后得分=（最后艺术分+最后完成分）-（裁判长减分+视线减分）。

2. 名次评定

得分高者名次列前。

第十六章 体育舞蹈运动

第一节 体育舞蹈概述

一、体育舞蹈的起源与发展

体育舞蹈是一项舞蹈与体育相结合的运动项目，既具有体育的运动特性，又具有舞蹈的艺术特性。体育舞蹈的运动特性，来自其与任何体育项目一样的健身和竞赛功效；而体育舞蹈的艺术特质，则来自舞蹈起源以及其本身所具有的审美情趣。体育舞蹈正是在运动性和艺术性的双重探索过程中得以传承和发扬的一个项目。体育舞蹈是一种以双人配合的规范化的舞蹈为载体的身体运动项目，是参与者为了促进身心健康、获取社交能力以及在各种级别赛事中取得优异竞赛成绩而开展的一项身体活动。

体育舞蹈的起源同其他舞蹈一样，它的发展过程经历了原始舞蹈、公众舞、民间舞、宫廷舞、舞会舞、新旧国际标准舞等发展阶段。体育舞蹈其实是对国际标准舞的一个更为动感和体育化的称呼。体育舞蹈的前身就近来说是舞厅舞，也称社交舞、交谊舞。最早的舞厅舞，来源于意大利的一种由五步组成的小步舞，这种舞蹈于 1650 年被引进法国巴黎，王公大臣在公开场合跳起了这种舞蹈，并很快成为一种流行舞蹈，占据舞厅的重要位置。直到 1768 年巴黎开办了第一家交谊舞厅，由此舞厅舞开始流行于欧美各国，成为一种普遍的社交方式。19 世纪初，在英国，舞厅舞得到了进一步的发展。英国不仅举办了各种舞会与各种舞蹈比赛，还有一群非常具有创造力和学术研究能力的教师致力于把舞厅舞向标准化、规范化引导；此外，国际化组织与机构成为舞厅舞传播于世界的畅通渠道。这也是国际标准舞走向国际社会的一个开端。1924 年，英国皇家舞蹈教师协会成立了舞厅舞分会，并由伦敦的五位顶级舞厅舞教师成立了第一届委员会。五位教师在广泛研究传统宫廷舞、交谊舞及拉美国家的各式土风舞的基础上，对其进行了规范和美化加工，于 1925 年正式颁布了华尔兹、探戈、狐步、快步四种舞的步伐，总称标准舞。第二次世界大战后，英国皇家舞蹈教师协会又开始整理了拉丁舞蹈，并将它纳入国际标准舞范畴。1960 年，拉丁舞正式列入世界锦标赛比赛项目。1964 年，国际标准舞又增加新的表演和比赛项目——

队列舞（也称团体舞）。

随着国际标准舞的规范和发展，世界体育舞蹈联合会等国际相关组织先后成立，并积极举办竞赛，不断推广国际标准舞。1997 年，国际奥委会决定给予竞技性舞蹈（体育舞蹈）以承认资格。至此，带有竞技性特征的体育舞蹈进入了奥运大家庭。

二、体育舞蹈国际组织及相关机构

（一）世界体育舞蹈联合会（WDSF）

世界体育舞蹈联合会（World Dance Sport Federation，WDSF），是负责管理业余和职业体育舞蹈竞技者和竞技活动的国际性组织，促进竞技体育舞蹈的国际化，为其成员的国际比赛制定标准化的规则，对其成员提供咨询和帮助并在国际上树立其体育形象。世界体育舞蹈联合会是被国际奥林匹克委员会承认的国际性的体育联合组织，其目标之一就是使体育舞蹈继续成长壮大，并最终成为一项世界性的体育活动。

（二）世界舞蹈总会（WDC）

世界舞蹈总会（World Dance Council，WDC）是第一个国际职业舞蹈组织，该组织包括两个分支机构：一个是世界体育舞蹈委员会（World Dance Sport Committee），其职能是商议有关比赛规则、裁判挑选以及理事会的各类锦标赛资格授权，含标准舞、拉丁舞、十项舞、艺术表演舞和南美表演舞等各项事务，其可以就体育舞蹈事项做出决定；另一个是世界交谊舞委员会（World Social Dance Committee），社交舞委员会的职能是商议所有有关舞蹈学校、社交舞及社交舞者的事项。

（三）英国皇家舞蹈教师协会（ISTD）

英国皇家舞蹈教师协会（Imperial Society of Teachers of Dancing，ISTD）是世界著名的舞蹈考试组织，成立于 1904 年。现在是一家注册的教育团体，并且是唯一一家真正覆盖全球，涵盖所有舞蹈考试的组织。该协会的主要目标是“给公众各种形式的舞蹈艺术教育”。为完成这个目标，英国皇家舞蹈教师协会主要致力于以下四个方面的工作：①推广舞蹈知识；②保持和提高教学标准；③通过考试，使拥有英国皇家舞蹈教师协会特别技能的舞蹈教师达到合格标准，这些特别技能由遍布世界的各个舞蹈学校中的 10 000 名协会会员教授；④通过颁布教材，为舞者提供技术以训练其提高舞蹈职业技能。目前，英国皇家舞蹈教师协会拥有对教师资格的权威认证，全世界每年约有 250 000 人参加考试。英国皇家舞蹈教师协会为教师们提供等级考试及金银铜牌的考试，以鉴定他们对体育舞蹈的掌握程度。

三、中国体育舞蹈的起源

1989 年，中国舞蹈家协会正式成立了“中国国际标准舞总会”，90 年代后更名为“中国国际标准舞学会”。2003 年，此学会和中国国际标准舞协会两个组织合并，总称为“中国国际标准舞总会”。

1991 年 5 月，“中国体育舞蹈协会”宣布成立，是我国最早成立的体育舞蹈类国家一级社团组织，2002 年，该协会与文化部所属中国业余竞技舞蹈协会联合，组成中国体育舞蹈联合会（Chinese Dance Sport Federation，CDSF）。在国家体委的直接领导下，每年举行一届“全国体育舞蹈锦标赛”。到 2014 年共举办了二十四届全国体育舞蹈锦标赛。在 1998 年举办了首届青少年体育舞蹈锦标赛。中国体育舞蹈联合会成为国际体育舞蹈联合会正式会员以后，自 2002 年 11 月在上海正式举办了亚洲体育舞蹈锦标赛，此后，相继承办了世界体育舞蹈联合会大奖赛的分站赛、总决赛和职业组总决赛以及世界表演舞的总决赛，每年举办的顶级国际赛事平均达到 3 场次以上，主要由上海、北京、南京、成都、武汉等地承办。

目前，中国已有近 3 000 万体育舞蹈爱好者，其中青少年占了很大比重。每年一届的青少年体育舞蹈锦标赛参赛人数往往多达 3 000 余人。

四、中国国际标准舞领军人物

（一）齐志峰

齐志峰，男，自小在舞蹈学校学习，进入北京舞蹈学院后开始接触古典芭蕾和现代舞，11 岁时赴加拿大学习正统的国标舞，进而渐渐爱上了国标舞，从 1991 年开始学舞，到 1996 年开始职业生涯。

2002 年 8 月，获德国公开赛职业组表演赛亚军，齐志峰让世界舞坛上升起了第一面中国国旗；2003 年 8 月，获德国公开赛职业新星第五名，成为有史以来首个进入决赛的亚洲人。2004 年，已经有 79 年历史的英国黑池国际舞蹈节的领奖台上首次出现中国人的身影，齐志峰和他当时的舞伴张震夺得职业新星组摩登舞第三名。齐志峰创造了太多的奇迹，他说：“那一刻，我的梦想成真了。”

千锤百炼，方得始终

齐志峰说，体育舞蹈想学很容易，想跳好却很难。初学者从步伐、方向、角度逐步进入专业领域，随着年龄增长，加强技术、艺术魅力训练，最终成为职业选手。跳舞需要扎实的基本功，他从 11 岁就开始跳国标舞，早已学会用舞蹈来支配自己的身体。所有人通过训练，都可以掌握娴熟的技术，但缺乏品位也难以达到艺术的境界。成功者的背后是一条辛酸的路，舞蹈是他的生命，他愿意奉献出一切。

（二）沈宏、梁瑜洁：摩登舞者，双人搭档

2002 年，获第二届全国体育大会专业院校组摩登舞冠军。

2004 年，获第十四届全国体育舞蹈锦标赛专业成人组摩登舞冠军。

2005 年，获全国体育院校体育舞蹈比赛摩登舞冠军。

2006 年，获全国体育舞蹈精英赛 A 组摩登舞冠军。

2007 年，获英国锦标赛摩登舞业余新星组第七名。

2010 年，获广州亚运会探戈舞冠军。

不甘心，绝不放弃

学生时代的沈宏、梁瑜洁，每次出国参赛、学舞，花费巨大，他们平均每年出国参赛都得花10多万。很多人不理解，他们却认为："没有值得不值得的问题，既然我们已经花费了这么长时间、这么多精力和金钱来学舞，那就应该继续学下去，而且我们觉得自己还能再提高，成绩还可能往上走，就继续比赛呗。如果不出去比赛，成绩就很难上去了。如果就这样放弃，我们会很不甘心。"

中国摩登舞选手在黑池的成绩一直不是很好，原因有很多。在沈宏和梁瑜洁看来，最主要的原因还是投入。因为体育舞蹈的比赛是淘汰晋级制的，比赛时间有限，裁判打分的时候难免会顾此失彼，所以，一般裁判在选手竞技水平不相上下的时候会优先选择自己比较熟悉的选手。要让裁判熟悉和认识，就得在场下多和裁判交流，所以跟那些著名的裁判上课是最好的选择，一来可以学习很多最新最流行的技术以提高自己的竞技水平，二来也能在裁判心中留下好印象。此外，黑池的备选裁判有很多，选手还不能只和一两个老师上课，还得博采众长以集大成，所以在这方面的投入还是挺大的。而沈宏、梁瑜洁坚持在训练和教学中，教学相长，以舞养舞，一步一步踏踏实实走上自己的国际舞台。

南阳师范学院体育舞蹈概况

南阳师范学院体育学院舞蹈学（体育舞蹈）专业于2012年开始招收本科生，培养了众多文化表演、体育竞赛、舞蹈教学等方面的体育舞蹈人才，为河南省的体育舞蹈事业的发展起到了积极的推动作用。

南阳师范学院是豫西南唯一一所开设体育舞蹈专业的高校，设有拉丁舞和摩登舞两大专项。近年来教学成果丰硕，在中国大学生体育舞蹈锦标赛中累计获得奖牌10余项，各级省级比赛一等奖20多项，其他名次奖励共百余项；舞蹈作品荣登河南省教育厅"青春献礼二十大 强国有我新征程""舞动青春"视频接力活动，以及河南省大学生科技文化艺术节、南阳市春晚、南阳市"唱响白河"、南阳市卧龙文化艺术节等平台。南阳师范学院体育舞蹈获奖作品（部分）如表16-1所示。

表16-1　南阳师范学院体育舞蹈获奖作品（部分）

序号	作品名称
1	作品《红火》，第十四届全国美育教学成果，二等奖
2	作品《星辰大海》，河南省教育厅"舞动青春"视频接力，特等奖
3	作品《灯火里的中国》，第十五届全国美育教学成果，一等奖
4	作品《我和我的祖国》，第十五届全国美育教学成果，一等奖
5	作品《重生》，河南省第十八届大学生科创节，二等奖
6	作品《八佰》《木兰》《Survivor》，体育舞蹈专业汇报演出
7	作品《幸存者》，2023年中国大学生体育舞蹈团体舞线上赛，一等奖

你还想看什么舞蹈题材和主题？加入我们一起来创作属于我们师院人的新时代大学生体育舞蹈作品吧。

第二节　体育舞蹈的基本动作与基础规则

一、华尔兹舞的基本动作

根据大学体育课体育舞蹈教学的具体情况，本书只介绍华尔兹舞蹈的基本动作。

（一）左脚并换步

准备姿势为闭式舞姿，可以前进也可以后退，舞步动作要领如表 16-2 所示。详见视频 16-1。

16-1　左脚并换步

表 16-2　华尔兹左脚并换步动作要领

步序	节奏	要领		脚法	方位		升降	转度	倾斜	
		男士	女士		男士	女士			男士	女士
1	1	左脚前进（或后退）	右脚后退（或前进）	跟掌（男）掌跟（女）	面对斜壁线	背对斜壁线	结尾开始上升	不转	—	—
2	2	右脚经左脚横步稍前	左脚经右脚横步稍后	掌	面对斜壁线	背对斜壁线	继续上升	—	左	右
3	3	左脚并于右脚	右脚并于左脚	掌落跟	面对斜壁线	背对斜壁线	继续上升，结尾下降	—	左	右

（二）右脚并换步

准备姿势为闭式舞姿，舞步动作要领如表 16-3 所示。详见视频 16-2。

16-2　右脚并换步

表 16-3　华尔兹右脚并换步动作要领

步序	节奏	要领		脚法	方位		升降	转度	倾斜	
		男士	女士		男士	女士			男士	女士
1	1	右脚前进（或后退）	左脚后退（或前进）	跟掌（男）掌跟（女）	面斜中央线	背斜中央线	结尾开始上升	不转	—	—
2	2	左脚经右脚横步	右脚经左脚横步	掌	面斜中央线	背斜中央线	继续上升	—	右	左
3	3	右脚并于左脚	左脚并于右脚	掌落跟	面斜中央线	背斜中央线	继续上升，结尾下降	—	右	左

（三）方步

16-3　方步

前进并换步接后退并换步称为方步。方步准备姿势为闭式舞姿，舞步动作要领如表 16-4 所示。详见视频 16-3。

表 16-4　华尔兹方步动作要领

步序	节奏	要领		脚法	方位		升降	转度	倾斜	
		男士	女士		男士	女士			男士	女士
1	1	左脚前进	右脚后退	跟掌	面对舞程线	背对舞程线	结尾开始上升	不转	—	—
2	2	右脚经左脚横步	左脚经右脚横步	掌	面对舞程线	背对舞程线	继续上升	—	左	右
3	3	左脚并于右脚	右脚并于左脚	掌落跟	面对舞程线	背对舞程线	继续上升，结尾下降	—	左	右
4	1	右脚后退	左脚前进	跟掌	面对舞程线	背对舞程线	结尾开始上升	—	—	—
5	2	左脚经右脚横步	右脚经左脚横步	掌	面对舞程线	背对舞程线	继续上升	—	右	左
6	3	右脚并于左脚	左脚并于右脚	掌落跟	面对舞程线	背对舞程线	继续上升，结尾下降	—	右	左

（四）右转步

16-4　右转步

准备姿势为闭式舞姿，男士前进则女士后退。男士和女士舞步动作要领分别如表 16-5 和表 16-6 所示。详见视频 16-4。

表 16-5　华尔兹右转步男士步伐动作要领

步序	节奏	要领	脚法	方位	升降	转度	倾斜
1	1	右脚前进	跟掌	面对斜壁线	结尾开始上升	开始右转	—
2	2	左脚经右脚横步	掌	面对斜壁线	继续上升	1~2 转 1/4	右
3	3	右脚并于左脚	掌落跟	背对舞程线	继续上升，结尾下降	2~3 转 1/8	右
4	1	左脚后退	掌跟	背对舞程线	结尾开始上升	—	—
5	2	右脚经左脚横步	掌	面斜中央线	继续上升	4~5 转 3/8	左
6	3	左脚并于右脚	掌落跟	面斜中央线	继续上升，结尾下降	—	左

表 16-6　华尔兹右转步女士步伐动作要领

步序	节奏	要领	脚法	方位	升降	转度	倾斜
1	1	左脚后退	掌跟	背对斜壁线	结尾开始上升	开始右转	—
2	2	右脚经左脚横步	掌	背对斜壁线	继续上升	1~2 转 3/8 身体稍转	左

续表

步序	节奏	要领	脚法	方位	升降	转度	倾斜
3	3	左脚并于右脚	掌落跟	面对舞程线	继续上升，结尾下降	身体完成转动	左
4	1	右脚前进	跟掌	面对舞程线	结尾开始上升	继续右转	—
5	2	左脚经右脚横步	掌	背斜中央线	继续上升	4~5 转 1/4	右
6	3	右脚并于左脚	掌落跟	背斜中央线	继续上升，结尾下降	5~6 转 1/8	右

（五）左转步

准备姿势为闭式舞姿，男士前进则女士后退。男士和女士舞步动作要领分别如表 16-7 和表 16-8 所示。详见视频 16-5。

16-5　左转步

表 16-7　华尔兹左转步男士步伐动作要领

步序	节奏	要领	脚法	方位	升降	转度	倾斜
1	1	左脚前进	跟掌	面斜中央线	结尾开始上升	开始左转	—
2	2	右脚经左脚横步	掌	背对斜壁线	继续上升	1~2 转 1/4	左
3	3	左脚并于右脚	掌落跟	背对舞程线	继续上升，结尾下降	2~3 转 1/8	左
4	1	右脚后退	掌跟	背对舞程线	结尾开始上升	—	—
5	2	左脚经右脚横步	掌	面对斜壁线	继续上升	4~5 转 3/8 身体稍转	右
6	3	右脚并于左脚	掌落跟	面对斜壁线	继续上升，结尾下降	身体完成转动	右

表 16-8　华尔兹左转步女士步伐动作要领

步序	节奏	要领	脚法	方位	升降	转度	倾斜
1	1	右脚后退	掌跟	背斜中央线	结尾开始上升	开始左转	—
2	2	左脚经右脚横步	掌	面对舞程线	继续上升	1~2 转 3/8 身体稍转	右
3	3	右脚并于左脚	掌落跟	面对舞程线	继续上升，结尾下降	身体完成转动	右
4	1	左脚前进	跟掌	面对舞程线	结尾开始上升	继续左转	—
5	2	右脚经左脚横步	掌	背对斜壁线	继续上升	4~5 转 1/4	左
6	3	左脚并于右脚	掌落跟	背对斜壁线	继续上升，结尾下降	5~6 转 1/8	左

二、体育舞蹈技术规则

（一）评判要素

从时值与基本节奏、身体线条、舞蹈的风格、节奏表现力、步伐技巧来进行评估。

（二）计分方法

体育舞蹈的计分方法以顺位法为依据。所谓顺位法是指决赛名次的产生方法，即将决赛时评委给选手打的名次通过顺位排列的方法计算单项和全能名次。具体计分程序如下。

（1）计分员将单项舞评分单上各裁判打“√”的记号记入预赛、半决赛用的淘汰表，按“√”数的多少和规定名额录取下一轮比赛的选手。

（2）单项决赛成绩将决赛单项舞评分单上各裁判判定名次记入顺位表，再依据各单项舞成绩顺位核算出选手单项舞名次。

（3）全能决赛成绩是将总分顺位表的单项名次数相加，依数值由小到大排出第一至第六名。

（三）顺位法计分规则

1. 单项舞顺位规则

（1）在各位次上领先获得半数裁判判定的选手获得该顺位的名次。

（2）在同一顺位上有两对以上选手获得半数，则按数值多少决定名次，多者名次列前。

（3）在同一顺位上出现相等数时，则将顺位数相加，用括号表示，积分少的名次列前。

（4）在第一顺位上所有选手未获过半数，则降下位计算，直至出现过半数为止。

2. 全能顺位规则

（1）将总分顺位表的各单项名次数相加，按合计数的大小排列选手名次，数小的名次列前。

（2）如果名次合计数相等，则看获得顺位次数的多少，多的名次列前。

（3）如果合计数、顺位次数都相等，则看顺位积数的多少，少的名次列前。

（4）如果合计数、顺位次数、顺位积数都相等，则须将相等者的各单项名次顺位重新全部列出，重新计算。如又相等，则可加赛或用其他方法解决。

第十七章 排舞运动

第一节 排舞运动概述

排舞（Line Dance）是一项将音乐和固定舞步融合在一起，一人或多人通过风格各异的舞步循环来愉悦身心的国际性体育运动。

一、排舞运动的起源

排舞最早萌芽于美国西部乡村民间社交舞。19 世纪初，原来流行于欧洲的社交舞传入美国，由于社交舞必须男女结伴、按照方块或圆形的站位才能跳舞，一些没有舞伴的人受到限制，所以大家尝试着单独跳或站成一排跳。美国西部乡村的一些民间俱乐部进行了很多尝试，派生出了类似排舞风格的舞蹈形式。

20 世纪 80 年代早期，随着西部乡村音乐在美国的流行，为配合西部乡村音乐的传播，现代排舞诞生了。由于这一时期排舞都来源于美国西部乡村，在当时主要是为了配合和促进乡村音乐的发展，因此带有明显的西部乡村音乐的烙印。这些被改编为排舞的西部乡村舞蹈标志现代排舞正式诞生，因此许多人认为现代排舞和乡村音乐是同义词。

当然，排舞绝不是仅仅与乡村音乐紧密相连的，这一时期还有许多排舞是配合当时一些其他的流行音乐，如摇滚音乐、流行歌曲和节奏布鲁斯曲风的音乐。

二、国际排舞运动的全面发展

20 世纪 90 年代初排舞进入全面发展阶段，这一时期最著名的乡村音乐之一“*Achy Break Heart*”的巨大成功也使配合推广这首歌的排舞广为人知，并随着乡村音乐被广泛地传到美洲、欧洲和澳洲等的许多国家。

随后排舞逐渐脱离乡村音乐的束缚，开始寻求大量其他风格的舞蹈和音乐，如拉丁舞、嘻哈舞、节奏布鲁斯、爵士舞、踢踏舞等多种舞蹈形式，并随着特定的循环节奏交替旋转起舞。也正是在这一时期，排舞大量吸收了体育舞蹈的舞步动作和编排模式，形成了具有自我风格特点的编排设计和舞步规范。例如，每支排舞都有固定的曲目名称和舞步组合节拍数，并逐渐形成了独一无二的舞步。作为一项参与人数最多、参与人群最广的运动，排舞屡屡刷新吉尼斯世界纪录，风靡世界。

排舞吉尼斯世界纪录

中国香港，2002 年 12 月：12 168 人

2002 年 12 月 29 日，在香港公益基金、香港舞蹈协会、民政事务总署、休闲总会、文化事务署和电视广播有限公司的组织下，12 168 名排舞爱好者聚集在香港跑马游乐场，他们以一首“*Baby Likes To Rock It*”创造了截至 2002 年的排舞吉尼斯世界纪录。

中国杭州，2014 年 11 月 8 日：25 703 人

2014 年 11 月 8 日，在国家体育总局体操运动管理中心排舞分会积极组织下，由 13 个国家、13 个省、41 个市、20 个民族的数万人排舞爱好者在中国杭州 19 个会场参加了 7 分 30 秒的排舞表演，曲目是中国蹦床与技巧协会排舞分会原创排舞主题曲《舞动中国》（“*Line Dance In China*”），成功创下 25 703 人的“最大规模的排舞”的吉尼斯世界纪录。

三、我国排舞运动的发展

2008 年 8 月 8 日早晨 8 时 8 分，在天安门广场，800 名排舞爱好者身着奥运五环颜色 T 恤组成五个方阵，伴随着奥运主题歌曲《永远的朋友》“*We Are Ready*”，表演了具有中国特色的时尚排舞，以表达对北京奥运会的祝福。此次活动的成功举办，对我国排舞运动的开展具有里程碑的意义。

2008 年北京奥运会后，排舞在我国迅猛发展，在全国 30 多个省（市、自治区）开展了排舞推广普及活动，并盛行于北京、江苏、上海、浙江、江西、湖北、福建、四川、云南、西藏等地。2008 年 3 月，全国首期排舞运动培训班在北京举行，这标志着我国开始全面启动排舞运动的推广和普及。现在，浙江省的各大广场经常出现万人跳排舞的景象；江苏省每年培训人数超过 2 000 人，全省 13 个地级市、54 个市辖区和 52 个县市每天参与排舞运动的超过 300 万人；西藏、云南等偏远地方的民族也齐聚一起，共享排舞盛会。

同爱同在同分享

2017 年起，由中华全国体育基金会、国家体育总局体操运动管理中心、中国体操协会发起的“阳光排舞特教公益行”，在众多爱心企业和个人的支持下，在湖南、青海、山东、广东、湖北、福建、浙江、北京、江苏等省市开展了近百场，将排舞深入到特教学生群体，推广健康、快乐的生活理念，得到了学校领导的高度认可。

为扩大公益行规模，“舞动中国”排舞公益基金于 2022 年 8 月 8 日启动了公众筹款活动，动员排舞爱好者、参与者为排舞公益行奉献爱心。自 2022 年 8 月 8 日起至 2022 年 9 月 9 日，中华体育基金会“舞动中国”走进特教学校排舞公益行累计接受捐款 25 382. 30 元。

“阳光排舞特教公益行”将排舞深入到特教学生群体，不仅增加了特教孩子们团队协作的综合能力，给予了特教人群更多的展示机会，还可帮助其身心健康发展、更好地融入社会。

全国特殊教育学校排舞公开赛于2016年开始举办，迄今为止已成功举办6届。越来越多的特教学生通过排舞比赛感受到运动的快乐，增强了他们的自信心和荣誉感，促进了特教群体体育事业发展。2022年3月5日晚，在北京冬残奥会延庆颁奖广场上，由中国残疾人艺术团选调，重庆市残疾人艺术团和万州区特殊教育中心残疾人演员组成的舞蹈团队在文艺节目表演中精彩亮相，向世界展示了排舞运动的风采。

2013年，全国排舞推广中心成立，首届“舞动中国-排舞联赛”总决赛开幕。2015年，排舞总决赛首次融入排舞嘉年华元素，国际排舞大师现场互动教学。2017年，排舞总决赛“排舞科学论文报告会”首次举办，进一步推进了排舞的发展。2018年，中国杯国际排舞公开赛首次举办，更具国际化的赛制，让优秀队伍直通世界舞台。2019年，排舞在我国进一步创新发展中加入了民族舞、曳步舞两大舞蹈风格，总决赛开幕式上排舞八大风格首次亮相，特教组首次进入竞赛单元，成为关注的焦点。2020年，首次采用了线上线下结合的竞赛方式，通过各界媒体平台直播，排舞爱好者累计观看直播数量达到上千万人次。

赛事舞起来，时代更精彩

“舞动中国-排舞联赛”历经11年发展，已成为在中国排舞界覆盖面广、参与度强、知名度高的品牌赛事。每届比赛都是不同城市文化的一次交流，也是高水平排舞竞技的激情碰撞，同时也见证了无数优秀排舞人的成长。2023年总决赛暨全国排舞冠军赛共有来自全国23个省（市、自治区）、54个城市的214支精英队伍共计3 244名参赛选手同场竞技，央视频移动网、杭州之家、微博、抖音、排舞中国视频号等累计观看量超500万。闭幕式以一支火爆出圈、备受年轻人喜爱的《孤勇者》排舞作品拉开帷幕，也借音乐的力量传达了积极乐观、奋发向上的排舞精神。

四、排舞运动的特点

自2008年国家体育总局体操运动管理中心将排舞运动作为全民健身项目推广以来，排舞迅速成为中小学课间操、大专院校团体操、机关企事业单位工间操、社区居民广场操、农村田野健身操的主要内容。排舞成为当下时尚、休闲、娱乐、有效的健身项目之一。

校园排舞，舞出少年中国梦

排舞运动聚焦校园群体，启动了校园排舞项目，已成为全国各地各级各类学校开展体育特色项目的首选。近年来，排舞项目积极探索校园排舞推广方式，通过树立排舞推广典型，增强校际学习、分享、交流，不断辐射周边形成区域性、持续性、协同性发展，并取得阶段性成果，谱写了校园排舞的新篇章。校园排舞践行健康第一理念，促进体教融合，是实现五育并举，促进学生健康成长、全面发展目标的重要内容。

举办全国校园排舞网络展示大赛，是国家体育总局体操运动管理中心落实《关于深化体教融合 促进青少年健康发展的意见》的要求，也是完善校园赛事体系的具体措施。2021—2022年连续两届校园排舞网络展示大赛吸引全国近25万名学生参与，刷新了国家级排舞赛事参与人数的记录。2022年“舞动中国-排舞联赛”总决赛参赛选手中，学生群体占80%。2023年6月16日，第三届全国校园排舞网络展示大赛吸引了来自全国20个省（市、自治区）的300余支队伍，近7万名学生参与。

（一）舞步的统一和独特性

排舞最突出的特点就是全世界每首曲目都有对应的舞谱，舞步完全统一，并且每个舞步都有独特的名称和节拍数，但对身体以及手臂的动作并无统一要求。排舞爱好者可以根据个人对音乐的理解编排手臂动作，充分展示个性特征和诠释排舞的文化内涵。

（二）音乐风格的流行性与独特性

随着时代的发展，排舞融入了越来越多流行的舞蹈和音乐元素，音乐节奏、旋律、和声与舞步的组合、编排、演绎浑然一体，使音乐通过排舞的诠释变成看得见的艺术，而排舞通过音乐的表达也变成了听得见的艺术。

排舞曲目传递家国情怀

排舞曲目充满强烈的节奏性、时代性及艺术性，内容丰富多样、积极向上、打破传统追求创新。《花儿为什么这样红》是2023年排舞推广曲目，它是一首古老的塔吉克民歌，具有浓郁的民族风格和地区特色。歌曲以花象征友谊和爱情，自问自答，既简洁明了，又诚恳殷切，情感真挚。《没有共产党就没有新中国》《我和我的祖国》《奋斗吧中国》《红领巾相约中国梦》《我爱你中国》《共同家园》等曲目不仅适合大课间、展演等活动，也帮助学生在对曲目不断地练习和演绎中，将所学的近现代史与歌曲情感、动作相结合，不断加深对百年奋斗历程的理解和感悟。“五环”系列冬奥排舞曲目《一起向未来》、亚运曲目《等你来》《同爱同在》，可让学生通过排舞感受运动的力量。

（三）文化的传承性与创新性

文化的传承与创新是文化发展的重要基础，充分体现了排舞对舞蹈文化、民族文化、音乐文化、体育文化的继承、发展和创新。在新时代背景下，具有民俗特色的排舞汲取崭新的要素推动特色排舞的创新发展，传承中国多种民族文化，在传承中不断创新，在创新中传承发展。

（四）大众健身的艺术性与国际性

排舞的艺术性通过成套展示，来展现舞步、音乐与身体动作的完美融合，表现出排舞的姿态美、精神美和艺术美。在信息化时代，排舞已经成为一种国际化的舞蹈，成为不同国家、地区的男女老少都可以参与的健身舞蹈。

（五）网络传播途径的充分运用

排舞得以全面迅速地发展，最大的原因是充分运用网络传播平台。网络平台有利于宣传、推广和普及排舞。我们必须以积极的态度、创新的精神，利用网络平台大力发展和传播健康向上的排舞文化。

南阳师范学院排舞运动概况

南阳师范学院现有专业排舞教师6名，其中教授1人、副教授1人、讲师4人。开设有公共体育排舞课程，组建了排舞社团和校队，每年定期开展排舞比赛。

南阳师范学院的学子积极参加排舞运动，2022—2023 年取得了表 17-1 所示的成绩。

表 17-1 2022—2023 年排舞运动成绩表

序号	竞赛详情
1	2022 年第一届排舞社区运动会单人二等奖 2 项
2	2022 年第一届排舞社区运动会一等奖 1 项、特等奖 1 项
3	2023 年河南省社区运动会南阳赛区体育竞赛表演 2 项
4	2023 年排舞社区运动会（河南站）混双项目二等奖 1 项
5	2023 年排舞社区运动会（河南站）单人项目一等奖 1 项
6	2023 年排舞社区运动会（河南站）集体项目二等奖、三等奖各 1 项
7	2023 年南阳市全民健身系列健身操舞优胜奖
8	2023 年第十四届河南省运动会健身龙舞第一名、第三名各 1 项
9	2023 年河南省第九届少数民族运动会开场表演

同学们，你是否也为我校排舞运动取得的成绩感到自豪呢？如果你也对排舞感兴趣，是不是也愿意参与我校的排舞课程、社团或比赛呢？

第二节 排舞运动的基本动作与基础规则

排舞舞步按照组合结构可分为四大类，分别是完整型排舞、组合型排舞、间奏型排舞、表演型排舞。本节介绍排舞的基本步伐十六步。

一、基本步伐十六步

（一）摇摆步

向侧迈一步，重心移至迈出脚，然后重心还原，如图 17-1 所示。详见视频 17-1。

17-1 摇摆步

图 17-1 摇摆步

（二）拖步

重心在一脚，另一脚尖拖地至主力腿点地或并腿，如图 17-2 所示。

图 17-2　拖步

（三）趾踵步

右（左）脚脚尖点地，脚跟踏下，如图 17-3 所示。详见视频 17-2。

17-2　趾踵步

图 17-3　趾踵步

（四）锁步

迈步，交叉并步，如图 17-4 所示。详见视频 17-3。

17-3　锁步

图 17-4　锁步

（五）恰恰步

迈步，并步，迈步，如图 17–5 所示。

图 17–5　恰恰步

（六）糖果步

一脚在另一脚边点地的同时膝关节内扣，向斜前方脚跟点地（踢腿），然后交叉落地，如图 17–6 所示。详见视频 17–4。

17–4　糖果步

图 17–6　糖果步

（七）水手步

后交叉，向侧一步，如图 17–7 所示。详见视频 17–5。

17–5　水手步

图 17–7　水手步

（八）伦巴盒步

向右一步，并腿，向后一步，停顿，如图 17-8 所示；向左一步，并腿，向前一步，停顿。详见视频 17-6。

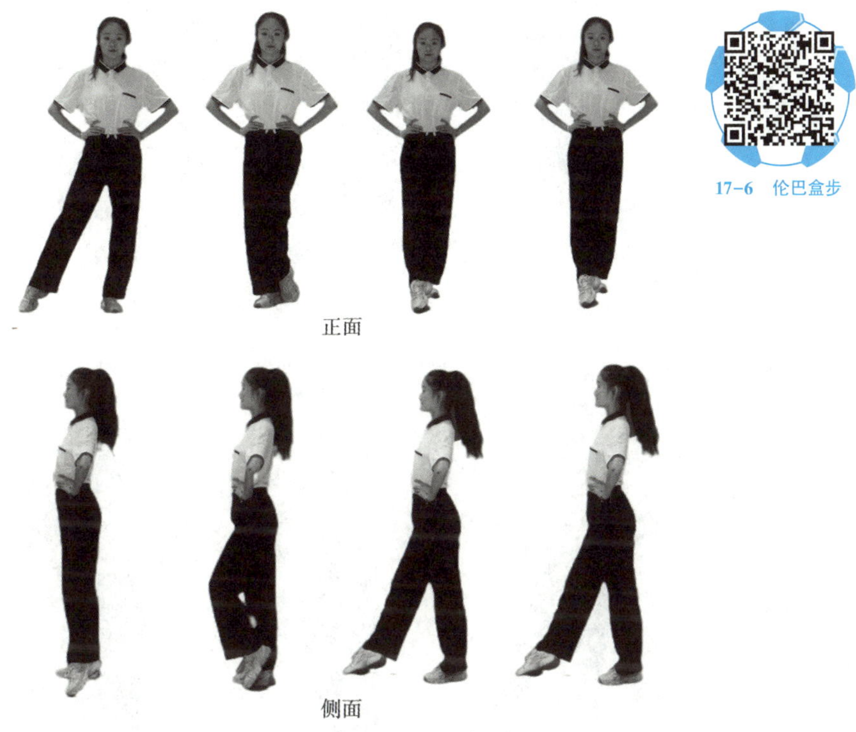

图 17-8　伦巴盒步

（九）曼波步

迈步，重心移回，并腿或后退一步，如图 17-9 所示。详见视频 17-7。

图 17-9　曼波步

（十）踢换脚

踢腿，并腿，换腿向前一步，如图 17-10 所示。详见视频 17-8。

17-8 踢换脚

图 17-10 踢换脚

（十一）剪刀步

右脚向侧一步，左脚并步，右脚前交叉，如图 17-11 所示。详见视频 17-9。

17-9 剪刀步

图 17-11 剪刀步

（十二）藤步

向侧一步，后交叉，向侧一步，并腿点地，如图 17-12 所示。详见视频 17-10。

17-10 藤步

图 17-12 藤步

（十三）开关步

两脚尖（脚跟）依次侧（前）点，如图 17-13 所示。详见视频 17-11。

17-11　开关步

图 17-13　开关步

（十四）平衡步

向前（后）一步，并步，原地踏步，如图 17-14 所示。详见视频 17-12。

17-12　平衡步

图 17-14　平衡步

17-13　闪烁步

（十五）闪烁步

交叉，并腿，原地踏步，如图 17-15 所示。详见视频 17-13。

图 17-15　闪亮步

（十六）查尔斯顿步

向前一步，另一脚前点（踢腿），后退一步，另一脚后点，如图 17-16 所示。详见视频 17-14。

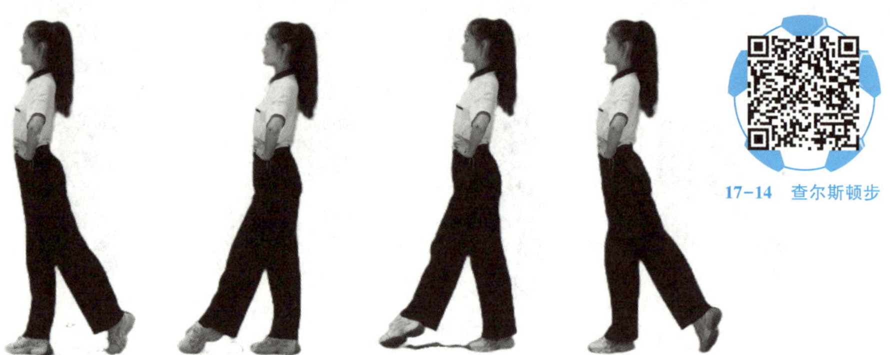

图 17-16 查尔斯顿步

二、排舞技术规则

（一）竞赛项目

1. 单人项目

（1）单人初级（一曲）。

（2）单人中级（两曲）。

（3）单人高级（三曲）。

2. 混双项目

升降起伏类、平滑类、古巴类、律动类。

3. 集体项目

（1）集体规定项目。

（2）集体自选项目：平滑类、律动类、升降起伏类、古巴类、街舞类、舞台类、曳步类、民族类。

（3）集体串烧项目。

①初级串烧（两首初级串烧）：时长为 3~4 分钟。

②中级串烧（三首中级串烧）：时长为 4~5 分钟。

4. 原创项目（音乐时常不超过 4 分 30 秒）

（1）初级：至少包含 4 个排舞舞步，拍数在 32~48 拍之间，180°旋转以内，间奏不得超过八拍。

（2）中级：至少包含 8 个排舞舞步，拍数在 64 拍以上，360°旋以内，4 个八拍级以上间奏。

5. 开放项目

表演形式不限，音乐时长不超过 6 分钟。

（二）参赛要求

（1）参赛运动员不得跨队跨组报名。

（2）参赛单位可兼报所有项目。

（3）在同组别中，同项目不得重复报名；同一套动作不得重复比赛，串烧项目中用到的套路动作除外。

（三）参赛人数

（1）比赛人数。

①集体项目：小集体 6~12 人（含 12 人）；大集体 13 人及以上。

②原创项目：人数不限。

③开放项目：12 人及以上。

（2）每队可报领队 1~2 名、随队裁判 1 名，每队每个项目限报教练 2 人，报名时需注明教练负责的项目。

（3）各参赛队报名时可报替补运动员，混双项目 1 人，小集体项目 2 人，大集体项目 3 人。只有报名的运动员及替补运动员才有资格参赛，替补运动员未到比赛现场的，取消报名参赛资格。

（四）竞赛办法

1. 评分规则

采用国家体育总局体操运动管理中心审定的《2021—2024 年全国排舞竞赛评分规则》。

2. 比赛音乐和原创项目要求

（1）参赛音乐均由各参赛队自备，需提前 15 天上交（音乐为 MP3 格式，128 KB 以上，文件名包含项目、组别、参赛单位名称等基本信息）至指定邮箱。

（2）参加原创项目的队伍需提交原创作品舞谱和视频，提交舞谱的内容包括创编者、类型、风格、级别、方向、前奏、节拍、舞序、音乐、词曲作者、整体描述、逐拍描述、间奏描述等。

3. 比赛场地

16 米×16 米，标志带宽 5 厘米，是场地的一部分。

4. 出场顺序

比赛出场顺序由大赛组委会抽签决定。

5. 比赛检录

比赛前 30 分钟进行检录，检录三次未到达检录区的比赛队伍，将按弃权处理。

6. 团体奖

（1）计分方式：按规定项目、自选项目、串烧项目三项成绩之和计算团体分，得分高者名次列前。

（2）打破平分：若成绩相同，则按照串烧项目、规定项目、自选项目的顺序，由得分高者名次列前。

第十八章 高脚竞速运动

第一节 高脚竞速运动概述

高脚竞速，这项源远流长的体育竞技项目，承载着丰富的历史与文化内涵，在现代社会中焕发出新的活力。它不仅是一种对参与者速度与耐力的考验，更是一次对身体协调性和平衡感的挑战。通过这种形式的身体锻炼，人们能够极大地提高身体素质，增强肌肉力量和心肺功能。

同时，高脚竞速作为一种传统体育活动，其深厚的文化底蕴也得以世代传承。在比赛中，选手们踩着特制的高脚，沿着赛道奋力前行，这不仅是身体能力的较量，也是对古老传统的一次次重现。

高脚竞速在赛事的组织和进行过程中，还融入了诸如团队协作、策略规划等元素，使这项运动更富教育意义。它鼓励参与者学习如何在竞争与合作中寻找平衡，如何在面对困难时保持冷静，坚持不懈，这些品质无疑与中华民族的优秀传统文化相契合。

随着时间的流逝，高脚竞速并没有因为科技的进步而被边缘化，反而在不断的创新中找到了新的生命。现代的赛事组织者借助多媒体技术和社交网络平台，将这一传统体育项目推广至全球，让更多的人了解并参与到高脚竞速中来。这不仅促进了民族体育运动的发展，也为世界体育文化的多样性贡献了中华智慧和力量。

一、高脚竞速项目的起源

高脚竞速项目源于“高脚马”，最早的时候还不是一项体育运动。

“高脚马”，也叫“骑竹马”，原本是土家族、苗族人在地面积水的雨季代步、涉水过浅河的工具，也是京族用来在海边涉水捞虾捞鱼的工具。在 14～15 世纪，由于气候湿润，经常下雨，土家族人受当时的经济条件影响，很多人穿不起鞋子，有鞋穿的人，也舍不得把鞋弄湿弄脏。土家族人就想了一个办法，将两根一米多长的竹竿一端削尖，再绑一个踏镫，这样在过河或者行走在比较泥泞的地方的时候，底端的尖头可以比较轻松地插入河底或者相对比较坚实的地面，走起来更容易保持平衡，“骑竹马”就成了行走的工具。

二、高脚竞速项目的发展

“高脚马”和北方以及中原地区所说的踩高跷非常接近，后来湖南省民间在走的基础上，开发出跑的功能，脚踏镫从横叉变为从前面包裹脚尖的纵网，使跑动过程更加稳定，相互间进行竞速比赛，把踩高脚马发展为高脚竞速，逐渐演变成一个民族传统体育项目。

1986 年，湖南省体委将“高脚马”整理成一项民族传统体育项目，并在第五届、第六届全国少数民族传统体育运动会上将其作为表演项目。2000 年前后，国家民委深入湖南吉首大学、湖北黄泥塘中学调研，确定立项意见及形成竞赛规则。随后，高脚马作为第一个按照《全国少数民族传统体育运动会竞赛项目立项暂行规定》进行立项的民族运动会竞赛项目，在 2003 年的第七届民族运动会上，首次被列为竞赛项目，并根据其特点定名为高脚竞速。

三、高脚竞速项目的发展趋势

“高脚马”作为一种传统的民俗体育活动，在土家族文化中占据着独特的地位。它不仅是一种交通工具，更是一种集娱乐、竞技与文化传承于一体的活动。由于高脚马本身的特性，它自然而然地发展出了多种形式，其中高脚竞速和高脚对抗是最为人所熟知的两种形式。

高脚竞速，顾名思义，是对参与者在高脚马上的速度进行比赛的项目。在这个项目中，运动员们需要站在高高的木制支架上，通过巧妙地调整身体的重心和灵活的脚步移动来保持平衡，同时迅速前进。这种项目考验的是运动员的协调能力、反应速度和身体平衡能力，观众也能感受到运动员们在高速移动中的惊险与刺激。

高脚对抗则更加注重技巧和力量的较量。在这种项目中，运动员们不仅要在“高脚马”上保持平衡，还要在规定的时间内，通过各种策略和技巧，将对手从“高脚马”上推下或者使其失去平衡，从而赢得比赛。这要求运动员具备良好的身体素质、战术意识和心理素质，同时也使比赛充满了对抗性和观赏性。

目前，高脚对抗主要在湖南省的民族运动会上作为正式的比赛项目存在。这一项目不仅为观众提供了精彩的视觉享受，也成为湖南省民族传统体育文化的一个重要组成部分。每年的赛事都会吸引大量的观众前来观看，成为当地一项重要的文化活动。

在项目发展的趋势上，高脚马有明确的拓展方向。一方面，它正在向更广泛的群体和更多样化的场合渗透，无论是在学校的体育课程中，还是在社区的健身活动中，甚至是在一些旅游景点作为体验项目，高脚马都展现出了它的普及潜力。另一方面，随着对这一项目的研究和认识的深入，训练方法也变得更加科学化。运用现代体育理论和技术，结合高脚马运动的特点，制订合理的训练计划和指导方案，使运动员能够更加系统地提高自身的技能和水平。

同时，高脚马的娱乐化功能也被进一步开发。通过组织各种形式的表演、游戏和节日活动，高脚马运动为人们提供了一种新的休闲方式。它不仅仅是一种体育运动，更是一种文化娱乐活动，让人们在参与中感受到乐趣，从而吸引更多的参与者和观众。

可以说高脚马运动作为一种独特的民族传统体育项目，正以其独特的魅力和多元的价值逐步走向更加广阔的舞台。它不仅促进了民族文化的传承和发展，也加强了不同民族之间的交流与融合，为构建和谐社会作出了积极的贡献。未来，高脚马运动有望成为一项全民参与的体育活动，让更多的人体验到它独特的魅力，享受到它的健康和快乐。

四、高脚竞速项目的功能

（一）历史文化传承

高脚竞速，起源于我国古代土家族、苗族等民族的劳作与生活，是劳动人民智慧的结晶，也是中华民族传统体育项目之一。它不仅展现了中华民族的创造力，还蕴含着丰富的历史文化内涵。在对高脚竞速相关历史和文化背景的学习和了解过程中，我们可以加深对中华传统文化的认识，因此高脚竞速对传承民族文化、加强民族团结具有重要作用。

（二）爱国情怀培养

高脚竞速作为民族传统体育项目，承载着浓厚的民族情感。通过参加国家级、省级、市级等多级比赛，我们可以直观感受到国家的强大，获得强烈的民族自豪感，从而增强国家认同感和爱国主义情怀，增强我们为国家和民族荣誉而努力的信念。

（三）团队协作精神塑造

高脚竞速的接力项目需要队员之间的密切配合与协作，讲究团队合作和集体协作，在训练和比赛中，只有通过相互配合、齐心合力，才能取得好成绩。这种团队精神和协作意识的培养，有助于提升集体荣誉感和社会责任感。

（四）意志品质锤炼

高脚竞速对运动员的体能、协调性和意志力要求极高。在训练过程中，运动员经常会出现手脚磨破皮、摔倒等各种情况，因而需要运动员克服种种困难，不断挑战自我，从而锤炼出坚韧不拔的意志品质和积极向上的生活态度。

（五）规则意识与公正竞争

通过严格遵守比赛规则，运动员可以养成尊重规则、守法守纪的良好习惯。此外，公正的竞争环境也能够培养公平竞争的意识和诚实守信的品质。

（六）民族团结与文化交流

高脚竞速作为一项多民族共同参与的体育项目，自然成为促进民族团结和文化交流的重要载体，加强了民族之间的了解和交流，增进了彼此间的友谊，共同维护社会的和谐稳定。

第二节　高脚竞速的基本技术与基础规则

高脚竞速是一项技术性较强的比赛项目，需要运动员在掌握基本技术的同时，注重提高身体的灵活性与协调性。

一、高脚竞速的基本技术

（一）握马技术

运动员成站立姿态，将高脚马立于体前，比肩稍宽，两手虎口朝上，握紧高脚杆上端，确保高脚杆不会产生旋转或晃动。正确的握马技术不仅有助于运动员保持平衡和稳定，还有助于提高跑进速度。

（二）上马技术

上马时，应保持身体直立或稍前倾，运动员需要提左（右）脚踏入踏镫，这一动作要求精准而稳定。紧接着，右（左）脚需要快速蹬离地面，踏上踏镫。在这一过程中，运动员需要保持身体的平衡，并控制好自己的重心。上马后，运动员的双手应紧握高脚杆，身体保持平衡并稍前倾，以便更好地控制和稳定自己在高脚杆上的位置。

18-1　高脚上马技术

在练习上马技术时，运动员应从基础动作开始，逐步掌握每个步骤的要领，并在熟练后逐渐提高速度和稳定性。同时，需要注意自身的安全，避免因为技术不熟练或操作不当而受伤。通过反复练习和不断总结经验，运动员可以熟练掌握高脚竞速的上马技术，如图18-1所示，详见视频18-1。

图18-1　高脚竞速上马技术

（三）下马技术

首先，运动员在下马时仍需要握紧高脚杆的上端，确保稳定。然后，运动员的两脚需要依次下踏镫，这要求运动员有稳定的平衡感，确保在下马过程中不会失去平衡。最后，当两腿撑地后，运动员的身体也应保持平衡，以防止因为重心不稳而摔倒。在整个下马过程中，运动员需要控制好自己的速度和节奏，确保安全稳定地完成下马动作。

18-2　高脚下马技术

下马技术是高脚竞速比赛中的关键部分，正确的下马技术不仅可以提高运动员的成绩，还可以让运动员免受伤害。因此，运动员在训练和比赛中需要特别注意掌握和应用正确的下马技术，如图18-2所示。详见视频18-2。

图 18-2　高脚竞速下马技术

（四）高脚竞速的跑进技术

1. 高脚竞速的起跑技术

“各就各位”阶段：运动员听到口令后，手持高脚杆走到起跑线后，两脚距起跑线约40厘米，将两高脚杆的底端放到起跑线后，两脚杆间距离比肩稍窄。两手紧握高脚杆上端，身体自然直立，两眼向前平视，静听“预备”口令。

“预备”阶段：听到“预备”口令后，运动员迅速将一只脚踏上踏镫，踩稳后身体稍前倾，重心前移，体重主要放在踏上踏镫一侧的腿上。另一腿仍立在地面，集中注意力听枪声。

“跑”阶段：听到枪声后，立在地面的支撑脚迅速蹬离地面，踏上踏镫，并向前上方提起前迈，同侧臂协同配合用力向上提拉，向前跑出。具体动作如图 18-3 所示，详见视频 18-3。

18-3　高脚起跑技术

图 18-3　高脚竞速起跑技术

2. 高脚竞速的加速跑技术

起跑后，运动员需要尽快将速度提升至接近自己的最佳水平。在加速跑阶段，两腿应做后蹬与前摆动作，逐渐使上体抬起，步长加大，步频加快。同时，双臂配合上提、下放，同侧腿的上抬和手臂的提拉应协调一致。

3. 高脚竞速的途中跑技术

在途中跑阶段，运动员需要保持稳定的节奏和速度，以节省体力。这要求运动员在跑动过程中保持身体平衡，双臂和双腿的动作协调一致，呼吸均匀。具体动作如图 18-4 所示，详见视频 18-4。

18-4　高脚途中跑技术

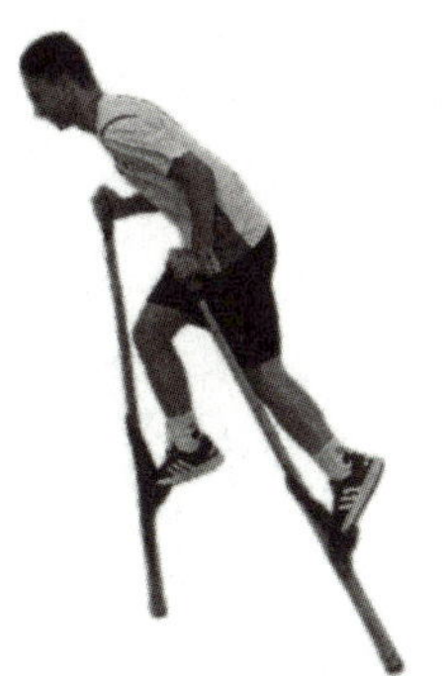

图 18-4　高脚竞速途中跑技术

4. 高脚竞速的终点跑技术

在接近终点时，运动员需要全力以赴进行冲刺。此时，运动员应充分利用身体的爆发力，加快步频和步幅，全力冲向终点。

在练习跑进技术时，运动员需要反复练习起跑和加速跑动作，以提高反应速度和爆发力，同时需要加强途中跑的节奏感和稳定性训练，以及终点冲刺的爆发力训练。此外，运动员还需要注意呼吸与步伐的配合，以及身体的放松与协调，以提高跑进技术的整体效果。

二、高脚竞速的基础规则

（一）比赛定义

高脚竞速运动是由运动员双手各持一杆，同时脚踩杆上的踏镫，在田径场上进行的比赛，以在同等的距离内所用的时间多少决定名次。

（二）场地及器材

1. 场地

高脚竞速比赛在标准田径场上进行，场地线宽均为 5 厘米，跑道分道宽 2. 44 ~ 2. 50 米，如图 18-5 所示。

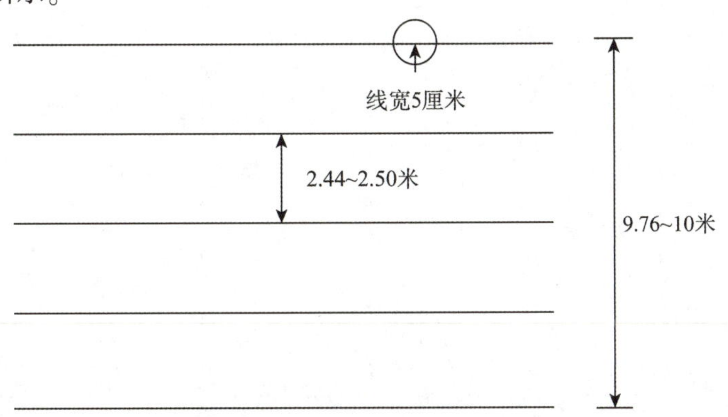

图 18-5　高脚竞速比赛场地示意

接力比赛的接力区：接力区中线宽 5 厘米，前后 5 米处各画一条直的实线，如图 18-6 所示。

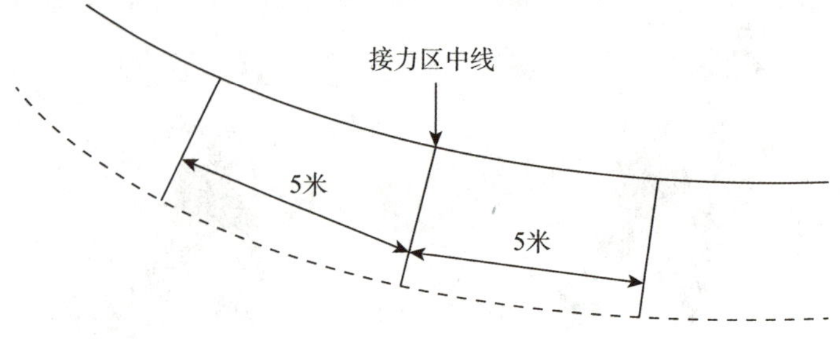

图 18-6　高脚竞速接力区示意

2. 器材

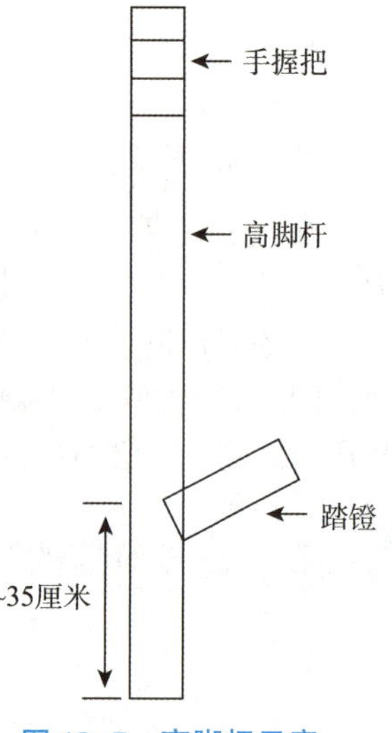

图 18-7　高脚杆示意

高脚杆由竹或其他硬质材料制成（简称杆）。高脚杆高度不限，从杆底部向上 30~35 厘米处加制踏镫，踏镫高度的丈量从杆底部至踏镫与杆支点的上沿距离为准，如图 18-7 所示。

（三）比赛通则

高脚竞速竞赛分为个人赛和接力赛两大类。

1. 竞赛编排

（1）竞赛编排原则：在标准田径场上每组 4 个队比赛。

（2）编排赛次和分组：参赛队数过多，不能在一个赛次（决赛）进行比赛的项目，应举行若干赛次的比赛（分组赛）。举行决赛前各赛次比赛时，所有参赛队都必须参赛，并通过各赛次取得决赛的资格，各赛次录取方法如表 18-1 所示。

表 18-1　各赛次录取方法

报名队数	第一赛次	录取人数	第二赛次	录取人数	第三赛次	录取人数
	组数	按成绩	组数	按成绩	组数	按成绩
9~12	3	8				
13~16	4	8				
17~20	5	12	3	8		
21~24	6	12	3	8		
25~28	7	16	4	8		
29~32	8	16	4	8		
33~36	9	24	6	16	4	8
37~40	10	24	6	16	4	8
41~44	11	24	6	16	4	8
45~48	12	24	6	16	4	8
49~52	13	24	6	16	4	8

续表

报名 队数	第一赛次	录取人数	第二赛次	录取人数	第三赛次	录取人数
	组数	按成绩	组数	按成绩	组数	按成绩
53~56	14	24	6	16	4	8
57~60	15	24	6	16	4	8

注：根据参赛队数编排赛次，以此类推。

第一赛次抽签排定道次。对于后续赛次，根据第一赛次成绩排序蛇形编排组次和道次。前八名根据上一赛次的成绩排序，3、4 名抽决赛第一组 2、3 道，7、8 名抽决赛第一组 1、4 道；1、2 名抽决赛第二组 2、3 道，5、6 名抽决赛第二组 1、4 道。在任一赛次的最后一组和后续赛次或决赛的第一组之间必须留出的最短间隔时间为 45 分钟。

2. 竞赛办法

（1）起跑。

当发令员发出“各就各位”口令时：运动员上跑道，将两根高脚杆立于起跑线后，可单脚上踏镫。

当发令员发出“预备”口令时：运动员在起跑线后做好起跑准备。

当发令员“鸣枪”时：运动员起跑。

（2）途中跑。

在比赛过程中，运动员应自始至终在各自分道内跑进。如果出现一只脚或双脚触地的情况，须在落地处重新上踏镫继续比赛。

（3）终点。

以运动员身体躯干部位抵达终点线后缘垂直面瞬间为止，运动员的身体和高脚杆须全部过终点线后才能分离。

3. 接力赛

每个接力区长度为 10 米，在中线前后各 5 米。具体要求如下。

（1）采用一副高脚杆进行比赛，运动员交接高脚杆后继续跑进。

（2）混合接力赛的 1、3 棒为女队员，2、4 棒为男队员。

（3）队员必须在接力区内完成交接，并以杆为主。交杆运动员必须进入接力区内方可人杆脱离进行交接。

（4）完成交接的队员应停留在各自的分道内，直到跑道畅通方可离开。

（5）参加接力赛的运动队须在上一赛次前上报运动员接力顺序。

（6）每队服装必须统一。

4. 计时

电子计时或手动计时均可，以 1%秒为最小计时单位。

5. 犯规

出现下列之一者，判定为犯规。

（1）抢跑：鸣枪前任何一根杆触及或越过起跑线。

（2）串道：运动员在比赛过程中跑离本跑道。

（3）掉杆：比赛运动员脚触地，未在原地上踏镫。

（4）人杆分离：运动员抵达终点线时，身体或高脚杆的一部分仍未过线，脚与踏镫分离。

（5）运动员在比赛过程中，有阻挡或妨碍其他运动员跑进的行为。

（6）接力赛中运动员在接力区外交接高脚杆或在退出接力区时，阻挡或妨碍其他运动员跑进。

6. 罚则

（1）抢跑：第一次给予警告，第二次取消犯规者该项目比赛资格。

（2）发生犯规情况，取消犯规运动员或运动队比赛资格。

（3）比赛中如发生阻挡等情况而受到影响的运动员或运动队不再进行重赛，按比赛成绩排列名次。

7. 名次判定

高脚竞速的名次判定以比赛中所用时间少者名次列前。若比赛分预赛、复赛和决赛，则以决赛成绩决定名次，时间少者名次列前。

8. 弃权与申诉

（1）弃权。点名时超过检录时间三次呼叫未到者以及中途退出比赛者按弃权论。

（2）申诉。对运动员参加比赛资格提出异议，应在大会开始前向仲裁委员会或裁判长书面提出，在未有结果前，应允许该队员参加比赛。参赛运动员若对比赛结果有异议，可以在比赛结束后30分钟内，向仲裁委员会书面提出申请意见，同时交纳申诉费。仲裁委员会依据仲裁条例作出裁决。

（四）裁判人员及职责

高脚竞速比赛设裁判长1人，副裁判长1~2人，裁判员若干人。

1. 裁判长职责

（1）全面负责高脚竞速比赛的裁判工作，保证竞赛规则和大会规程能够顺利贯彻执行；处理发生在大会期间的以及规则未作出明文规定的问题。

（2）检查所有比赛成绩，处理争议问题。

（3）对抗议或异议作出裁决。有权对有不正当行为的运动员提出警告或取消比赛资格。

（4）有权作出重赛的时间安排决定。

（5）对每日的工作进行检查和总结。

2. 副裁判长职责

（1）协助裁判长，做好裁判员队伍的事务管理。

（2）当裁判长因故缺席时，应代理其职责，或受裁判长的委托，处理有关问题。

（3）根据裁判长的建议，负责编排、记录和公告工作，负责场地、器材等设施的检查管理。

3. 检录主裁判、检录员职责

（1）根据竞赛日程安排的检录时间，进行检录。

（2）根据规则规定，检查运动员的参赛证、服装、号码和比赛用具等。

（3）准时安全按预定时间和路线将运动员带入赛场，交发令员控制。

4. 发令员、助理发令员职责

（1）检查运动员所参加的比赛或组别是否有误，号码是否佩戴正确。

（2）组织运动员按道次正确地排列在起跑线后 3 米远的集合线上。

（3）同终点主裁判联系完毕后，发令。

（4）有权对运动员违反起跑规则的行为给予警告和判罚。

5. 终点主裁判、裁判员职责

（1）判定每组比赛运动员到达终点的名次。

（2）若判定不一致，应由主裁判作出最后裁定。

（3）遇名次与成绩不一致时，应同计时主裁判联系并作出最后裁定。

6. 计时主裁判、计时员职责

（1）各道次计时员接受主裁判的统一领导。

（2）计时员使用全自动或手动电子秒表计时。

（3）每组计时员负责本道次的计时工作，并将成绩写在成绩记录表格内，签字后交主裁判，必要时，主裁判可以核查秒表，以核实成绩。

（4）主裁判判定每名运动员的最后成绩。

7. 检查主裁判、检查员职责

（1）全面监督运动员在比赛中的行为。

（2）如果发现运动员或其他人员犯规，应立即以书面报告交给主裁判。

（3）出现犯规情况，应举旗示意。

（4）接力赛中接力区应有足够的检查员负责监督。

8. 编排员职责

完成编排记录和成绩公告工作。记录由裁判长提供的每个项目的全部成绩，并转交宣告员。最后将成绩表交竞赛部门。

9. 宣告员职责

对比赛中各种信息予以宣告，对成绩的宣告应该记录宣告时间。

第十九章 板鞋竞速运动

第一节 板鞋竞速运动概述

板鞋竞速源于中国的少数民族传统体育项目，具有悠久的历史和深厚的文化底蕴。它不仅是一种锻炼身体的方式，更是中华民族多元文化和谐共生的体现。

一、板鞋竞速项目的起源

板鞋竞速作为我国少数民族壮族的一项传统民间体育类项目，最早可追溯至明朝嘉靖年间（1522—1566 年）。相传明代倭寇侵扰我国沿海地带时，广西壮族女英雄瓦氏夫人曾经以板鞋作为“秘密武器”，训练士兵的团结协作能力。她让三名士兵同穿上一副长板鞋跑步，长期如此训练，士兵的战斗素养大大提高，从而在战场上大败倭寇。后来，南丹县那地州壮族人民模仿瓦氏夫人练兵方法，开展三人板鞋竞技活动自娱自乐，相袭成俗，流传至今。

爱国女英雄：瓦氏夫人

瓦氏夫人生于明弘治九年（1496 年），归顺州（今广西靖西市旧州村）土官岑璋之女，后嫁给田州（今广西百色市田阳区）土官岑猛为妻，改称为“瓦氏”。

瓦氏夫人在田州由土府降为土州，政局混乱之时继承了土官之位。在职期间，瓦氏夫人克己砺志，倾心治理州政，“凡州之利害，躬为规划，内外凛然”，安定了社会秩序，同时积极发展农业生产，建义学，兴教育，在各方面均有所成就，人民得以安居乐业，赢得了当地百姓的爱戴和拥护。

明嘉靖三十三年（1554 年），明朝廷委派兵部尚书张经为总督东南国务大臣，因瓦氏有胆略、有威望，便授予其“女官参将总兵”军衔。为抗击倭寇，瓦氏夫人训练 7 500人出战，在金山卫毙敌 4 000 余人，因功被嘉靖帝封为二品夫人。《明史》记载：“（嘉靖）三十四年，田州土官妇瓦氏以佷兵应调至苏州剿倭，隶于总兵俞大猷麾下。以杀贼多，诏赏瓦氏及其孙男岑大寿、大禄银币，余令军门奖赏。”

自古以来，中国人民就有强烈的民族自尊心和自豪感，愿意为国家的繁荣富强、民族的尊严而奋斗。从瓦氏夫人抗击倭寇的故事中，我们可以看到中国人民在面对外来侵略时，所展现出的强烈爱国情怀和民族精神。这种精神，不仅是中国历史的一部分，更是激励我们为国家和民族的繁荣富强而努力奋斗的动力。

二、板鞋竞速项目的发展

板鞋竞速作为少数民族的一种体育活动，主要流传于广西境内的壮族聚居区。

1986 年板鞋竞速列入广西少数民族传统体育运动会竞赛项目。2005 年，国家民委、国家体育总局批准将板鞋竞速项目列为全国少数民族传统体育运动会的正式比赛项目。2007 年，三人板鞋运动正式成为第八届全国少数民族传统体育运动会比赛项目，并根据比赛的特点定名为板鞋竞速。

板鞋竞速是一项结合了群众性、娱乐性和竞技性的体育活动，也是一项非常独特的健身娱乐活动，对于提高参与者的身体素质和健康水平具有积极作用。这项运动在训练的过程中经常会出现因相互间配合不协调而摔倒等情况，擦伤、扭伤等伤害事故也比较常见，因此要想非常好地参与到该项目中来，就需要有超乎常人的意志力和毅力，需要拥有在面对困难和挑战时不放弃的精神，这些品质正是新时代青年所应具备的重要素质。

目前，有关板鞋竞速项目最高级别的赛事为全国少数民族传统体育运动会。板鞋竞速常设的比赛项目有男子 60 米、100 米、2×100 米接力，女子 60 米、100 米、2×100 米接力，以及男女混合 4×100 米接力。

一般情况下，在全国少数民族传统体育运动会举办前一年，会由各省民委、省体育局主办省级少数民族传统体育运动会，该比赛也是 4 年一届。

三、板鞋竞速项目的演变和发展趋势

板鞋竞速的主要特点是运动时步调一致，行走灵活，协调自然，民间传统的三人板鞋竞技内容包括集体舞、板鞋秧歌舞、板鞋拳术等。三人板鞋的技巧性比较强，有板鞋抢粽子、板鞋戏水、板鞋抢水球、板鞋抛绣球、板鞋踩气球等活动。所有含有板鞋的运动都需要比赛者的齐心协力和默契配合。

如今，板鞋这一古老的竞技体育项目正在逐渐走向世界。在我国的外国学生和在国外的中国留学生，休闲娱乐时常常利用板鞋进行各项娱乐活动。板鞋有很强的娱乐和表演功能，多见于学校运动会的趣味项目和一些拓展项目，在我国南方地区的部分景区也常作为游客的体验项目，在上板人数上多有变化，如十人板、二十人板等。

吉尼斯世界之最

2010 年，广西少数民族板鞋代表队 108 人在上海世博会创下 30 多米行走距离的吉尼斯世界纪录。2011 年 9 月 22 日，在广西河池举行的红水河民族体育欢乐节上，两支队伍穿上长达 50 米的壮族板鞋行走竞技，其中一支队伍多达 120 人，最后行走 80 米的距离，挑战吉尼斯世界纪录成功。

四、板鞋竞速项目的功能

（一）文化传承与教育功能

板鞋竞速作为一项传统体育活动，具有强烈的民族特色和文化内涵。这项运动可以向年轻一代传递民族的历史、习俗和价值观。了解这项运动的背景，能够激发对传统文化的兴趣和热爱。这不仅是一种体育运动的传授，也是一种对中国传统文化的传承和弘扬。

（二）身体锻炼与健康促进功能

板鞋竞速要求参与者具备良好的身体素质，包括速度、力量、耐力和协调性。在训练和比赛过程中，选手的身体得到全面锻炼，心肺功能增强，肌肉力量提升，灵活性和平衡能力也得到改善。长期参与板鞋竞速的运动员通常拥有较为健康的体魄。

（三）心理磨炼与性格塑造功能

板鞋竞速不仅是一场对身体的挑战，更是对心理素质的考验。选手在比赛中需要面对压力，学会控制情绪，处理紧张感，并在竞争和合作之间找到平衡。这些经历有助于塑造坚强的意志、积极的态度和稳定的性情。

（四）团队精神的培养与集体主义教育功能

板鞋竞速要求运动员之间步调一致、默契配合，这种团队合作的特性天然地符合集体主义的教育要求，有助于培养团队合作意识和集体荣誉感，进而强化集体主义价值观。

（五）培养规则意识功能

板鞋竞速的规则简单明了，易于理解。通过严格遵守比赛规则，参与者可以养成遵守社会规则的习惯，增强法制观念。同时，公正的竞赛环境也能培养参与者的公平竞争意识。通过公平、公正的竞赛，参与者可以学会尊重规则、尊重对手，以及在竞争中寻求自我提升。

（六）社会交往与社群凝聚功能

作为一种集体项目，板鞋竞速促进了人与人之间的交流和合作。在准备和参加比赛的过程中，队员们需要相互沟通、协调动作，这不仅加强了彼此间的友谊，还增进了成员之间的相互理解和尊重。

（七）娱乐休闲与竞技功能

板鞋竞速兼具娱乐性和竞技性。对于参与者来说，它是一种放松身心、享受运动乐趣的方式；对于观众而言，它提供了一场富有节奏和激情的视觉盛宴。竞技层面的激烈对抗和技巧展示使板鞋竞速具有较高的观赏价值和吸引力。

（八）经济发展与旅游推广功能

随着板鞋竞速的知名度提高，它逐渐成为一种吸引游客的文化活动。这为当地经济带来了发展机遇，尤其是在促进旅游业、手工艺品销售以及相关服务业的增长方面。举办板鞋竞速比赛和节日活动，可以吸引国内外游客，推动地方经济和文化交流。

（九）国际交流与文化外交功能

在国际舞台上，板鞋竞速作为一项独特的民族体育运动，有机会成为中国文化对外交流的窗口。通过国际比赛和表演，世界各地的人们可以了解中国的民族传统和体育文化，从而促进国际文化理解和友谊建立。

第二节　板鞋竞速运动的基本技术与基础规则

板鞋竞速需要注意步调一致，行走灵活，协调自然。三人之间的配合默契是取得好成绩的关键。

一、板鞋竞速的基本技术

（一）上板技术

运动员应按照预定的顺序将脚套进板鞋的鞋套中，通常是第一名运动员先上板，后两名运动员依次上板，后方运动员将手扶在前一名队员的腰部或者肩部，做好起跑的准备。

在上板之后，运动员需要迅速调整姿势，身体微微前倾，重心稳定，与同伴保持一致，准备随时听从口令起跑。板鞋上板技术，详见视频19-1。

19-1　板鞋上板技术

（二）起跑技术

当听到起跑口令时，三人应同时发力，用脚尖迅速蹬地，同时双臂用力向前摆动。整个动作要迅速、协调，确保在最短的时间内达到最快的起跑速度。起跑后，三人要继续保持步调一致，避免因为步伐不一致而影响速度。具体动作如图19-1所示，详见视频19-2。

19-2　板鞋起跑技术

图19-1　板鞋竞速起跑技术

（三）途中跑技术

1. 腿部与摆臂动作的配合

在途中跑阶段，腿部与摆臂动作的配合至关重要。领首队员双臂应积极摆动，带动整个身体运动。同时，所有运动员要减少身体上下起伏，提高整体稳定性。

2. 保持视线平视与重心前倾

运动员在途中跑时应保持平视，以准确判断赛道和前方情况。同时，身体应保持适当的前倾，提高跑步效率。

3. 注意脚步的直线感、平行感和平衡感

在三人板鞋竞速中，运动员的脚步直线感、平行感和平衡感对运动稳定性至关重要。三人应确保板鞋呈直线的运动轨迹，避免因步伐不一致或偏离轨道而影响速度。

19-3　板鞋途中跑技术

除上述技术要点外，运动员在途中跑阶段还应注意控制节奏，避免过早疲劳。板鞋途中跑技术，详见视频 19-3。

（四）终点跑技术

运动员在接近终点时，需要保持专注，两小腿随惯性前摆，积极带动两脚前抬，加大步幅，快速向前摆动，以便更有效地冲过终点线。同时，呼吸要稳定而有规律，确保身体能够获得充足的氧气供给，以维持高效的冲刺状态。

二、板鞋竞速的基础规则

（一）比赛定义

板鞋竞速是由多名运动员一起将脚套在同一双板鞋上，在田径场上进行的比赛，以在同等的距离内所用的时间多少决定名次。

（二）场地及器材

1. 场地

板鞋竞速在标准田径场上进行，场地线宽均为 5 厘米，跑道分道宽 2. 44~2. 50 米。

2. 器材

比赛板鞋由长度为 100 厘米、宽度为 9 厘米、厚度为 3 厘米的木料制成（以三人板鞋为例）。每只板鞋配有 3 块宽度为 5 厘米的护足面皮（护皮），分别固定在板鞋规定的距离上，护皮以套紧脚面为宜。第一块护皮前沿距板鞋前端 7 厘米，第二块护皮在第一块护皮与第三块护皮的中间，第三块护皮后沿距板鞋末端 15 厘米（护皮在符合规定的条件下可自备）。板鞋示意如图 19-2 所示。

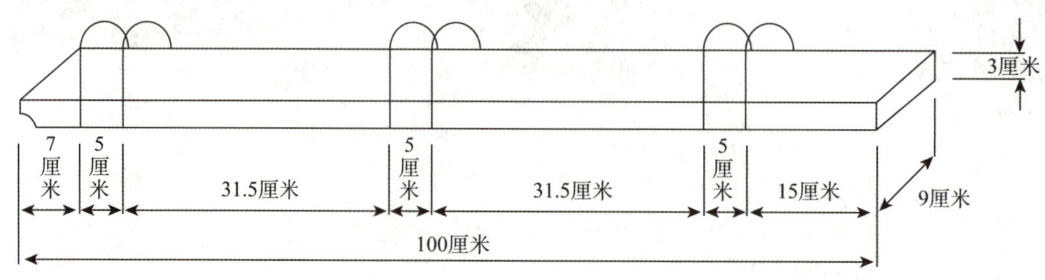

图 19-2　板鞋示意

（三）比赛通则

板鞋竞速比赛分为单项比赛和接力比赛两大类。

1. 竞赛办法

（1）起跑。

当发令员发出“各就各位”口令时，运动员将板鞋置于跑道起跑线后，共同套好板鞋，任何一只板鞋不得触及或超过起跑线。听到枪响后，方可起跑。

（2）途中跑。

运动员在比赛过程中，应自始至终在各自道次内进行。如果出现某一队员脚脱离板鞋触地或摔倒，须在触地（落地）处重新套好板鞋继续比赛。

（3）终点。

计时员的停表以第一名运动员身体躯干部位抵达终点线后沿垂直面瞬间为止。到达终点时，运动员的身体和板鞋须全部超过终点线后才能分离。

2. 接力赛

接力赛中，运动员应持接力棒跑完全程。队员之间的交接棒必须在脚不脱离板鞋的情况下在接力区内完成。

（四）备注

板鞋竞速项目与高脚竞速项目的竞赛规则比较接近，未在此处显现的竞赛规则同高脚竞速竞赛规则。

第二十章 蹴球运动

第一节 蹴球运动概述

一、蹴球的起源与发展

蹴球最早可以追溯到古代的蹴鞠，学界认为蹴球是中国古代蹴鞠运动中的一种形式。蹴球运动的重要发展阶段是在中华人民共和国成立后。1984 年，北京民族传统体育协会、北京体育大学等单位的有关专家从竞赛的角度对古代蹴鞠中的踢石球项目进行挖掘、整理。经过十几年的反复整理、多次的演练和比赛，组队参加了第三、四、五届全国少数民族传统体育运动会的表演项目。1995 年，踢石球被列为北京市民族传统体育运动会正式比赛项目，当时该比赛项目的名称为“挫球”。1999 年，国家民委和国家体育总局正式将该项目定名为“蹴球”，并列入第六届全国少数民族传统体育运动会的正式比赛项目。经过多年发展，蹴球已经成为各级民族运动会上参赛队伍最多、最受群众欢迎的民族传统体育项目之一。

二、蹴球传统文化的挖掘与发展

蹴球是民族传统体育项目，也是一项世界非物质文化遗产。对于蹴球文化的传承，我们要做到保护与弘扬并举，传承与创新共存；在蹴球教学上，我们要挖掘并丰富蹴球的传统文化并将其与课程知识点融合，从而实现一定的文化传承。蹴球项目的传统文化挖掘应从名人轶事、体育赛事、课程知识体系、时事热点、文化传承等方面进行。

1. 从名人轶事中挖掘

中华民族传统体育项目蹴球是中华民族体育文化的现实表达，是历史文化内容的重要载体。它既是各民族文化的表现形式，也是一种颇具传统色彩的文化形态。我们要广泛搜集不同历史时期与社会发展变迁关联度、知名度、美誉度高的名人轶事，挖掘其中有深度、有厚度、有张力的案例来作为课程教学的思政元素点，以“小故事开启新思路”来激励和引导学生，这样容易引起学生的共鸣，教学效果也将更好。

2. 从体育赛事中挖掘

体育赛事是育人媒介，不仅能达到育人效果，而且能发挥引领和示范作用。“赛”的过程中，学生要有正确的赛前参赛动机、备战方案等；赛中合理的技战术准备，心理调整、体能分配等；赛后积极恢复、经验总结等。这些都是蹴球项目的思政元素点，能增强学生道德观念、规范其行为，培养大学生团队合作、爱国主义精神；能提升学生感受力量美、拼搏美、表现美的能力；能促进学生智力发展、文化学习效率。体育是通过“教会、勤练、常赛”来达到“以体育人”，蹴球项目“常赛”，就能充分达到“以赛培德、以赛启智、以赛健美、以赛育心”的效果，从而可以使学生牢牢树立规则意识，尊重规则，养成依法办事的观念与习惯，培养高尚的道德情操和思想品质。

3. 从课程知识体系中挖掘

体育课程要充分体现育人优势，体育教师应立足于社会发展的实践，帮助学生在学习过程中树立正确的人生观、世界观和价值观，这样才能让学生在面对困难与困惑时，做到辨别真假，从而作出正确的判断。在蹴球项目课程知识体系中存在很多的思政元素，比如道德元素。伦理道德文化渗透于民族传统体育项目的各个领域，从某种意义上讲，伦理道德文化是我国传统文化的核心，中华民族的传统美德和道德规范在加强个人修养以及塑造理想人格方面有重要作用。蹴球项目知识体系本身就是将理论知识应用于实践生产的过程。通过学习相关理论知识，去实践中运用，再从实践中更好地理解和吸收理论知识。在教学中教师要给学生足够多的自主练习时间，通过多看、多想、多练，从而达到更好的学习效果。这实际上反映了事物发展变化的量变和质变的统一关系，量变是质变的前提和准备，质变是量变的必然结果。这在蹴球的学习和训练中表现得淋漓尽致。

4. 从时事热点中挖掘

从时事热点中探索思政的痕迹，是在紧扣时代特性的基础上，引起学生产生强烈的共鸣，从而达到良好的教学效果。在蹴球课程教学中，体育教师要根据教学目的及时引入时事热点话题开展教学，深入挖掘时事热点中的传承文化，引导大学生积极参与课堂中的思考、分析和讨论等环节，进而完善教学方法，最终形成“以教师为主导、学生为主体”的教学模式。

5. 从文化传承中挖掘

民族传统体育是中华优秀传统文化的重要传播载体，其蕴含着丰富的文化传承，在促进社会主义文化强国建设、增强国家文化软实力等方面具有不可忽视的作用。譬如与时俱进、改革创新等思想，可以帮助学生认识世界，获得关于事物的本质和发展规律的科学知识，探索和掌握真理。像崇德向善、孝悌忠信、礼义廉耻等，体现了评判是非的价值标准，潜移默化地影响着学生的行为。深入挖掘民族传统体育蹴球项目中的文化元素，提炼民族传统体育中具有当代价值和意义的文化精髓，并将其炼化为学生的日常行为习惯及精神追求。在体育课程民族传统体育蹴球项目教学中，加强礼仪教育，深入挖掘和整理文化传承中的文化元素，增强学生对中华优秀传统文化的认同感，并在实践中感知领悟。

总之，体育课程民族传统体育项目中所蕴含的思政元素十分丰富，建立体育课程民族传统体育项目思政元素体系，可进一步推进体育课程民族传统体育项目课程改革，为实现“三全育人”的理念和立德树人的目标奠定基础。

南阳师范学院蹴球运动概况

南阳师范学院是河南省民族传统项目训练基地，学校现有室外标准化蹴球场地2块；蹴球教练员3名，其中副教授2人、博士讲师1人；蹴球裁判员7人，参加国家级及省级比赛裁判工作。学校开设有蹴球公共体课程，组建了蹴球运动校队。每年秋季定期开展民族传统体育，截至2023年，已经举办3届。

南阳师范学院的学子积极参加蹴球运动，通过艰苦的训练和顽强的拼搏，近三年取得了以下成绩：2022年河南省民族运动会，取得二等奖5项、三等奖4项。

第二节　蹴球运动的基本技术与基础规则

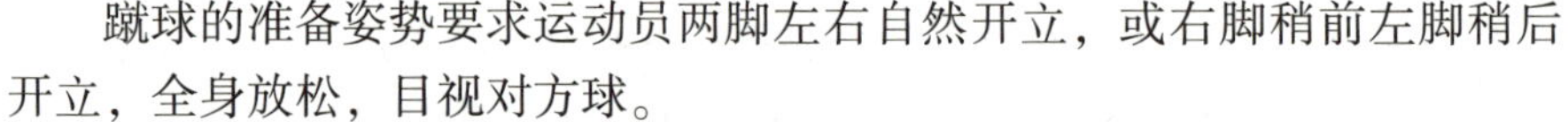

一、蹴球运动的基本技术

蹴球基本技术主要包括准备姿势、支撑脚站位、脚压球、瞄准及蹴击，详见视频20-1。

20-1　蹴球运动

（一）准备姿势

蹴球的准备姿势要求运动员两脚左右自然开立，或右脚稍前左脚稍后开立，全身放松，目视对方球。

（二）支撑脚站位技术

以左脚为支撑脚为例，支撑脚站位时，左脚前跨一步，在球侧后方20厘米处站定，脚尖外展，与出球方向成45°夹角，左膝微屈，重心落在左脚上，右脚跟提起，脚尖着地，收腹含胸，松腰敛臀，两臂自然下垂，全身放松，目视对方球。

（三）脚压球技术

蹴球如图20-1所示。支撑脚撑地保持身体平衡后，将蹴球脚提起，使脚在目标球后方约15厘米处着地。脚掌前部在球上方距球约2厘米处调整方向，然后脚掌压住球，且不能抬离球面，确保本球不发生位移，如图20-2所示。

图20-1　蹴球

图20-2　脚压球技术

（四）瞄准技术

1. 观察与调整

运动员需要仔细观察场地和目标球的位置，然后根据选择的战术，迅速调整自己的站位和姿势。

2. 瞄准方向

在压球的基础上，运动员应确保脚的方向瞄准进攻方向，这是确保击球准确性和力度的关键。

3. 凝视目标

在瞄准过程中，运动员应始终保持对目标球的凝视，这有助于更好地控制击球的力度和方向。

（五）蹴击技术

蹴球时，蹴球腿大腿、小腿向前蹬伸，同时脚掌碾动球向前滚动。在球即将离脚的瞬间，脚尖背伸并用力将球推出。整个动作过程中，需要保持身体的平衡和稳定。蹴球结束后，蹴球脚需要制动并放下，保持身体平衡，目视进攻方向，清楚进攻效果，为后面的比赛做准备。

二、蹴球运动的基础规则

（一）定义

蹴球比赛是按照竞赛规则，双方运动员用脚底“蹴”球，使球通过脚底向前移动，依据所“蹴”之球碰击对方或本方球的情况计算得分，以任一方先达到或超过规定分数而决定胜负的体育竞赛项目。

（二）比赛场地及器材

1. 比赛场地

（1）场地规格：长 10 米、宽 10 米的正方形平坦地面。

（2）画线：线宽不得超过 5 厘米，边线及各线段均为场内和各区内的一部分。

（3）停球区：在场地正中心，为一个半径 20 厘米的圆圈。

（4）中心圆：在场地中央，为一个半径 2.4 米的圆圈。

（5）发球区：在场地四角，每角一个，为半径 0.5 米的扇面，按逆时针方向编号为 1、2、3、4 区。

2. 比赛用球

（1）比赛用球为硬塑实心球，直径为 10 厘米±0.2 厘米，重量为 1 000 克±10 克。

（2）比赛用球分两种鲜明颜色，分别标有 1、2、3、4 号。1、3 号球为同一颜色，2、4 号球为同一颜色。

（三）运动员和教练员

1. 运动员

（1）运动员须按比赛规程或赛会要求统一进入赛场。

（2）除不可抗拒原因可以由本队教练员或领队代替挑号外，队员必须按时到达赛场进行挑号。

（3）队员必须接受裁判员对其进行的装备检查，凡不符合规定者，应立即更换。

（4）上场队员须穿佩大会统一号衣或号码布。号码按 1、2、3、4 排列，单双号分别同色。号码高 25 厘米、宽 15 厘米。

（5）运动员必须穿平底运动鞋，并不得对鞋底进行特别加工。

（6）每局交换发球顺序后，同时更换号码。

（7）混双比赛时，同队男女运动员服装颜色不一致，但号衣颜色一致，应允许比赛。

（8）双蹴比赛时，只要不影响对方，并遵守规则中的时间规定，队员之间可以相互商量。

（9）在临场比赛的任何时间，队员均不得擅自退到挡板外接受指导或饮水。

（10）参赛队的所有人员必须遵守竞赛规则、规程，并对自己的行为负责，不得做出妨碍比赛、干扰对方、破坏比赛气氛的任何行为。

（11）运动员有权提示裁判员及时更正记分错误。

2. 教练员

（1）教练员应按赛会要求在指定地点进行观赛或指挥，未经裁判员允许，不得进入挡板或限制线内。

（2）教练员在观赛或指挥时，不得干扰对方，也不许对任何人使用粗言秽语或辱骂性语言。

（3）在本队比赛时，教练员有权提示裁判员及时更正记分错误。

（四）计胜方法及名次判定

1. 计胜方法

每场比赛当一方达到 100 分或 100 分以上时，比赛结束。

判定全场胜负的方法是：

①交换发球前的比赛以球的止点判定胜负，当一次蹴球停止后，一方比分达到或超过 50 分，比赛结束。如有连蹴权则不再进行，赛中休息 3 分钟，然后双方交换首发权，接休息前的比分继续比赛。

②交换发球后的比赛，在达到 100 分之前，仍以球的止点判定胜负。当球停止后，比分达到或超过 100 分，并且双方比分出现分差，比赛即结束。但如果球停止后，全场总比分仍相等，则比赛继续进行，此时的比赛则以先得分者为胜（金球制胜法），即击球时瞬间出现分差，比赛立即结束，不再看球的止点。当最后一击瞬间出现同时得分，并且得分相等时，待球停止后计算得分，以得分高者为胜。如果仍相等，则比赛继续，循此在瞬间或球停止后出现分差，直至分出比赛胜负。

2. 循环赛赛制名次判定

（1）按全部比赛结束时积分多少排列名次，积分多者名次列前。

(2) 如遇两队或两队以上积分相等，则按积分相等队相互间得失分率确定名次，得失分率高者名次列前。

(3) 如再相等，按积分相等队在同一循环比赛中的得失分率确定名次，得失分率高者名次列前。

(4) 如仍相等，以抽签确定名次。

(五) 比赛通则

1. 发球

(1) 在裁判员主持下，由双方队长抽签确定开赛发球顺序，先抽到者可选择任何一种颜色球，即决定是否先发球。50 或 50 分以上双方交换顺序和颜色，交换发球权前后的首发球为 1、3 号（红色）球。

(2) 上场队员编为 1、2、3、4 号，队员编号与发球区号相同，开赛按 1、2、3、4 号顺序发球。单蹴比赛，队员仅分 1、2 号。

(3) 发球前，每名队员均应在裁判员的口令下将球放在自己的同号区内，待令蹴出。球一经放置，不得再移动。发球时球一经蹴动，应触及中心圆线。发出的球不得触及场内任何球。发球时，球一经触及即进入比赛状态，可以进攻他球和被任何球攻击，当已方有蹴球权时，可以用已发出的球进攻他球或被任何球攻击，并按规则计得失分。发球未出发球区，应判对方得 1 分，比赛继续，不再重发球，此球可以攻击他球或被他球攻击。

(4) 发球同时或先后出现两种或两种以上不同情况的犯规时，应该给对方累计加分。例如，发球未触中心圆，球在滚动中又触到任何一活球，最后又滚出界，应该给对方加 4 分。

(5) 发球出界，给对方计分后，应重新发球。

(6) 在有连蹴权的情况下，发本方出界的目标球时，如果发球出界，则视为失去一次蹴球机会。

(7) 待发球被己方球挡在发球区内时，不允许用手将球拿开，只能采取“失分发球”的方法发球。

(8) 按规则规定可以利用挤踩方法进行发球，以达到该球触到中心圆线后，又滚回来的目的，因为发球触线看过程而不看止点。此种判罚仅适于发球。

(9) 当一方发球击中停球区内的本方半活球，按规则规定，给对方加 1 分，并将目标球复位，只能用所发的本球蹴球，被击中的半活球已成为活球。

(10) 发球同时击中场内两活球，给对方加 2 分。

2. 本球、目标球与复位球

(1) 本球：是指蹴动的球，或攻方蹴出的主动球。

(2) 目标球：是指被本球蹴击的球。

(3) 复位球：是指不该被攻击或触及而受到攻击或触及的球。

3. 死球、半活球与活球

凡被他球击出界而应放置于停球区内的球为死球。对于停球区内的死球，若进攻方仍有连蹴权，当次不得向其攻击，包括连蹴两次时。将被攻击的球击出场外成死球，这个人次轮过后，此死球就成为半活球，半活球不能攻击他球，但可以被任何球攻击。死球被当

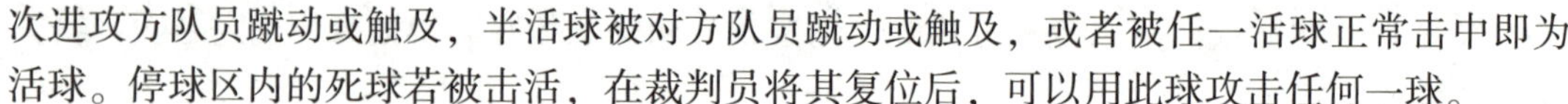

次进攻方队员蹴动或触及，半活球被对方队员蹴动或触及，或者被任一活球正常击中即为活球。停球区内的死球若被击活，在裁判员将其复位后，可以用此球攻击任何一球。

4. 蹴击球与连蹴

（1）蹴击球。蹴击球是以脚跟先着地，由脚掌触及球面，稳定后将球向前蹴出或挤压出。挤压后再触球，则犯规，不再连蹴。

（2）连蹴。

连蹴一次：蹴击球击中任何一球，可以用本方任何一球连蹴一次。

连蹴两次：一蹴击中两球，可以用本方任何一球连蹴两次。

连蹴三次：一蹴击中三球，可以用本方任何一球连蹴三次。

连蹴两次或三次时，只要本球不出界，允许在对方得分前提下违规蹴球进攻第一次，接着再正常进行第二次或第三次蹴球。

5. 出界球

球体着地点脱离场地滚出边线并停在边线外，即为出界。

以球自然滚动的最后停止点为判断球是否出界的判定点。凡触到任何人为设置的物体而弹回场内的，均属出界球。

6. 回避球

回避球是指由队员申请，经裁判员同意，可以不向对方球进攻而蹴向任何方向、任何距离的球。

每场比赛只允许每名队员在赛中休息前后各享有一次回避球申请权，若休息前未用，不得补加用于休息后的比赛中。

回避球如出现其他情况，则判本球犯规，由对方得分。

在连蹴两次时，可以用任何一球回避，而发球不得回避。

7. 比赛暂停

比赛中，若参赛队需要暂停比赛，须由教练员或队员在本方取得蹴球权时向裁判员提出请求，经裁判员允许后方可实施暂停。每场比赛允许每队在赛中休息前后各请求暂停 1 次，每次时间为 1 分钟。暂停时，可以进行技术指导。在暂停时，队员不能出场（如有挡板则以挡板为界）接受指导，教练员不能进场指导。

若场上队员发生意外，该队可以要求暂停比赛，但时间不得超过 5 分钟。因场上意外情况需要做处理，裁判员可令比赛暂停，待处理完毕立即恢复比赛。

甲方进攻人次轮过后，乙方可以在处置球前，立即提出暂停。

（六）弃权与申诉

1. 弃权

比赛过程中凡出现下列任何一种情况，视为弃权。

（1）运动员超过规定开赛时间 5 分钟未到场。

（2）因场上队员发生意外，暂停比赛时间超过 5 分钟。

（3）拒绝上场比赛超过 5 分钟。

2. 申诉

（1）比赛中如运动员对裁判员的判罚有异议，应及时向裁判员提出，但态度要平和、有礼貌。

（2）参赛运动员若对比赛结果有异议，可在比赛结束后两小时内，向仲裁委员会提出书面申诉意见，并同时交纳申诉费。仲裁委员会依据仲裁条例进行裁决。

（七）裁判人员及职责

比赛设裁判长 1 人、副裁判长 1~2 人，裁判员、助理人员若干人。

每场比赛设裁判员 1 人，记录员 1 人，记分员 1 人。

裁判员对场上出现的异议，应及时征询记录台人员意见，按事实作出最后判决。

比赛中裁判员对运动员、教练员及随队人员可行使处罚权，如果被罚人员仍坚持其不正当行为，并影响比赛正常进行，则可将其罚出场外。若因被罚出场导致比赛不能继续，则判该队罢赛。

1. 裁判长职责

（1）主持整个比赛过程，全面组织和领导裁判的各项工作。

（2）负责检查场地器材，安排竞赛日程和裁判员及助理人员的工作。

（3）根据规则的精神解决比赛中出现的各种问题。

（4）对比赛中出现的弃权、罢赛作出最终判定。

2. 副裁判长职责

（1）协助裁判长工作，完成裁判长分配的工作。在裁判长缺席时代理裁判长行使职责。

（2）组织安排发放裁判员用品、检查记录台的准备工作。

（3）协助裁判长检查场地、器材，做好比赛裁判工作的后勤工作。

（4）组织运动员入场。

（5）根据比赛场地的分布，负责其中一些场地的比赛监督工作，对相关技术问题予以解决。

3. 裁判员职责

（1）检查运动员佩戴号码、服装、鞋子等必要装备。

（2）组织双方队员抽签，确定双方队员发球顺序和队员用球。

（3）宣布比赛开始和结束。

（4）判断是否犯规，宣布得分。

（5）宣布回避、暂停、中断比赛，以及比赛结果。

（6）判断球体是否出界。

（7）确认球的原始位置。

（8）判断进攻方向与距离是否符合规则。

（9）当比赛出现裁判员未看到而记录员与记分员看到的犯规情况或其他情况时，应按规则规定，裁判员在征询记录员、记分员提示后，按照规则再进行判决。

（10）在本场比赛记录表上签字。

4. 记录员职责

（1）赛前登记双方队员的姓名、号码，并进行核对。

（2）记录双方队员所得分数。

（3）记录暂停、换人和回避球。

（4）比赛结束，核对比赛记录内容无误后交裁判员签字，并交裁判长签字。

（5）负责记录运动员完成动作的时间。

（6）协助裁判员执行工作。

5. 记分员职责

（1）翻记分牌。

（2）随时报比分。

（3）协助记录员工作。

（4）管理场地周边环境，确保比赛顺利进行。

（5）管理场地器材。

（6）协助裁判员执行工作。

第二十一章　拓展运动

第一节　拓展运动概述

拓展运动（Outward Bound），又称拓展训练、外展训练，原意为一艘小船驶离平静的港湾，义无反顾地投向未知的旅程，去迎接一次次挑战。

一、拓展运动的起源

拓展运动源于二战期间的英国。当时大西洋商务船队屡遭德国人袭击，使许多人葬身海底。后来人们惊奇地发现，那些能够活下来的并不是身体最强壮、游泳技术最好的人，而是那些有着顽强意志、强烈求生欲望、较丰富生活经历和生存技能的人。

针对这种情况，汉思等人创办了阿伯德威海上学校，利用自然条件和人工设施训练海员的心理素质和生存技巧。战争结束后，海上训练学校的利用价值大大降低，但是拓展训练以它独特的魅力吸引着越来越多关注的目光，一批有识之士发现了它最有价值的方面，并将管理心理学、组织行为学以及发展心理学等相关学科的理论融入其中，以拓展训练的培训模式为载体，研发出一套适应企业的管理规范和团队建设课程。

由于这种训练具有非常新颖的培训形式和良好的培训效果，很快就风靡了整个欧洲的管理教育培训领域，并在其后的半个世纪中发展到全世界。

今天，拓展训练已经介入发达国家高校的管理专业课程，成为 MBA 团队管理课程的重要构成部分。1995 年，拓展训练走进中国，1999 年，清华大学率先将体验式培训引入 MBA（工商管理硕士）、EMBA（高级管理人员工商管理硕士）的教学体系中，随后北京大学光华管理学院、中欧国际工商学院、中山大学岭南学院、浙江大学、暨南大学等学校的 MBA、EMBA 教育中也纷纷把拓展训练作为指定课程内容。

二、拓展运动的突出特点

（1）投入为先：拓展训练的所有项目都以体能活动为引导，引发出认知活动、情感活动、意志活动和交往活动，有明确的操作过程，要求学员全情投入才能获得最大价值。

（2）挑战自我：拓展训练项目都具有一定的难度，需要学员向自己的能力极限挑战，跨越心理极限。

（3）熔炼团队：体验团队的伟大力量，增强团队成员的责任心与参与意识，树立相互配合、相互支持的团队精神和群体合作意识。

（4）高峰体验：在克服困难，顺利完成训练项目要求以后，学员能够体会到发自内心的胜利感和自豪感，获得人生难得的高峰体验。

（5）自我教育：培训师只会在训练前把课程的内容、目的、要求及必要的安全注意事项向学员讲清楚，活动中一般不进行讲述，也不参与讨论，充分尊重学员的主体地位和主观能动性。

三、拓展运动的现实意义

拓展运动糅合了高挑战及低挑战的元素，在个人和团队层面，学员都可通过危机感、领导、沟通、面对逆境和辅导等培训而得到提升。拓展培训强调学员去感受学习，而不仅仅在课堂上听讲。

研究表明，传统课堂式学习的吸收程度大约为25%，而要求学员参与实际操作的体验式学习吸收程度大约为75%，后者能更加有效地将信息传授给学员。

以体验、经验分享为教学形式的拓展运动的出现，打破了传统的培训模式，它设定一个特殊的环境，让人直接参与整个教学过程，在参与的同时，去体验，去进行自我反思，从而获得某些感悟。

它注意适应中国人的心理特征与接受风格，将大部分课程放在户外，精心设置一系列新颖、刺激的情景，让学员主动去体验、去解决问题，在参与、体验的过程中，心理受到挑战，思想得到启发，然后通过学员共同讨论总结，进行经验分享，感悟出种种具有丰富现代人文精神和管理内涵的道理。

拓展运动既安全又有一定的趣味性，易于被学员接受。但拓展运动的最终目的，是让学员将活动中的所得应用到工作中去。如果缺乏专业培训师的指导及意见，则很难达到理想的效果。通过拓展运动整合团队，发掘每个人的最大潜力，是拓展运动的真正意义。

第二节　拓展运动的经典项目简介

一、雷区取水

项目介绍：在一个直径为5米的深潭中间有一盆水，你要在仅用一根绳子、不接触水面的情况下取到全体队员的救命宝物，想一想可能吗？团队的智慧可以将它变成事实。

项目目的：提高队员组织、沟通和协作的能力和技巧，团队的领导艺术和技巧；提升人力资源的合理分配和运用能力；培养处理事情的计划性和条理性；培养队员集体荣誉感，以及为团队勇于奉献的精神。

二、无敌风火轮

项目介绍：在只有报纸、剪刀、胶带的情况下，靠大家的智慧和团队的协作走完一段不容易的路程。

项目目的：合理配置资源，分工配合；检验组织成员的工作主动性，建立团队自己的节奏。促进个人与团队的相互作用：个人的能量只有透过组织才能发挥出来，如果个人与团队目标不统一，个人能量越大，对组织的破坏性越大，个人发展必须跟上组织的节奏，包括对领导的认同、明确的团队目标、有效的沟通与合作等。

三、信托背摔

项目介绍：参加实施的队员两手反交叉握拢弯曲贴紧胸口，两脚并拢，全身绷紧，后倒时，头部内扣，身体不能弯曲，两手不得向外打开；参加保护的队员，两腿成弓步且相互抵紧，两手搭于对方肩上，掌心向上，上体和头部尽量后仰，当实施队员倒落时，协力将实施队员平稳接住。

项目目的：营造信任的环境；建立换位思考的意识；通过身体接触实现情感的沟通，树立责任意识。

四、空中断桥

项目介绍：参训队员爬越 9 米高的断桥立柱，站立于断桥桥面之上，两臂自然平伸，保持身体平衡，移步至桥面一侧边缘，以后脚的蹬力，使身体向前跃出，跨过断桥落于桥面另一侧，平稳走到终点。

项目目的：克服紧张情绪，战胜恐惧心理，形成果敢的执行力；借助外势，建立突破自我、挑战困难的信心与勇气。

五、孤岛求生

项目介绍：将所有队员分成 3 组，安置于 3 个已规定的岛上，各组队员扮演各自岛上的角色，在规定的时间内，按规定完成任务。

项目目的：团队的动态管理，有效沟通与协作，新角度管理的诠释。

六、有轨电车

项目介绍：两块木板就是一双鞋子，全组队员双脚分别站在两块木板上，双手抓住系于木板上的绳子，向指定的方向行进。

项目目的：提高队员组织、沟通和协作的能力和技巧，团队的领导艺术和技巧；提升人力资源的合理分配和运用能力；培养处理事情的计划性和条理性；培养队员集体荣誉感，以及为团队勇于奉献的精神。

七、鳄鱼潭

项目介绍：利用 3 个油桶、2 块木板，所有人不得落地，安全通过一个个的“鳄鱼潭”。

项目目的：制订行动计划时注意工作的前瞻性，正确分析资源、有效利用资源；注重细节管理，因为不论多完美的计划，如果在操作过程中不谨慎，一切都要重新开始。

八、毕业墙

项目介绍：团队在没有任何器材的情况下共同努力翻越 4 米高的墙壁。

项目目的：自我明确定位，有甘为人梯的精神；培养团队协作能力，共建高效团队。

九、空中单杠

项目介绍：在培训师的指导下，从独立杆底部爬上顶端，站在小圆盘上，纵身向前跃起，双手抓住上前方的三角杠。

项目目的：培养个人勇气、信念；突破心理障碍；挖掘个人潜能；正确对待不同意见和挫折；当机立断，抓住机遇；体验友爱支持。

十、天梯

项目介绍：参训的两名队员在进行安全保护的情况下，相互配合，从天梯底端一直上到最高处。

项目目的：学会群体决策，面对困境寻求解决问题的科学方法，人力资源合理利用，确定与实现工作目标，为他人奉献，双人条件下的沟通交流。

十一、飞夺泸定桥

项目介绍：模拟当年红军飞夺泸定桥的情景，站在 10 米的高空处，凭借人体自我平衡，跨过一段相隔半米有一个木板的软“桥”。

项目目的：挑战个人生理、心理极限；学会处变不惊，泰然应对挑战；体验朋友的支持和关爱；掌握寻找科学解决问题的办法。

十二、合力桥

项目介绍：1 人或 2 人一组，登上 9 米高吊板（共 3 块）。每块板下方由 4~6 人控制绳索以保证吊板平衡。上方人员靠自己的努力和相互配合踩过每一块吊板，最终成功到达彼岸。

项目目的：团队的合作和协作；岗位奉献；角色定位；友爱、关怀、支持；方法技巧；创造和谐团结的氛围和工作环境。

十三、天使之手

项目介绍：参训学员靠自己的努力或 2 人间的相互支持帮助，在一条钢丝上走到对岸。

项目目的：挑战心理极限；工作的方法与技巧；不同条件下的沟通；团队的支持鼓励；决策、角色分工与协作。

南阳师范学院素质拓展运动概况

南阳师范学院大学生素质拓展基地建于2018年，是机电工程学院大学生创新创业项目，投入资金近百万元，占地2 000平方米，拥有24个高空项目及12个场地项目，主要包括青少年障碍赛、冒险家娱乐项目、高空项目、场地项目四大类型，采用体验—分享—交流—整合—应用的教育模式，让学员在项目体验中感悟道理，启发思考，达到磨炼意志、陶冶情操、完善人格、熔炼团队的目的。

每年秋季，南阳师范学院学生处、心理健康教育与咨询中心、校团委、体育学院等有关负责人会联合各学院的师生开展素质拓展活动，以期达到全面育人的效果。

第二十二章　飞盘运动

第一节　飞盘运动概述

一、飞盘运动及其起源

飞盘（Frisbee）最早可追溯到古印度的飞轮、早期版本的奥林匹克铁饼，以及用于飞碟射击的黏土目标。公元前 8 世纪的古希腊，人们就通过投掷圆盘类的坚硬物体来打猎，并将投掷训练用在军事训练中来提升士兵的力量和敏捷度。可见，投掷圆盘类物体的运动形式由来已久，无论是对于生存狩猎还是运动训练都有其意义和价值。

20 世纪初，耶鲁大学附近有一家名为 Frisbie Pie 的披萨店，店里的披萨深受耶鲁学生的喜爱。他们不但喜欢店里的披萨，还喜欢在吃完披萨后将盛装披萨的锡制盘子相互扔着玩。他们会在出手的时候大喊“Frisbie”来提醒接盘的人，慢慢地这成为大学生们午饭后常玩的一种游戏，“Frisbee”一词也因此诞生。

最早制作飞盘的是美国西海岸的瓦特·莫里森。他在接触这项娱乐活动后对飞盘材质进行了改进，并自 1940 年开始制作一种能在空中旋转飞行的新型玩具。由于金属材质的飞盘飞行距离不够远，弗莱德开始进行飞盘的创新设计，经过 8 年的改良，终于在 1948 年设计出了第一款塑料飞盘，当时称之为“Pluto Platter”。塑料飞盘飞行更稳定、飞行距离更远，并且通过不同的出盘动作可以有更丰富的飞行轨迹，这些都为后续飞盘运动发展成一项国际赛事奠定了基础。

因为规则与竞赛方式简单，飞盘是世界上推广速度最快的运动之一。1985 年国际性的飞盘运动组织世界飞盘联合会（WFDF）成立，共有 58 个会员国家、62 个协会组织。2001 年世界运动会把极限飞盘列为正式比赛项目，加拿大获得了首届冠军。2025 年第十二届世界运动会将在成都举办，飞盘运动将继续作为正式项目出现在世界运动会的舞台之上。WFDF 针对飞盘运动受运动员数量、场地大小和时间等因素的限制，推出更为紧凑的 4 人制极限飞盘竞赛模式。

二、我国飞盘运动概况

20 世纪 80、90 年代，来华工作的外籍友人将飞盘运动带到了中国。最早的极限飞盘赛事是 2000 年开始的上海公开赛，该赛事目前是国内历史最悠久、影响力最大的俱乐部间交流赛事。随着北京、上海、天津、深圳、西安、成都、昆明、香港、青岛等地极限飞盘俱乐部的陆续成立，飞盘运动逐渐在国内生根发芽。越来越多的国内玩家参与到运动当中，逐渐形成了环渤海地带、长三角和珠三角 3 个飞盘运动起源地，并组建了由国人主导的飞盘俱乐部。

飞盘运动发展至今，在国内的分布越来越广，每年各类飞盘赛事超过 50 场。高校成为飞盘运动发展的主力，据统计，全国有超过 100 所高校开设了飞盘课程。中国代表队曾先后参加过 2010 年捷克世俱赛、2012 日本世锦赛、2014 意大利世俱赛、2016 英国世锦赛、2018 年美国世俱赛等国际级比赛。2019 年 WFDF 亚洲大洋洲飞盘锦标赛在中国上海举办，中国队男女混合组拿到了第四名的好成绩。2019 年，全国飞盘运动推广委员会正式成立，飞盘运动的规范化和体系化建设进入快速时期。因此，2019 年也被很多人视为中国飞盘运动发展的元年。据不完全统计，2022 年上半年全国有超过 200 家飞盘俱乐部。2022 年 7 月 7 日《体育总局社体中心关于举办中国飞盘联赛有关事宜的通知》发布，决定于下半年举办首届中国飞盘联赛，首战于 8 月 6 日在西安正式打响，第二站于 11 月 12 日在杭州举办。

2024 年，国家体育总局社会体育指导中心和全国飞盘推广委员会持续推进飞盘运动的开展，同步进行的还有师资和从业人员培训，其中包括飞盘赛事观察员（裁判）培训、教练员培训，以及青少年标准课程和等级考核等配套性支持工作。

三、飞盘精神

飞盘精神是飞盘运动的核心之一，它类似于公平竞赛和体育精神。飞盘精神是建立在五个基础之上的，这五个基础在官方的比赛中用于评估自己和评估对手。五个基础如下。

（1）对规则的了解和使用。

（2）避免犯规和身体接触。

（3）享受比赛。

（4）公平竞赛。

（5）友好的沟通交流。

有经验的队伍都明白，对飞盘精神进行学习和了解，可以使自己的队员更强大，使他们能够在高压的情况下（比如大风，或者在一场争执后）发挥出自己的最好水平。进行良好的沟通、关注比赛中自己可以控制的方面、即使观点不同也尊重并信任对手，这些能力都会让队员表现得更好。

飞盘精神是极限飞盘运动不断发展和极具魅力的重要原因。它使极限飞盘运动对新手来说充满魅力，同时使得老手一直活跃并且参与其中。它孕育了一种包容和平等的文化。极限飞盘独特的飞盘精神和自我裁判的方式是该项运动获得认可的两大决定因素。

飞盘精神是可以传播的，是可以广泛应用的，并且它的作用不仅仅是在赛场上，也可以影响到队员生活中的行为，实现双赢。飞盘比赛鼓励高水平的竞技，但绝不是以牺牲彼此的尊重、对规则的遵守、比赛乐趣为代价的。所以在此前提下，每支队伍除队长外，还需要委任一名精神队长，监督和领导队伍成员遵守飞盘精神，营造良好的竞技氛围。

四、极限飞盘在我国兴起热潮

极限飞盘又称为团队飞盘是一项新兴的飞盘运动，是世界运动会项目之一，也是世界上发展最快的运动项目。它综合了篮球的跳跃、足球的跑位和橄榄球战术，追求“尊重、理解、服从”的飞盘精神，是无裁判的和谐性比赛，含有跑、跳、投的运动特点，可以培养学生的运动兴趣，提高身体素质和思维能力，使不同运动爱好的同学体验团队竞争与合作，实现新形势下的健身目标“健体、健心、健志”。

参与飞盘运动需要运用到跑、跳、投掷等基本的身体动作，能锻炼到灵敏、耐力、速度等基本身体素质，还可以发展力量、弹跳、反应等专项身体素质，在充满乐趣的比赛活动中锻炼身体，摆脱枯燥的基础练习。同时，无氧运动与有氧运动的结合，使飞盘运动参与者既锻炼到心肺功能，又增强肌肉力量、塑造身型。

飞盘提倡公平公正、开放、诚信、团队合作、守则等精神。参与飞盘运动有助于在运动中潜移默化地理解和学习这些优良品德，有助于青少年在生长发育的关键时段塑造良好品德以及在成年后树立公民道德意识。

同时，团队飞盘比赛中“盘不落地，永不放弃”的理念体现了飞盘中的拼搏精神，鼓励参与者不要放弃每一次可以抓住飞盘的机会。参与飞盘运动，能培养青少年的毅力以及抗挫折能力，让青少年在面对困难的时候学会不放弃，努力争取，完成自己的目标，实现梦想。

飞盘运动具有“开放、好玩、合作”的运动特点，强调参与者在运动过程中的交流和团队合作。对于中小学生来说，参与飞盘运动可以促进相互间在学业以外的交流，锻炼沟通能力，培养包容心。同时，由于飞盘运动具有国际化的特点，其可以成为和国外同龄人交流的媒介。

第二节　飞盘运动的基本知识与比赛规则

一、飞盘运动的基本知识

飞盘运动分类如下。

1. 极限飞盘（团队飞盘）

（1）项目简介。极限飞盘是一项新兴的飞盘运动，是世界运动会项目之一，也是世界上发展最快的运动项目。

（2）极限飞盘器材介绍。极限飞盘的标准参数：质量为 175 克，直径为 27.3 厘米，厚度为 3.3 厘米，如图 22-1 所示。

注：成人极限飞盘只有这一个参数标准，青少年款质量为 135 克，直径为 24.5 厘米。

2. 飞盘高尔夫（掷准飞盘）

（1）项目简介。飞盘高尔夫，如图 22-2 所示。按照职业飞盘高尔夫协会

（Professional Disc Golf Association，PDGA）的定义，飞盘高尔夫就是使用类似高尔夫规则的飞盘运动。玩家需要用最少的次数将飞盘抛进每个洞的目标框内，一个飞盘高尔夫场地和高尔夫一样包括十八个洞，也分为三种类型：三杆洞、四杆洞和五杆洞。

飞盘高尔夫不仅需要有足够的臂力将飞盘抛出，还需要灵活性与抛掷技巧让飞盘越过障碍物到达指定的位置。与普通飞盘相比，飞盘高尔夫使用的飞盘更小，密度更大，有更薄更清晰的轮廓边缘，考虑空气动力学，便于玩家抛掷得更远，受伤风险小，适用于各年龄段。

（2）飞盘高尔夫器材介绍。飞盘高尔夫使用的飞盘分为：①掷远盘（Driver）；②中距离推进盘（Midrange）；③敲杆盘（Putter）。每张盘上有 4 个参数，分别代表速度、滑行、侧倾、坠落。

图 22-1　极限飞盘

图 22-2　飞盘高尔夫

3. 躲避盘

（1）项目简介。躲避盘是一种以安全为优先考量，结合了躲避球的部分特点以及飞盘运动的投掷动作与飞盘飞行技巧的运动。无论是幼儿园的小朋友还是成年人均可以一起享受掷盘乐趣。躲避盘赛使用以尼龙加泡棉材质制作的飞盘，安全性高。场地尺寸为 9 米×18 米，与排球场大小一样。整个比赛场地分为内外场，双方在一开始可以自由安排内外场人数，但外场至少有一人。一方将对方内场队员全部击打出局或比赛结束后内场存活人数较多的一方获胜，躲避盘如图 22-3 所示。

（2）躲避盘器材介绍。①23. 5 厘米直径，适合 3~6 岁儿童，如图 22-4 所示。②25 厘米直径，适合 6~8 岁儿童，如图 22-5 所示。③27 厘米直径，适合 12 岁以上人群，如图 22-6 所示。

图 22-3　躲避盘

图 22-4　躲避盘（23. 5 厘米直径）

图22-5　躲避盘（25厘米直径）

图22-6　躲避盘（27厘米直径）

二、飞盘运动比赛规则

1. 极限飞盘（团队飞盘）比赛规则

（1）场地。场地标准尺寸为长100米×宽37米，其中两侧得分区尺寸为长18米×宽37米。场地尺寸不得小于长90米×宽33米，得分区尺寸不得小于长15米×宽33米。场地的两端都画有长线，长线外侧的地方叫得分区。进攻方队员在得分区域接到飞盘时，就算得分。场地必须是平整的天然草地或人工草地。

（2）简易规则。

①比赛时间与得分：每场标准比赛时间为100分钟，得分为15分；上下半场各两次暂停，暂停时间为75秒，中场休息7分钟；先抢到本场比赛设定的最高分的队伍即为获胜队伍；每场时间不得少于60分钟，分数不得低于11分。

②开盘：每一分比赛开始时，双方选手在各自防守的得分区内排成一队。先防守的队伍把飞盘扔给进攻的队伍（称为“发盘”）。正规的比赛中，每支队伍只许有7位选手上场。

③得分：如果进攻方选手在对方的防守得分区内接住飞盘，则得1分。

④传盘：选手可以往任意方向传盘给自己的队友。不允许持盘跑动。持有飞盘的选手（称为“掷盘者”）有10秒钟的时间来掷盘。防守掷盘者的选手（称为“防盘者”）应该大声地数出这10秒钟（称为“延时计数”）。

⑤失误：如果进攻方传盘没有成功（例如出界、掉地、被对方断下、被对方截获），则视为失误。此时防守方获得盘权，立刻攻防转换。

⑥换人：只有在得分之后或选手受伤的情况下，才允许替换场上比赛选手。

⑦无身体接触：选手之间不应该有任何身体接触，也不允许阻挡别的选手的跑动。身体接触发生时判为犯规。

⑧犯规：当一方选手跟另一方选手发生身体接触时，视为犯规。被犯规的选手要立刻喊出“犯规（Foul）”，此时所有场上选手要停在当前位置不得移动，直到比赛重新开始。如果犯规没有影响进攻方的盘权，则比赛继续；如果影响了进攻方的盘权，则飞盘交还给进攻方继续比赛。如果防守方选手不同意犯规，则将飞盘还给前一位持盘者，重新开始比赛。

⑨自判：比赛没有裁判，场上选手自行裁决犯规、出界和失误。选手们应该互相文明地讨论与解决争议。

⑩极限飞盘的比赛精神：极限飞盘很重视体育道德和公平竞争。它鼓励选手们去激烈对抗，但激烈对抗必须建立在互相尊重、遵守规则和享受乐趣的基础上。

2. 飞盘高尔夫（掷准飞盘）比赛规则

（1）规则概述。运动员通过从开杆台或区域向目标框投掷飞盘来完成一个洞，然后从上一次投掷飞盘落地停止的地方再次投掷，直到飞盘进入目标框。通常，运动员用来达到每个目标的投掷次数会被计算出来（通常与标准杆有关），并且运动员试图用最少的总投掷次数来完成每个洞。

（2）飞盘高尔夫场地。大多数飞盘高尔夫球场都有 9 洞或 18 洞，PDGA 建议球场平均每洞长度为 200~400 英尺（61~122 米），洞的长度不短于 100 英尺（30 米）。世界上最长的洞的长度超过 1 500 英尺（460 米）。球场设计师使用树木、灌木、海拔变化、水障碍和距离变化，以及界外区域和强制性飞行路径，使每个球洞都具有挑战性和独特性。许多线路包括多个开球位置或多个目标位置，以迎合不同能力水平的男女运动员。

3. 躲避盘比赛规则

（1）场地：比赛场地分内外场，内场标准大小为 9 米×18 米，外场可不规定范围。

（2）人数：每队出赛选手人数为 13 名。每场比赛分为上、下半场，每半场时间为 4 分钟。

（3）胜负：半场比赛时间内，任一队伍内场已经无选手：即比赛结束，对方获胜，或比赛时间结束后内场人数较多的队伍获胜。比赛全部结束后，合计上下半场内场选手人数，较多的一方获胜。

（4）投掷：持盘者必须在 5 秒内将躲避盘投掷出去，不能颠倒盘投掷，攻击时盘面不得超过 90 度。

（5）接盘：在躲避盘未落地前，以任何方式接住躲避盘，即为有效接盘。

（6）出局：内场选手在被对方所投掷的躲避盘尚未落地前击中即判出局，出局者须立即移动到外场，一次攻击盘可造成多人出局。

（7）进入内场：外场选手击中对方选手使其出局时，选手自身即可进入内场。比赛中选手内外场移动不可经过对方场地。

（8）传盘限制：同一队伍的内场选手之间不可相互传盘，同一队伍的外场选手之间相互传递必须飞越对方内场场地，否则即视为犯规。

（9）越线/越区：投掷或接盘时，一旦踩线、越线即视为越线犯规；任何时间碰触自己应属场地外的躲避盘，即视为越区犯规。

第二十三章 定向运动

第一节 定向运动概述

一、定向运动起源

定向越野起源于瑞典，最初只是一项军事体育活动。“定向”一词在 1886 年首次使用，意思是在地图和指北针的帮助下，越过不被人所知的地带。地处欧洲北部斯堪的纳维亚半岛广阔而崎岖不平的土地覆盖着一望无际的森林以及无数的湖泊，使得穿越者极易迷路，当地人们需具备精确辨别方向的能力，地图和指北针成为人们行走和生活的必需品，生活在半岛上的居民、军队便成了定向越野的先驱。定向运动本身作为一种体育竞赛项目来开展，是从 20 世纪初在北欧开始的。1918 年，瑞典一位名叫吉兰特的童子军领袖组织了一次叫作“寻宝游戏”的活动，引起参加者的极大兴趣，这便是定向运动的雏形。1919 年在斯堪的纳维亚举行了世界上第一次正式的定向运动。

定向运动是运动员借助地图和指北针，按规定的顺序独立寻找若干个标绘在地图上的地面检查点，并以最短的时间完成全赛程的体育运动项目。定向运动可分为徒步定向、山地自行车定向、滑雪定向和选标定向，常见的比赛形式有越野赛、接力赛、积分赛、夜间赛、团队赛等。每一种定向运动又因参赛者的性别、年龄不同，可分为男女老年组、成年组、青年组、少年组和幼年组等组别。

二、我国定向运动的概况及发展历程

（一）概况

定向运动在中国的传播始于香港。1979 年，香港野外定向会成立。1983 年 3 月 10 日，广州的中国人民解放军体育学院参照国际定向运动竞赛方法，在广州白云山举行“定向运动试验比赛”。这是我国最早的定向运动比赛，主要组织者张晓威老师被誉为“中国定向第一人”，也被称作“中国定向运动创始人”。1984 年 12 月，国际定向运动联合会与广州定向运动爱好者建立联系。一年后，其委派白山保（挪威）、索伦（瑞典）、斯蒂芬

（瑞典）三人来广州讲课，介绍定向运动。1986 年 10 月 12 日，“穗港杯定向运动比赛”在广州山北公园举行，其中，地图勘测为张晓威，绘图为陈惠玲、朱珊珊，由国内制图人测制的彩色定向运动地图在比赛中第一次使用。1991 年，我国成立“中国定向运动委员会”。1994 年，我国举行首届全国定向锦标赛。1995 年，“中国定向运动委员会”更名为“中国定向运动协会（OAC）”。2002 年，第二届全国体育大会将定向运动列为正式比赛项目，部分中小学、高校开始开设定向运动课程。

（二）发展历程

（1）1983 年至 1991 年为中国定向运动的起步阶段。定向运动在 20 世纪 80 年代传入中国，此后便逐渐在国内普及。1983 年 3 月 10 日，广州市白云山举行了“定向运动试验比赛”。此次比赛拉开了中国大陆学生开展定向运动的序幕。

（2）1992 年至 2007 年为中国定向运动的上升阶段。1992 年，中国正式加入国际定向联合会（IOF），这一事件为中国定向运动由起始阶段发展至上升阶段的转折点，中国定向运动的国际交流与合作开始走向常规化和制度化。1995 年，吉林省吉林市举行了首届全国大学生定向锦标赛，从此之后，全国学生定向运动赛事定期举办，有力地推动了定向运动在全国学校的推广，带动各省市也积极将定向运动列为本省市大、中学生运动会的正式项目。1999 年，北京、上海、浙江等省市的教育部门决定把定向运动作为高校体育课程内容之一进行推广。1999 年 6 月，国家作出全面推进素质教育决定以后，各级教育管理部门和越来越多的教育工作者认识到定向运动对提高学生综合素质和促进身心发展的特殊作用，进而积极把定向运动引入学校并列入体育、军事等课程。自 2002 年开始，定向赛事的商业化价值受到关注，四川、广东、湖南、江苏等地陆续举办了“全国城市定向系列赛”。

（3）2008 年至今为中国定向运动的快速发展阶段。中国定向运动协会主办的首届中国旅游城市全能定向越野赛“楠溪江”站，让“全能定向”这个全新概念开始进入定向领域。它融合徒步定向、山地车定向、游泳定向、溯溪定向等多种定向形式为一体。国家级全能定向赛事的出现，成为中国定向运动多元化、快速化发展的开端。2011 年以来，随着城市定向赛在北京、上海、广州、深圳、杭州各大城市的举办，定向运动的休闲娱乐功能、经济功能得以凸显。2016 年，在纪念长征胜利 80 周年之际，以“重走长征路”为主题的定向活动，在北京、上海、广东、河南、山西、湖南、云南等省市遍地开花，其教育功能也受到关注。

定向世界杯“遇上”南粤古驿道定向大赛

广东从 2016 年南粤古驿道定向大赛起步，到 2017 年、2018 年举办定向世界杯排位赛，2019 年举行定向世界杯决赛，吸引了历史上最多国家和地区的参赛者（37 个国家及地区，共 260 余名运动员）。由此可见，南粤古驿道定向大赛影响力之广，是中国定向运动的里程碑。南粤古驿道定向大赛在办赛模式、赛事组织等方面结合了乡村旅游、乡村振兴，整合了传统文化、红色文化等资源，形成了其特有的模式。其经过短短四年的时间，就在世界定向运动界创造了“广东速度”，大大地提升了在国内、国际的影响力。

随着南粤古驿道定向大赛的不断发展，赛事水平不断提升，我国定向选手获得了更多锻炼、提升的机会。不仅如此，南粤古驿道定向大赛得到国内外的认可，同时也吸引着越来越多国外选手来到中国、来到广东、来到南粤古驿道上定向越野。中国的定向实力逐渐显现。

三、中国定向运动员

（一）李卓业

2010 年，李卓业高中时期第一次接触到定向运动，2013 年年底，他在肇庆学院开始学习和训练定向运动。在大学期间，他多次代表学校参加比赛，并获得了 2015 年广东省大运会短距离冠军，2016 年取得了全国学生赛高校专业组短距离冠军且成功加入中国大学生定向队。2016—2019 年，他多次参加全国定向竞赛制图工作，曾获全国定向锦标赛优秀裁判员称号。2017 年毕业后，李卓业成为广州市花都区第一中学的一名体育老师，且担任该校定向队教练一职。2019 年，带队参加了全国学生定向锦标赛并获得了高中组全国团体总分第二名，同年以唯一非特招经历队员的身份入选中国国家定向队。2019 年，在广东佛山南海区举行的 2019 年定向世界杯总决赛男子组短距离赛中，李卓业与第一名仅相差五秒位居第三，这是当时中国在世界级定向赛事中男子定向运动员取得的最好成绩。2024 年，李卓业以总分第三名的成绩，连续三届入选国家定向队，再次代表中国出征年中在苏格兰爱丁堡举行的世界锦标赛（WOC），以及年底在泰国举行的亚洲锦标赛。与此同时，李卓业带领本校学生邱俊杰和亲自培养的优秀毕业生李芷叶分别以总分第一名、第二名的优异成绩入选国家青年定向队，代表中国参加 7 月在捷克举办的世界青年定向锦标赛（JWOC）。

我们都在努力奔跑，我们都是追梦人

李卓业获奖后，在采访时说道："没想过能够登上世界杯领奖台，比赛前没有想太多，把重点放在比赛上，往死里跑，一直跑，跑到后来跑不动了，被对手超了一点。"虽然他有着丰富的定向经历，但他并没有想过可以登上世界杯的颁奖舞台，只是一心沉浸在比赛中，谨慎地选择每一个方向，一直跑，心无旁骛。就像我们的人生，要学会享受生活，不要急功近利，生活总会给你意想不到的惊喜。他的成功预示着我国能在这方面有所建树，也必定会鼓舞更多的人去追逐关于定向的梦想，让更多的人坚定自己对定向的选择。

（二）郝双燕

郝双燕从十六七岁开始接触定向越野，2004 年开始定向越野训练，2005 年入选国家队青年女队，2006 年入选国家队女队，曾代表中国参加定向锦标赛 9 次、亚洲定向锦标赛 2 次。2019 年之前，她个人最好成绩为 2008 年世界定向锦标赛接力的第七名。而在 2019 年世界定向世界杯决赛中，她在南粤大地上发挥出色，以 10 秒领先的绝对优势勇夺该项目的第一，为中国队拿下第一个定向世界冠军。

定向运动需要运动员在极短时间内精神高度集中，自己规划最合理且用时最短的路线，并且需要身体能力的配合，要求运动员不仅得有头脑，还得有体力，这需要运动员对自身有清晰的了解，扬长补短。

这是我的定向赛，赛程是一辈子

郝双燕已经是妈妈级选手了，参加 2019 年定向世界杯前她仍有伤在身，仅有 3 个月的时间恢复准备。短距离赛上，她领先第二名的瑞士选手足足 10 秒冲过终点，凭借绝对实力夺冠。2012 年在第九届全国大运会定向越野项目上斩获四枚金牌后，接受采访时，她说道："体育是我的生命，是我生活中最不可缺少的一部分。我的偶像是瑞士定向越野名将 Simone Niggli-Luder，当了妈妈却仍能取得世界冠军的她令我钦佩。我希望自己能在国际舞台上得到更好的名次。"7 年后，郝双燕如愿地成为一名获得世界冠军头衔的妈妈，完成了当年的愿望。

第二节　定向运动的基本技术与基础规则

定向运动是一种利用地图和指北针，在户外环境中寻找预定目标点的运动。参与者需要依靠地图和指北针，结合实际地形和环境线索，准确判断方向，选择最佳路线，用最短时间到达目的地。这不仅考验了参与者的体能，还考验了他们的方向感和空间思维能力。

一、定向运动的基本技术

（一）利用指北针

在定向运动中，指北针的运用至关重要，它是确保参与者正确识别方向并有效规划路线的关键工具。以下是关于定向运动中利用指北针技术的详细介绍。

1. 了解指北针的基本用途和功能

通过利用指北针了解实地方位是使用地图的前提。在使用前，参与者需要清楚地球磁场北极的位置，以及指北针如何指示这一方向。

2. 空中检查

在使用指北针前，需要确保指北针未受到铁、磁性物质的任何干扰。磁针的红色一端即 N 端为北方。

3. 地面检查

在地面上使用指北针时，尽量使其保持水平，让其自然旋转，以确保其指示的方向准确。

4. 实际操作

当需要确定方向时，在胸前适当位置平持指北针，使用指北针直尺边与目标点和站立点的连线平行，转动分度盘，使指北针的磁北标与地图上磁北线重合，转动身体。利用指北针确定北方后，再结合地图上的信息，就可以确定自己的位置和前进方向。

注意，结合地图和任务点的位置进行导航是核心技巧。根据指北针指示的北方和地图上的地理特征、标志物等，参与者可以准确判断自己的位置，并规划出到达目标点的最佳路线。

（二）正置地图及确立站立点

定向运动的正置地图是一种重要的导航技巧，它可以帮助运动员在户外环境中准确判断方向，选择最佳路线。

1. 正置地图

正置地图就是使定向地图的方位与实地方向一致。运动员首先需要通过概略、利用指北针、直长地物、明显地形点正置地图，保证地图与实地方向一致，并将自己拇指放在地图上标定自己的位置。这样，地图上的方向就能与实际环境的方向相对应，为后续的导航和路线选择提供准确的参考。

2. 确立站立点

确立站立点就是确定自己在实地位置与地图上的位置相一致。掌握站立点的各种确立方法，是学习地图的主要目标之一。当自己处于明显地形时，可直接确定站立点；当站立点处于明显地形点附近时，可采用位置关系法确定站立点；当站立点附近无明显地形时，可利用交会法确定站立点。要学会根据不同情况与自身特点，结合使用各种方法。

3. 注意事项

首先，确保地图的准确性和完整性，以便提供可靠的导航信息；其次，保持对地图的熟悉度，了解各种符号的含义和检查点说明；最后，在行进过程中保持清醒的头脑，注意观察实际环境中的地形和特征，以便及时调整和修正导航路线。

（三）拇指辅行法和扶手法

1. 拇指辅行法的应用

运动员将拇指压于地图上自己所处的位置，做到“人在地上走，指在图上移”。这样，运动员能够边跑边对照四周的环境和地理特征，并随时标定自己在图上的位置。在行进过程中，不断转动地图，移动拇指，始终保持地图与实际位置相对应，做到人图合一，并据此选择和规划最佳路线。

结合应用正置地图及拇指辅行法技术，运动员可以更加准确、高效地进行定向运动。这种结合技术不仅提高了运动员的方向感和空间思维能力，还增强了他们在复杂环境中的适应能力和应变能力。

2. 扶手法的应用

扶手法也称借线法，是一种重要的定向导航技巧。这种技术主要依赖于易于辨认的线状地形特征，如道路、围栏、高压线、山背线、坡度变换线等，将其作为行进时的“引导”，帮助运动员更有信心地前进。具体来说，扶手法的实施步骤如下：运动员首先需要明确自己的站立点，这是确定行进方向和路线的起点。然后，运动员要仔细观察周围环境，寻找并识别出明显的线状地形特征。这些特征可以是明显的道路、坚固的围栏、清晰的高压线，或者是地形变化形成的山背线和坡度变换线等。最后，一旦识别出这些线状地形特征，运动员就可以将其作为行进的“扶手”，即沿着这些特征线前进。由于这些特征线在地图上通常也有明确的标注，所以运动员可以结合地图，根据这些特征线规划自己的行进路线。在行进过程中，运动员需要时刻关注这些特征线，确保自己始终沿正确的方向前进。同时，也要观察周围的环境变化，以便在必要时调整行进路线。

总的来说，扶手法是一种简单而有效的定向导航技巧，尤其适用于地形复杂、特征明显的定向运动场地。通过熟练掌握和灵活运用这一技术，运动员可以更加自信、高效地完成定向运动比赛或训练任务。

（四）搜集途中所遇特征

在定向运动中，搜集途中所遇特征技术是一项至关重要的技能。这要求运动员在行进过程中，仔细观察并识别周围的地理特征，以确保前进方向及路线的正确性。

1. 细致的观察

运动员需要时刻保持警觉，对周围环境进行细致的观察。这包括注意地形、地貌、植被、水流等自然特征，以及建筑物、道路、标志等人为特征。在观察过程中，运动员需要特别关注那些明显且易于辨认的特征，如山峰、湖泊、河流交汇点、特殊植被区域等。

2. 信息比对

运动员需要将观察到的特征与地图上的信息进行比对。通过对比实际地理特征与地图上的标注，运动员可以验证自己的位置，确定方向是否正确，进而调整行进路线。

3. 避免误认

运动员还需要注意避免误认相似的特征。在复杂的地理环境中，可能存在多个相似的特征，如多个山峰或多个湖泊。因此，运动员需要仔细辨别每一个特征，确保不会因误认而导致方向错误。

4. 随时记录

运动员还需要养成随时记录所遇特征的习惯，这有助于在后续行进中快速识别并利用这些特征，提高行进效率。

（五）攻击点

定向运动的攻击点技术是一种重要的导航策略，它涉及在定向运动过程中，运动员如何快速而准确地从当前位置前往目标控制点。以下是关于定向运动攻击点技术的详细解析。

1. 识别特征

运动员需要识别并确定控制点附近的明显特征，这些特征应易于辨认，例如电塔架、小路交点、显著的地形变化等。这些特征点被称为攻击点，它们作为导航过程中的重要参考点，有助于运动员在行进中保持正确的方向。

2. 熟悉信息

运动员需要熟悉并理解地图上的信息。了解地图上的标志性建筑、道路和地形特征，有助于运动员在实际环境中快速找到并确认攻击点。

3. 综合考虑

在选择攻击点时，运动员需要综合考虑多种因素，包括地形、植被、天气条件等。攻击点应选在易于观察且不易受环境干扰的位置，以便运动员在行进过程中能够迅速识别和定位。

4. 依次前行

确定攻击点后，运动员需要利用指北针或其他导航工具，从当前位置出发，准确并迅速地前往这些攻击点。通过依次经过这些攻击点，运动员可以更加直接和高效地抵达目标控制点。

二、定向运动的基础规则

定向运动是一项利用地图和指北针，在特定区域内寻找一系列标定点（通常为点标旗）的体育运动。参与者需按照规定的顺序和路线，尽可能快速准确地找到所有点标，并完成比赛。它不仅考验参与者的身体素质和耐力，更要求参与者具备良好的空间认知能力、决策能力和团队合作精神。以下是对定向运动基础规则的详细解读。

（一）比赛形式与装备

定向运动赛事通常有固定的比赛场地和路线，参与者需按照规定的路线和顺序寻找点标，完成比赛。根据比赛形式的不同，定向运动可分为日间定向竞赛、夜间定向竞赛和日夜交替定向竞赛。在日间定向竞赛中，首批运动员应在日出后 1 小时出发，最后一批运动员最迟应在日落前预计完成全赛程时间的 1.5 倍时刻出发。而在夜间定向竞赛中，首批运动员应在日落后 1 小时出发，最后一批运动员最迟应在日出前预计完成全赛程时间的 2 倍时刻出发。对于日夜交替定向竞赛，则可能包含两种组合形式：一是设置两条路线，分别在白天和夜间进行竞赛；二是从夜间出发，完成竞赛时已是白天，或从白天出发，完成竞赛时已是夜间。

在参与定向运动时，必要的准备是必不可少的。作为参赛运动员，需配备指北针，提前做好并提交身体健康检查证明，自行购买保险等。竞赛委员会应准备好比赛地图、号码簿、点标旗和打卡系统等。指北针用于确定方向，确保运动员在行进过程中始终保持正确的方向。地图是定向运动中最重要的器材，需准确详细地标明地形、地貌、道路、植被等信息，为运动员提供导航参考。点标旗是标识目标点的标志物，运动员应准确找到点标旗和避免漏点。计时设备则用于记录运动员的比赛成绩，确保比赛的公平性和准确性。

（二）比赛项目与分组

定向运动的竞赛种类包括定向越野、滑雪定向、自行车定向和轮椅定向等。这些项目不仅考验运动员的导航技能，还对他们的体能和耐力提出挑战。竞赛形式包括个人赛、接力赛，还有多日竞赛和小组赛等。其中，多日竞赛中运动员的个人成绩是每日竞赛成绩的总和，而小组赛要求同组运动员同时出发完成竞赛，考验团队间的协作与配合能力。

定向运动还会根据年龄段和性别进行分组，以确保比赛的公平性和安全性。不同年龄段和性别差异，会导致运动员在体能、技能和心理素质等方面存在差异，因此分组比赛可以更好地体现他们的实际水平，也让他们能够在比赛中充分发挥自己的优势。

（三）竞赛规则与裁判方法

在定向运动竞赛中，参赛者和裁判员必须严格遵守比赛规则。除团队赛和个人积分赛外，其余需按照规定的检查点顺序打卡，不得为抄近路而跨越禁区或危险区。同时，裁判人员会根据比赛规则对运动员的行为进行监督和评判，确保比赛的公正性和规范性。

裁判分为总裁判长、起点裁判、场地裁判、终点裁判、接力裁判和成统裁判，各裁判的职责和工作重点有所不同。在裁判方法方面，通常采用时间记录和点位验证相结合的方式。时间记录用于衡量运动员完成比赛所需的时间，而点位验证用于确认运动员是否按照规定的顺序找到点标和是否有漏点等。通过这些裁判方法，裁判可以准确地评估运动员的比赛成绩，并选出优胜者。

（四）安全注意事项

在参与定向运动时，安全始终是首要考虑的因素。运动员在比赛前需对场地进行充分了解，熟悉地形和潜在风险。在比赛过程中，应保持警惕，注意周围环境的变化，避免发生意外。同时，组委会也应提供必要的安全保障措施，如设置救援站点、配备医疗人员等，以确保运动员的安全。

参考文献

[1] 袁守龙. 大学体育与健康［M］. 北京：人民邮电出版社，2021.
[2] 钟秉枢. 新编大学体育教程［M］. 北京：北京体育大学出版社，2023.
[3] 刘波. 现代大学体育［M］. 北京：北京体育大学出版社，2023.
[4] 刘海元. 学校体育教程［M］. 北京：北京体育大学出版社，2021.
[5] 杨华玉. 新编大学体育［M］. 北京：人民邮电出版社，2011.
[6] 陈志伟. 大学体育与健康教程［M］. 厦门：厦门大学出版社，2019.
[7] 郝光安，冯青山. 大学体育教程［M］. 北京：人民体育出版社，2012.
[8] 曾澎，刘琦，章剑. 大学体育［M］. 武汉：华中科技大学出版社，2022.
[9] 唐艺. 新时代大学体育与健康［M］. 北京：高等教育出版社，2022.
[10] 罗红，夏青，王玮. 大学体育教程［M］. 北京：高等教育出版社，2021.
[11] 叶晓阳. 体育与健康［M］. 厦门：厦门大学出版社，2022.
[12] 何艳君，曹志凯. 新编大学体育教程［M］. 北京：北京大学出版社，2021.
[13] 韩秋红. 大学体育与健康课程［M］. 北京：清华大学出版社，2020.
[14] 仵美阳. 大学体育与健康［M］. 武汉：华中科技大学出版社，2021.
[15] 史立峰，孙志伟. 大学体育［M］. 北京：人民大学出版社，2022.
[16] 任延东，连文冲. 大学体育与健康［M］. 北京：化学工业出版社，2016.
[17] 从群. 大学体育［M］. 上海：上海交通大学出版社，2006.
[18] 钱文军. 大学体育［M］. 开封：河南大学出版社，2020.
[19] 黄宽柔，姜桂萍. 健美操体育舞蹈［M］. 北京：高等教育出版社，2006.
[20] 邹师. 大学体育健康教程［M］. 北京：北京体育大学出版社，2011.
[21] 姚宏茂. 新编高职高专体育教程［M］. 北京：高等教育出版社，2009.
[22] 辛克海. 体育与健康［M］. 北京：北京师范大学出版社，2010.
[23] 王英杰. 体育与健康［M］. 北京：机械工业出版社，2009.
[24] 梁平. 大学体育与健康教程［M］. 北京：中国电力出版社，2009.
[25] 蔡志坚. 大学体育［M］. 北京：高等教育出版社，2010.
[26] 吴仕贵. 体育与健康［M］. 北京：北京师范大学出版社，2006.
[27] 范素萍. 体育与健康［M］. 北京：科学出版社，2004.
[28] 吕玉环. 大学生体育与健康教程［M］. 长春：东北师范大学出版社，2011.
[29] 杜建强. 体育教程［M］. 郑州：大象出版社，2007.
[30] 田振生. 大学体育教程［M］. 保定：河北大学出版社，2008.
[31] 陈志勇. 现代大学体育教程［M］. 北京：北京体育大学出版社，2006.

[32] 邹继豪. 体育与健康教程 [M]. 沈阳：辽宁大学出版社，2007.
[33] 魏洪峰. 丛永柱，闫坤. 大学体育与健康 [M]. 北京：中国水利水电出版社，2019.
[34] 王春华，杨通平. 大学体育与健康教程 [M]. 镇江：江苏大学出版社，2018.
[35] 侯宪斌. 大学体育与健康 [M]. 武汉：武汉大学出版社，2017.
[36] 何洪平. 王荣乾. 大学体育与健康 [M]. 镇江：江苏大学出版社，2017.
[37] 赵芳. 大学体育 [M]. 合肥：合肥工业大学出版社，2017.
[38] 黄正喜. 大学体育与健康教程 [M]. 武汉：华中科技大学出版社，2017.
[39] 周璋斌，罗智勇，赵长军. 大学体育与健康 [M]. 天津：南开大学出版社，2018.
[40] 谭志刚，雷智勇，吴润平. 大学体育与健康 [M]. 西安：西安交通大学出版社，2014.